U0499229

国家自然科学基金青年项目（72302014）

尚　铎◎著

中国上市公司的
战略创业与绩效

基于二维邻近性的
分析视角

中国财经出版传媒集团

经济科学出版社
Economic Science Press
·北 京·

图书在版编目（CIP）数据

中国上市公司的战略创业与绩效：基于二维邻近性的分析视角／尚铎著 . -- 北京：经济科学出版社，2024.9. -- ISBN 978 - 7 - 5218 - 6137 - 2

Ⅰ. F279. 246

中国国家版本馆 CIP 数据核字第 2024UX0601 号

责任编辑：张　燕
责任校对：王肖楠　孙　晨
责任印制：张佳裕

中国上市公司的战略创业与绩效
——基于二维邻近性的分析视角

ZHONGGUO SHANGSHI GONGSI DE ZHANLÜE CHUANGYE YU JIXIAO
——JIYU ERWEI LINJINXING DE FENXI SHIJIAO

尚　铎　著
经济科学出版社出版、发行　新华书店经销
社址：北京市海淀区阜成路甲 28 号　邮编：100142
总编部电话：010 - 88191217　发行部电话：010 - 88191522
网址：www. esp. com. cn
电子邮箱：esp@ esp. com. cn
天猫网店：经济科学出版社旗舰店
网址：http://jjkxcbs. tmall. com
固安华明印业有限公司印装
710 × 1000　16 开　16 印张　240000 字
2024 年 9 月第 1 版　2024 年 9 月第 1 次印刷
ISBN 978 - 7 - 5218 - 6137 - 2　定价：79.00 元
（图书出现印装问题，本社负责调换。电话：010 - 88191545）
（版权所有　侵权必究　打击盗版　举报热线：010 - 88191661
QQ：2242791300　营销中心电话：010 - 88191537
电子邮箱：dbts@ esp. com. cn）

前言

在经济全球化背景下，国内外经济形势日趋复杂，市场动荡变化和日新月异的技术变迁导致"黑天鹅"事件时有发生，企业面临更多不确定性。与此同时，新思想和新组织不断涌现，易变性、复杂性、模糊性正在不断突破企业和行业界限。如今的市场环境早已比任何时候都要变幻莫测，企业如何构筑与维持竞争优势成为难题。此外，战略管理和创业管理等主流企业成长理论的现实适配性在不断降低。一方面，战略管理注重企业与市场的匹配以及资源配置的合理性，面对已有的竞争优势，企业会不断重复当前的运营模式和战略决策，企业继而产生核心能力刚性和组织惯性的问题，最终导致企业面对瞬息万变的外部环境时难以及时响应。另一方面，在创业过程中，企业一味地追求新机会，未对创业行为进行合理管理，出现资源无效配置，或过度追求机会开发而导致资源配置失效，都会使企业遭遇管理能力瓶颈，所以无法在新业务领域取得成功，甚至会拖垮现有业务。因此，越来越多的企业意识到缺少创业导向的单一战略管理和缺乏战略导向的单一创业活动都无法适应瞬息万变的市场环境，可以同时兼顾优势开发与机会探索的战略创业应运而生。战略创业通过结合基于创业的行为和基于战略管理的行为来创造一种建设性的平衡。战略创业创造出连续的"优势流"和"机会流"，是企业面对高度不确定和动态竞争环境时获取可持续优势的重要方式。

基于上述现实背景和理论背景，本书以希特等（Hitt et al.，2011）提出的"输入—过程—输出"（input-process-output）战略创业 IPO 模型为框架，以资源依赖理论、地理邻近理论、社会邻近理论、战略创业理论、高阶梯队理论、"环境—行为"研究范式等为基础，分别在战略创业的输入阶段、过程阶段以及输出阶段去探究以下问题：（1）地理邻近性、社会邻近性对于战略创业的影响究竟是促进还是抑制？（2）高管特质如何在邻近性与战略创业之间发挥中介作用？（3）环境不确定性如何在邻近性与战略创业之间发挥调节作用？（4）战略创业如何影响管理层绩效、企业绩效和环境绩效？为了回答上述研究问题，本书分别开展了四项子研究来完善和扩展现有研究。

子研究一聚焦战略创业 IPO 模型的输入阶段，资源基础理论认为，对于某些重要的战略性资源，组织几乎无法实现自给自足，要想获取必须依赖于外部的其他组织予以供应。企业开展战略创业需要大量的资源供应，处在瞬息万变的商业环境中，企业经常面临信息缺乏、知识陈旧、资金不足等挑战，单打独斗无法开展战略创业。一方面，邻近组织是企业最可靠的同盟者，可以为企业带来知识、信息、资金等战略性资源，进而为企业的战略创业活动提供了支持。另一方面，过度的邻近又可能造成空间锁定和冗余资源。因此，第一个研究问题主要探究邻近性对于战略创业的影响究竟是促进还是抑制。

子研究二聚焦战略创业 IPO 模型的过程阶段，不同个性特征的高管对于战略创业的态度不同，这种态度在面对邻近组织的资源输入后也会发生一定的改变。在众多的高管特质当中，学者们普遍认可的一个观点是：过度自信的高管偏好高风险且过于相信自己的能力，而短视主义的高管却规避风险高的行为、偏好收益周期短的行为。过度自信的高管在面临大量的邻近组织资源时会变得更加盲目自信，从而一味地进行探索性活动和开发性活动。短视主义的高管在面对大量的邻近组织资源时会得到一定程度的缓解，但是他们依旧更多考虑的是如何快速地利用资源提升短期收益，偏好回报周期短、风险低的开发性战略创业。

子研究三依旧聚焦战略创业 IPO 模型的过程阶段，主要关注战略创业过程中外部环境不确定性的影响。根据"环境—行为"研究范式可知，企业不是孤岛，企业所处的外部环境会影响企业内部的决策制定和运营操作。邻近组织通过向焦点企业输送资源而推动焦点企业的战略创业，这一过程会受到外界环境的影响，外界动荡变革或者外界平稳富饶，这都决定了企业是否会愿意使用邻近组织的资源去进行战略创业，而不是进行别的运营活动。

子研究四聚焦战略创业 IPO 模型的输出阶段，主要验证战略创业在不同层面的经济价值。战略管理和创业活动涉及创造价值和财富，创业行为有助于公司创造价值和财富，主要是通过利用市场上的机会；战略管理有助于创造价值和财富的努力，主要是通过形成竞争优势。以往研究大多关注战略创业对于股东财富的积极影响，忽略了战略创业对于多个利益相关者的经济价值。本书将战略创业在个人、组织、社会的经济价值落实到具体的实证数据，实证检验了战略创业对管理层绩效、企业绩效和环境绩效的影响。

综合而言，本书研究具有以下边际贡献。首先，就理论创新而言，本书扩展了地理邻近性和社会邻近性的理论边界，将地理邻近性和社会邻近性应用在企业管理领域，解决了企业在实施战略创业行为时面临的资源困境。近年来，随着地理经济学的兴起，地理区位特征逐渐在公司战略、公司治理领域中引起关注。相关学者指出，地理邻近性能够缓解信息不对称，降低公司资本成本，提高财务报告质量等。考虑到地理邻近性在产业研究中的优势，本书创新地将地理邻近性扩展到公司层面，理论推导并实证验证了地理邻近组织可以帮助企业解决信息不足和知识陈旧的弊端。此外，本书发现，虽然社会邻近性并不是一种直观的邻近，但是却可以为企业的战略创业提供十分珍贵的资源，如一些建立在彼此信任基础上的软性信息和隐性知识。

其次，就方法创新而言，本书打破了以往战略创业相关论文使用一手数据的局限性。上市公司年报所包含的会计文本信息是一种非结构性的财务数据，具有极其丰富的内涵。随着计算机语言和机器学习技术的发展，学者开始利用文本分析法批量处理年报中的会计文本信息。文本分析法是通过测量年报文本中某一话题出现的频率而反映出该话题受关注的程度和重要程度。本书使用文本分析的方法，抓取年报"企业业务概要"部分和"管理层讨论与分析"部分可以反映探索性战略创业与开发性战略创业的关键词的词频，这种文本词频数据获取方法既实现了在全体上市公司范围内开展大样本研究，又具有时间序列属性可以进行动态研究。

最后，就模型创新而言，本书完善了希特等（2011）提出的战略创业 IPO 模型，为战略创业 IPO 模型明确了资源的输入来源，增加了内部高管的治理过程，丰富了外部环境的治理过程，扩展了经济价值的输出范围。具体而言，在输入阶段，本书结合资源基础理论和邻近动力学理论，提出地理邻近组织和社会邻近组织可以分别为企业提供知识和信息等战略性资源。在过程阶段，本书结合高阶梯队理论和"环境—行为"范式，深入剖析了企业处理资源进行战略创业的这一过程。在输出阶段，本书将战略创业在个人、组织、社会的经济价值落实到具体的实证数据，实证检验了战略创业对管理层绩效、企业绩效和环境绩效的影响。

目 录

CONTENTS

第一章

绪　　论

第一节　研究背景与研究问题

一、研究背景

（一）现实背景

自从进入 21 世纪以来，科学技术正在全方位地改变人们工作、学习的方式，例如，AI 智能技术、大数据计算技术、云端存储技术、万物互联技术、量子芯片技术等最新技术的不断涌现，导致企业参与生产的方式变得更加多元化，以往的生产方式、商业模式被不断颠覆与重构。与此同时，商品种类更加丰富、信息获取更加便捷、生活水平不断提高，导致顾客的需求更加差异化、碎片化、个性化。总之，在经济全球化的背景之下，国内外经济形势日趋复杂，市场动荡变化和日新月异的技术变迁导致"黑天鹅"事件时有发生，企业面临更多的易变性、复杂性、模糊性。如今的市场环境早已比任何时候都要变幻莫测，企业如何构筑与维持企业竞争优势成为难题。企业面临着各式各样的竞争压力，这些竞争压力不再局限于同行业的竞争对手，有的甚至是来自其他行业领域的竞争对手的威胁。例如，传统的销售方式受到代购销售、微信销售、直播销售等多种销售方式的冲击；银行柜员负责的储蓄业务、转账业务、开卡业务、更换信息业务等受到 AI 人工智能的替代；滴滴出行业务受到了来自高德网约车、百度网约车、美团网约车等跨界产品的威胁。随着多样化竞争方式的不断更替，越来越多的企业试图通过二次创业或者改变战略方向的形式去实现"弯道超车"。规模经济的效益正逐渐减弱，企业需要加速推出满足顾客需求的新产品和新服务。

随着时代的发展，战略管理和创业管理等主流企业成长理论的现实适配性在不断降低。具体而言，战略管理的内核是如何获取并发展竞争优势。企业遵循战略管理理念而关注绩效差异，通过确定有利的市场定位或获取有价值的、稀缺的、不可模仿的资源等方式赢得超额竞争优势。合理有效的战略关注企业与市场的匹配，特别是竞争优势与当前机会的匹配，但战略也会造成组织惯性或是核心能力刚性，使企业畏手畏脚，无法发现和利用环境中的新机会。因此，企业往往只能获得一时的成功，当环境发生剧烈变化时，便会走向衰落，例如诺基亚、索尼、柯达等曾经享誉世界的大企业。于是，人们呼吁企业应该积极利用市场中的新机会，公司创业成为时下的焦点。创业是以市场机会为导向的兼具重塑性和创新性的行为，其内核是识别并开发新的机会。遵循创业理念的企业通过商业模式创新或推出新业务等多样化的创新方式实现成长。但创业活动的风险是巨大的，大多数企业在初创时期就会死亡，即使是成熟企业也很难通过创业而实现持续成长。究其原因，创业活动一味地追求新机会而忽视了资源配置和竞争环境，所以无法在新业务领域取得成功，甚至会拖垮现有业务。

在竞争环境变化迅速和充满不确定性的时代，企业既需要开发和保持竞争优势，又需要识别和探索市场机会，越来越多的企业意识到缺少创业导向的单一战略管理和缺乏战略导向的单一创业活动都无法适应瞬息万变的市场环境（Horst and Murschetz，2019）。一方面，高风险性和高不确定性的环境需要企业在动态变化的环境中把握机会，充分发挥企业的创业精神；另一方面，竞争日益加剧的环境要求企业利用战略思维，充分开发和利用当前竞争优势。在此背景下，可以同时兼顾优势开发与机会探索的战略创业应运而生。战略创业通过结合基于创业的行为和基于战略管理的行为来创造一种建设性的平衡（Chang and Wang，2013），这种结合对于创业和战略而言都是一个重大的进步。不论是新创企业还是成熟企业都需要进行战略创业，新创企业努力通过建立竞争优势来获得和保持成功，成熟企业则试图通过探索和发现新机会而变得更具企业家精神（Hitt et al.，2011；Ireland et al.，2003；Ireland and Webb，2007）。与公司创业相比，战略创业强调的是企业在追求竞争优势的同时也不断地寻求未来的机会，主要解答的问题是企业如何在动态变化竞争激烈的环境中有效配置资源、兼顾好机会探索和优势开发，进而创造持续的竞争优势，战略创业更加适合于对当下环境中关于企业竞争优势获取和维持的研究。战略创业创出连续的"优势流"和"机会流"，是企业面对高度不确定和动态竞争环境时获取持续优势的重要方式。

越来越多的企业家和理论家已经认识到战略创业的重要性。然而，企业战略创业行为需要大量的资源输入，很多企业的实际运营情况无法支撑战略创业。在复杂、易变的转型经济现实背景下，企业面临信息缺乏、资源稀缺等的挑战，依靠自身内部条件明显无法满足发展的需求。战略创业可以被构建为一个"输入—过程—输出"IPO 模型（input-process-output，简称战略创业 IPO 模型）。在输入阶段，焦点企业应该尽可能地吸收可以使用的一切资源，这里面最主要的就是在地理空间上毗邻的地理邻近组织以及社会关系上亲密的社会邻近组织。与地理邻近组织形成战略合作伙伴的重要性不言而喻，在空间上的集聚可以大大降低企业的运输成本以及专用性投资，地理邻近的同盟之间也可以进行知识和信息的传递与交流，这些举措都可以帮助焦点企业开展战略创业。此外，数字化、信息化时代正在逐步地打破地理空间的局限性，很多与焦点企业关系紧密的战略合作伙伴甚至不在同一个省份，不在同一个国家，跨越洲际的战略同盟也不在少数。因此，在探究战略创业的可利用资源时不可忽略社会邻近组织，这类邻近组织往往具有更加宝贵的资源。

（二）理论背景

在经济全球化背景下，国内外经济形势日趋复杂，市场动荡变化和日新月异的技术变迁导致"黑天鹅"事件时有发生，企业面临更多不确定性。同时，新思想和新组织不断涌现，易变性、复杂性、模糊性正在不断突破企业和行业界限。如今的市场环境早已比任何时候都要变幻莫测，企业如何构筑与维持企业竞争优势成为难题。

传统战略管理理论核心问题在于解释竞争优势构建和绩效异质性来源，例如，波特（Porter）定位理论、巴尼（Barney）资源基础观、核心能力理论和后来蒂斯（Teece）动态能力理论均为解释企业竞争优势来源和绩效异质提供了一定的研究视角。但是，传统战略管理理论在解释企业竞争优势识别与构建时存在理论悖论。一方面，面对已有的竞争优势，企业会不断重复当前的运营模式和战略决策，企业继而产生核心能力刚性和组织惯性的问题。随着竞争优势的不断变大，企业受到核心能力刚性和组织惯性的阻碍就越大，最终导致企业面对瞬息万变的外部环境时难以及时响应。另一方面，组织学习理论和动态能力理论被用来解决核心能力刚性和组织惯性的困境。组织学习是知识进行积累的过程，知识是组织竞争优势的重要来源，动态能力理论是企业根据形势变化不断地发展新的核心能力，企业通过组织学习来更替新旧知识，通过动态能力来更替新旧核心能力从而避免了核心能力刚性和组织惯性。但是仍有一些学者无法完全接受这种理论解释，认为组织学习能力和动态能力存在用能力解释能力的窘境。于是，传统战略管理理论面临巨大挑战。

与此同时，创业理论试图帮助企业探索在不断变化的环境之下如何创造价值。开办一家新的公司、建立一个新的组织、创造一项新的市场经济活动等，这些都可被视作创业活动（Davidsson，2005）。在此基础上，文卡塔拉曼和谢恩（Venkataraman and Shane，2000）更加宽泛地定义创业活动：创业活动是指如何发现、评估和利用那些可以提供商品和服务的机会。综合前人所述，爱尔兰等（Ireland et al.，2001）将研究重点放在创业行为的经济后果上，认为创业活动是一种具有特定背景的社会过程，个人和团队通过汇集独特的资源来开发市场机会，创造财富。创造财富的前提是要创造价值，价值创造是指获得超过与该收购相关的总成本的租金的行为（Bamford，2005），创业者通过利用新的机会和开辟新的市场来创造价值。但是，在创业过程中，未对创业行为进行合理管理，出现资源无效配置，或过度追求机会开发而导致资源配置失效，都会使企业遭遇管理能力瓶颈。过度强调与鼓励企业创新，导致企业成本螺旋式上升，出现"创新陷阱"。以上企业创业行为都会因为未从战略角度作出有效决策而阻碍企业发展。

如何在不确定性环境中维持生存与可持续发展是每一个企业必须解决的难题，企业既需要开发和保持竞争优势，又需要识别和探索市场机会，越来越多的企业意识到缺少创业导向的单一战略管理和缺乏战略导向的单一创业活动都无法适应瞬息万变的市场环境（Horst and Murschetz，2019）。因此，可以同时兼顾优势开发与机会探索的战略创业应运而生。所谓战略创业是指"将价值链分析法、投资组合分析法、波特五力分析法等经典战略管理方法运用到创业过程之中，以确保创业活动更有计划和秩序"或者"通过产品创新、市场开发、资产重组等创业活动的实施给战略管理增加柔性和敏捷性"。战略创业理论通过将战略管理理论与创业理论耦合与交融，解决二者处于分离状态时，各自在解决有关问题时存在的局限性，是饱含创业精神的战略管理，也是富有战略规划的创业行为。

资源基础理论认为，可以利用 VRIO 模型①评价企业的资源有效性，从而帮助企业快速响应进行战略调整。与此同时，不少学者也开始意识到资源基础观对创业问题的指导意义，企业家根据资源的配置状态来判断企

----

① VRIO 为 value（价值）、rarity（稀缺）、imitability（模仿）、organization（组织）的首字母缩写。

业是否能够把握住创业机会。凯琴等（Ketchen et al.，2007）与阿密特和徐晗（Amit and Han，2017）利用资源观整合了战略管理与创业管理。资源基础理论认为，对于某些重要的战略性资源，组织几乎无法实现自给自足，要想获取必须依赖于外部的其他组织予以供应（Heide，1994）。企业开展战略创业都需要大量的资源供应，但是处在瞬息万变的商业环境中，企业经常面临信息缺乏、知识陈旧、资金不足等挑战，单打独斗无法开展战略创业，企业需要拥有同盟。邻近组织是企业最可靠的同盟者，可以为企业带来知识、信息等战略性资源，进而为企业的战略创业活动提供了支持。

一方面，众多学者指明了邻近组织可以降低知识不兼容、提高知识吸收效率，例如，赵炎等（2016）认为，网络邻近和地理邻近可以促使企业较方便地从其他联盟成员中获得新知识，从而提高了知识转移绩效。另一方面，邻近性能够缓解经济主体间的信息不对称，提升信息沟通效率（O'Brien and Tan，2015）。邻近性较差的组织之间会更多地依赖股票价格、公司年报等硬性信息。被公众广泛熟知的邻近性概念是地理邻近性，即经济主体之间的空间距离（Howells，2002）。关于地理邻近对知识传播、信息流动的推动作用，被社会各界广泛认可的观点是："知识与信息在街道之间流动要比跨越山川河流容易得多"。随着信息时代的迅猛发展，空间距离正逐渐被网络视频、电话通信、电子邮件等网络科技冲击，由地理邻近所引致的经济后果也产生了相应的变化，学者们开始重新思考邻近性的概念。社会邻近性是除了地理邻近性以外最受广大学者关注的一个邻近性概念，指经济主体之间社会关系的亲疏程度，个体间的社会邻近可以降低知识的转移难度、打破信息的传播壁垒。因此，地理邻近与社会邻近可以为企业带来一定的资源。

二、研究问题

基于上述现实背景和理论背景，本书以邻近组织的资源获取为出发点，以企业的战略创业为落脚点，以地理邻近理论、社会邻近理论、战略创业理论、资源依赖理论等为理论基础，以战略创业 IPO 模型为研究框架。首先，以资源推动企业行为的逻辑来探究地理邻近组织和社会邻近组织对企业探索性战略创业和开发性战略创业行为的影响（研究问题一）。其次，以个人特质影响企业决策的逻辑来探究高管个人特质（过度自信和短视主义）在邻近组织与战略创业之间的中介作用（研究问题二）。再次，以"环境—行为"的研究范式探究外部环境不确定（环境动态性和环境丰富性）在邻近组织与战略创业之间的调节作用（研究问题三）。最后，本书将经济绩效具体划分为管理层绩效、企业绩效和环境绩效，探究战略创业对微观、中观、宏观层面的多重绩效的促进作用（研究问题四）。本书为希特等（2011）的战略创业 IPO 过程模型明确了资源来源，增加了内部高管治理，丰富了外部环境因素，扩展了经济范围，具体如图 1.1 所示。

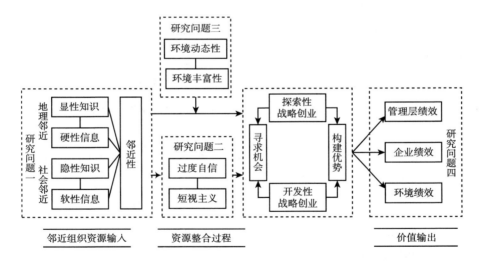

图 1.1 研究问题框架

子研究一：地理邻近性、社会邻近性对战略创业的影响。

在战略创业 IPO 模型的输入阶段，地理邻近组织和社会邻近组织都可以为企业输入必要的资源以支持企业的探索性战略创业和开发性战略创业。资源基础理论认为，对于某些重要的战略性资源，组织几乎无法实现自给自足，要想获取必须依赖于外部的其他组织予以供应。企业开展探索性战略创业和开发性战略创业都需要大量的资源供应，但是在瞬息万变的商业环境中，企业经常面临信息缺乏、知识陈旧、资金不足等挑战，单打独斗无法开展战略创业。一方面，邻近组织是企业最可靠的同盟者，可以为企业带来知识、信息、资金等战略性资源，进而为企业的战略创业活动提供了支持；另一方面，过度的邻近又可能造成空间锁定和冗余资源。因此，第一个研究问题主要探究邻近性对于战略创业的影响究竟是促进还是抑制。

子研究二：多维邻近性影响战略创业行为的机制检验。

在战略创业 IPO 模型的过程阶段，高管的个人特质（过度自信和短视主义）在面对邻近组织带来的资源后，不同特性的高管对于探索性行为和开发性行为的态度不同。个人参与战略创业行为是资源协调过程的基础，微观基础视角将个人作为分析的基本层次，探索个人特质如何帮助企业实现战略创业。在众多的高管特质当中，学者们普遍认可的一个观点是：过度自信的高管偏好高风险且过于相信自己的能力，而短视主义的高管却规避风险高的行为，偏好收益周期短的行为。邻近组织为企业带来资源后，必定要由高管进行资源分配和资源利用，在这个处理过程中，高管的个人特质会产生很大的影响，决定着企业使用这些资源是开展探索性活动还是开发性活动。因此，本书的第二个研究问题是探究高管特质如何在邻近性与战略创业之间发挥中介作用。

子研究三：多维邻近性影响战略创业行为的情景分析。

在战略创业 IPO 模型的过程阶段，子研究三主要关注战略创业"过程"中外部环境不确定性的影响。根据"环境—行为"研究范式可知，企业不是孤岛，企业所处的外部环境会影响企业内部的决策制定和运营操作。外部环境的不确定性会影响企业利用邻近组织资源进行战略创业最终提升竞争优势的过程。本书将以环境动态性和环境丰富性作为外部环境不确定性的代表因素。邻近组织通过向焦点企业输送资源而推动焦点企业的战略创业，这一过程会受到外界环境的影响，外界动荡变革或者外界平稳富饶，这都决定了企业是否会愿意使用邻近组织的资源去进行战略创业，而不是进行别的运营活动。因此，第三个研究问题探究的是环境不确定性如何在邻近性与战略创业之间发挥调节作用。

子研究四：战略创业与多重绩效。

在战略创业 IPO 模型的输出阶段，主要验证战略创业在不同层面的经济价值。战略管理和创业活动涉及创造价值和财富，创业行为有助于公司创造价值和财富，主要是通过利用市场上的机会；战略管理有助于创造价值和财富的努力，主要是通过形成竞争优势。希特等（2002）和爱尔兰等（2009）认为，关注优势的战略研究和关注机会的创业研究应该融合成一体形成战略创业。战略创业理论强调，在创业过程中，企业必须进行资源整合，并构建新的能力以确保自身的生存与发展。同时，企业要想构建竞争优势，必须在自己的战略管理实践中体现创业精神。以往研究大多关注战略创业对于股东财富的积极影响，忽略了战略创业对于多个利益相关者的经济价值。因此，本书的第四个研究问题是探究战略创业对管理层绩效、企业绩效和环境绩效的影响。

本书通过四个子研究的设计，遵循理论逻辑推导和实证检验的过程，对地理邻近性、社会邻近性与战略创业之间的作用机理进行了系统、深入的剖析，总体上有较强的严谨性和可靠性。

第二节 研究内容与研究方法

一、研究内容

本书根据研究逻辑和研究内容一共分为七章，具体安排如下所述。

第一章为绪论。本章首先介绍了企业面临着复杂易变的现实背景以及邻近动力学、地理经济学、社会网络、资源基础、战略创业的理论背景，由现实背景和理论背景引出本书研究问题，紧接着介绍具体的研究内容和研究方法，最后总结本书研究的创新之处和研究意义之所在。

第二章为理论基础与文献综述。本章首先总结了邻近动力学理论、资源基础理论、战略创业理论，在此基础上进一步对地理邻近性、社会邻近性、战略创业的研究现状进行梳理和总结。其次，总结了地理邻近性、社会邻近性、战略创业的文献不足和遗漏，为后续研究问题的确立打下基础。

第三章为地理邻近性、社会邻近性对战略创业的影响。基于第一章和第二章的前期铺垫，本章以资源推动企业行为的逻辑来探究地理邻近组织和社会邻近组织对企业探索性战略创业和开发性战略创业行为的影响。第三章分别介绍地理邻近性和社会邻近性可以为企业提供的珍贵资源有哪些，同时提出地理邻近性和社会邻近性可能带来的空间锁定效应和冗余资源，通过实证检验了邻近性对于战略创业的影响究竟是促进还是抑制。

第四章为地理邻近性、社会邻近性影响战略创业的机制检验。第三章已经探究了二维邻近性对于企业战略创业提供的资源输入，那么资源输入企业后，不同个人特质的高管会有怎样的响应呢？首先，本章将个人作为基本的分析单位，具体将高管的个人特质分为过度自信和短视主义。其次，本章分别分析过度自信的高管和短视主义的高管在面临邻近组织的资源时是怎样的态度变化。最后，本章将邻近组织、高管特质、战略创业置于同一逻辑框架下，探索个人特质如何在邻近性与战略创业之间发挥中介作用。

第五章为地理邻近性、社会邻近性影响战略创业的情景分析。不同于第四章主要探究企业内部高管对于主效应的中介路径，第五章主要将研究视角移至企业外部环境的不确定性。首先，本章结合"环境—行为"的研究范式，提出外部环境会影响企业内部战略决策的观点。其次，具体分析在环境动荡情景时和环境丰富情景时，邻近性与战略创业之间的关系是如何变动的。最后，本章给出具体的实证检验，验证环境不确定性在邻近性与战略创业之间的调节作用。

第六章为战略创业行为与多重绩效。根据前述章节的理论推演和实证检验，已经验证了二维邻近性、高管特质、环境不确定性、战略创业之间的关系。第六章主要验证战略创业的经济价值。首先，本章在理论层面上分析了战略创业的经济价值。其次，本章将经济绩效具体分为三个层次，即管理层绩效、企业绩效、环境绩效。最后，本章搜集整理三个层次的绩效数据，实证检验了探索性战略创业、开发性战略创业对于多重绩效的提升作用。

第七章为结论与展望。本章首先对本书的四个研究问题进行整体性总结。其次，根据主体内容的理论分析和实证检验，提出了四点管理启示。最后，提出本书存在的不足之处，并指明未来可行的研究方向。具体的章节安排如图 1.2 所示。

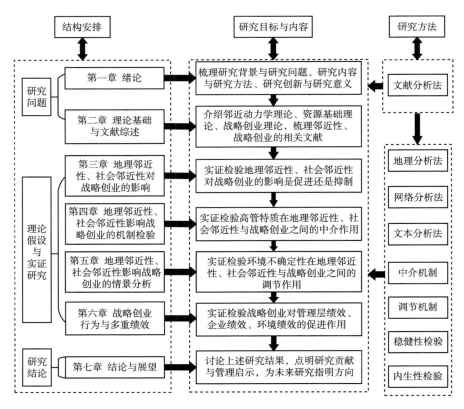

图 1.2 章节安排

二、研究方法

本书主要通过以下六种方法来研究地理邻近性、社会邻近性对战略创业的影响。

第一，文献分析法。文献分析法是在以往研究成果的基础上，反复研读而寻找到已有研究的不足之处以及文献的空白之处，然后针对当前的不足与空白去开展本书的研究问题。本书通过文献分析法分别对地理邻近性、社会邻近性、探索性战略创业、开发性战略创业的相关概念界定、测量方法以及研究现状进行了系统的回顾与整理，结合当前邻近性与战略创业的研究现状不足提出本书的主要研究问题，为后续章节的深入探究奠定了前期基础。

第二，地理距离计算法。地理邻近性是行为主体在地理空间上的接近程度。为了确保量纲的合理性和指标的正向性，本书借鉴肖红军等（2021）和詹森等（Jensen et al.，2015）的方法，首先使用空间向量距离公式，将关联企业和焦点企业的经纬度坐标代入空间向量距离公式中，度量出关联企业到焦点企业的球面地理距离，其次将球面地理距离进行算术平均处理和对数化处理，最后将处理后的球面地理距离的倒数作为地理邻近性的代理指标。

第三，社会网络分析法。社会邻近性是行为主体在社会网络上的亲密程度。借鉴弗里曼（Freeman，1978）以及吕国庆等（2014）的研究方法，本书对社会邻近的衡量通过上一时段两节点在供销网络中关系距离的倒数来计算。首先，本书将焦点企业与关联企业之间的供销关系数据代入大型社会网络数据分析软件 Pajek 生成焦点企业的社会网络位置数据，并计算出焦点企业与其他关联企业之间的关系距离；其次，将关系距离进行算术平均处理；最后，使用两节点在供销网络中关系距离的倒数作为社会邻近性的代理指标。

第四，文本分析法。文本分析法可以用来弥补财务数据在度量组织或个体的信念、意图、想法等方面的不足（曾庆生等，2018），通过测量文本中某一话题出现的频率可以反映出该话题受关注的程度和重要程度（Baginski et al.，2016）。本书首先使用 Python 3.6 编程软件所编写的网络爬虫程序自动抓取 Wind 金融数据库中上市公司年报关于"企业业务概要"和"管理层讨论与分析"的部分；其次，运用 Python 的"Jieba"中文分词模块，结合已经构建的战略创业词汇，对提取的"企业业务概要"和"管理层讨论与分析"文本进行自动分词，从中提取出探索性战略创业词汇和开发性战略创业词汇并计算词频度量出探索性战略创业和开发性战略创业。

第五，规范分析法。规范分析法与实证分析法相对，强调从理论层面逻辑推导出结论。本书通过检索和梳理文献，在现有研究的基础上，针对地理邻近性和社会邻近性如何影响战略创业等一系列研究问题进行理论分析和提出假设。具体来说，本书主要结合邻近动力学理论、地理经济学理论、社会网络理论、资源基础理论、战略创业理论的相关研究，对本书涉及的研究问题进行了规范分析。

第六，实证分析法。本书在运用规范分析法进行理论分析和假设推导的同时使用样本数据实证分析理论假设。具体来说，本书研究主要基于国泰安（CSMAR）、万德（Wind）以及中国研究数据服务平台（CNRDS）数据库 2011~2020 年的沪深 A 股上市公司公开财务数据，手工搜集关于焦点企业与顾客和供应商之间的供销关系数据、地理位置数据以及年报中关键词的词频数据。根据本书研究涉及的样本数据特征，本书选择 OLS 回归、中介模型、调节模型以及工具变量法等多种稳健性检验方法，采用数据分析软件分别对四个子研究进行了量化分析和实证检验。

第三节　研究创新与研究意义

一、研究创新

通过系统深入地探讨地理邻近性、社会邻近性对战略创业的影响机制，本书主要有以下创新点。

（一）理论创新

本书是一个跨学科的研究，扩展了地理邻近性和社会邻近性的理论边界，将地理邻近性和社会邻近性应用在企业管理领域，解决了企业在实施战略创业行为时面临的资源困境。众多学者认为，地理邻近性可以推动创新网络、区域经济、地区同群效应等的发展方向和发展速度，产业组织在地理空间上的集聚会产生众多优势。由此可见地理邻近性主要应用于中观和宏观的研究，较少运用于微观的企业管理领域。近年来，随着地理经济学的兴起，地理区位特征逐渐在公司战略、公司治理领域中引起关注。相关学者指出，地理邻近性能够缓解信息不对称，降低公司资本成本，提高财务报告质量等。考虑到地理邻近性在产业研究中的优势，本书创新地将地理邻近性扩展到公司层面，理论推导并实证验证了地理邻近组织可以帮助企业解决信息不足和知识陈旧的弊端。此外，本书在收集数据时发现，关联企业与焦点企业之间存在明显的地理区位差异，有的地理距离很近，有的地理距离很远。进一步地，本书发现，社会邻近性是另一种对企业管理影响颇深的邻近性。社会邻近性虽不是一种直观的邻近，但是却可以为企业的战略创业提供十分珍贵的资源，如一些建立在彼此信任基础上的软性信息和隐性知识。因此，本书将地理邻近性和社会邻近性拓展到企业战略创业的做法，既延长了邻近性的理论边界，同时又解决了战略创业理论在资源获取方面长久以来面临的难题。

（二）方法创新

本书打破了以往战略创业相关论文使用一手数据的局限性。在度量探索性战略创业和开发性战略创业时，本书发现，目前关于战略创业的度量方法主要集中为问卷调查法，通过向焦点企业发放问卷来获取关于战略创业的一手数据。诚然，这种方法对于理论的构建和构念的转化都具有极高的学术价值，但是问卷调查数据往往在样本量上无法实现大样本研究，问卷数据在进行动态研究时也存在一定的局限性，因为发放并回收大量调查问卷以及分时间段采集调查问卷所需要的时间和精力都是十分巨大的。上市公司年报所包含的会计文本信息是一种非结构性的财务数据，具有极其丰富的内涵。由于年报等会计文本信息难以量化，采用人工阅读的方法不仅耗费巨大，还会受到个人主观因素的影响，所以长久以来被研究者所忽视。随着计算机语言和机器学习技术的发展，学者开始利用文本分析法批量处理年报中的会计文本信息。文本分析法是通过测量年报文本中某一话题出现的频率而反映出该话题受关注的程度和重要程度。本书使用文本分析的方法，抓取年报"企业业务概要"部分和"管理层讨论与分析"部分可以反映探索性战略创业与开发性战略创业的关键词的词频，这种文本词频数据获取方法既实现了在全体上市公司范围内开展可以做大样本研究，又具有时间序列属性可以进行动态研究。

（三）模型创新

本书完善了希特等（2011）提出的"输入—过程—输出"的战略创业 IPO 模型，为战略创业 IPO 模型明确了资源的输入来源，增加了内部高管的治理过程，丰富了外部环境的治理过程，扩展了经济价值的输出范围。希特等（2011）开创性地发明了战略创业的 IPO 模型，首先，他们认为战略创业活动需要大量的资源输入，概括性地指出环境资源、组织资源和个体资源都是潜在的输入来源。其次，他们认为资源输入后企业需要做的就是资源编排、资源配置等合理化的利用。最后，他们在理论层面上认为战略创业对于个人、组织、社会都存在经济价值。针对希特等（2011）战略创业 IPO 模型的三个阶段，本书做了大量的边际性贡献。第一，本书结合资源基础理论以及邻近动力学理论，具体地提出地理邻近组织和社会邻近组织可以分别为企业提供显性知识和硬性信息、隐性知识和软性信息等战略性资源。第二，本书结合高阶梯队理论和

"环境—行为"范式,深入剖析了企业处理资源进行战略创业的这一过程。邻近组织的资源进入企业内部后是由高管决定如何分配使用的,因此高管的个人特质是十分重要的。虽然邻近组织可以为企业的战略创业提供必要的资源支撑,但是企业也不得不考虑外界环境的变化,审时度势地实施战略创业活动。第三,本书将希特等(2011)在理论层面上提出的战略创业的个人、组织、社会的经济价值落实到具体的实证数据,具体实证检验了战略创业对管理层绩效、企业绩效和环境绩效的影响。

二、研究意义

本书研究结合地理邻近、社会邻近、战略创业、高管特质和环境不确定性的相关研究,基于地理邻近理论、社会邻近理论、战略创业理论、资源依赖理论、高阶梯队理论、"环境—行为"范式分别构建了邻近性与战略创业的理论模型,邻近性、高管特质、战略创业的有中介的理论模型,邻近性、环境不确定性、战略创业的有调节的理论模型以及战略创业的多重经济绩效模型,通过探讨二维邻近性对战略创业的作用机制及其边界条件,丰富和拓展了战略创业的机制研究和情境研究以及其他相关理论的研究。本小节接下来将从现实意义和理论意义分别阐述本书的研究价值。

(一)现实意义

本书研究基于二维邻近性、战略创业、高管特质和环境不确定性相关研究,使用规范分析和实证检验的研究方法来探索二维邻近性对企业战略创业的影响机制和作用边界,相关研究结论对企业的生存和发展具有重要的现实意义。

首先,毋庸置疑的是,管理者对二维邻近组织、战略创业、高管特质和环境不确定性的概念缺乏系统深入理解。本书通过战略创业 IPO 模型将这四个概念串联起来,一方面有助于管理者深刻理解这些概念的理论内涵，另一方面也为管理者的相关管理实践提供了一个较为全面的理论指导。例如，通过梳理战略创业的相关研究，企业意识到缺少创业导向的单一战略管理和缺乏战略导向的单一创业活动都无法适应瞬息万变的市场环境，意识到开展战略创业的必要性以及伺机选择探索性战略创业和开发性战略创业的必要性。通过研究二维邻近性，企业意识到生存发展离不开同盟，而且地理空间上的"友邻"和社会关系上的"友邻"都要兼顾到。通过将高阶梯队理论和"环境—行为"范式纳入战略创业IPO模型的过程阶段，企业及其管理者意识到高管和环境对于邻近性与战略创业之间关系的重要作用。邻近组织与战略创业之间的关系并不是一成不变的，而是会受到公司内外部环境的影响。

其次，尽管很多管理者已经意识到二维邻近性的积极作用，但还是有一部分管理者对地理邻近性和社会邻近性提高战略创业这一观点持怀疑态度。尤其是在此次新冠疫情暴发以来，很多企业开始回避与地理邻近组织和社会邻近组织的面对面交往，注重自身的工作效率而忽视盟友的共进退。本书基于资源基础理论的相关研究，利用战略创业IPO模型将二维邻近性与战略创业置于同一逻辑框架。一方面，可以给予管理者和决策者更多的理论指导和实证证据；另一方面，希望通过进一步剖析二维邻近性对战略创业的作用机理和边界条件，帮助管理者和决策者更加深刻地理解邻近性影响战略创业的理论逻辑，为对是否继续与邻近组织建立紧密的同盟关系而感到犹豫不决的管理者和决策者提供更多的信心。此外，通过研究二维邻近性与战略创业之间的关系也可以侧面提醒管理者将地理邻近组织和社会邻近组织同时纳入公司战略合作伙伴的企业正在增加，管理者要重新思考和评估邻近组织的作用。

最后，基于高阶梯队理论和"环境—行为"范式，本书通过研究高管的过度自信和高管的短视主义在二维邻近性与战略创业之间的中介作用，强调了过度自信的高管在面对大量的邻近组织资源时会变得更加盲目自信，从而一味地进行探索性活动和开发性活动，短视主义的高管在面对大量的邻近组织资源时会得到一定程度的缓解，但是他们更多的是考虑如何快速地利用资源提升短期收益，从而规避回报周期长、风险高的探索性战略创业，偏好回报周期短、风险低的开发性战略创业。此外，外部环境的不确定性会影响企业利用邻近组织资源进行战略创业最终提升竞争优势的过程，当环境动态性较强时，应该抓住市场新机；当环境动态性较弱时，应该把握现有的竞争优势。这些研究一方面可以帮助管理者理解高管个人特质和环境不确定如何影响战略创业，另一方面也为管理者进行人员管理以及环境管理提供了新的途径和理论指导。

（二）理论意义

首先，本书将丰富战略创业的理论研究与实证研究。战略创业的现有研究试图解决企业如何创造和保持竞争优势的问题（战略管理的重点）的同时发现和利用新机会（创业的重点）（Hitt et al.，2001）。为了企业的基业长青，众多学者呼吁进行战略创业研究，以更好地解释企业如何为战略创业活动获取资源，不同个性的高管如何利用资源去进行战略创业，外界环境又是如何影响企业伺机性地选择探索性战略创业和开发性战略创业。尽管人们越来越重视战略管理与创业的结合，但是对于如何开展战略创业，战略创业的影响机制和情景分析以及战略创业所带来的经济价值，目前还没有一个系统的、完整的研究，这使得学者们难以理解和验证相关文献的核心结论，识别未解决的问题，并找到前进的道路。为了解决这些问题，本书将在现有定义的基础上整合战略创业，丰富战略创业的概念化研究。同时，本书将结合地理经济学和社会网络学的研究成果，探索不同情境下战略创业的形成机制和边界条件，为战略创业的研究提供新的理论思路和实证支持。

其次，本书将丰富二维邻近性与战略创业的研究。诚然，邻近性与战略创业早已经受到学者们的广泛关注。很多邻近性的相关研究都表明了邻近性组织对于焦点企业的战略资源供应属性，例如，显性知识和隐性知识的相互学习，软性信息和硬性信息的彼此流通，这都会极大地帮助焦点企业实施战略创业。此外，很多战略创业的相关研究在理论层面上证实了战略创业对于寻找机会和维持优势的双重作用，焦点企业首先摄入资源，然后进行资源编排，最终转化成多种经济价值，影响焦点企业实施战略创业的第一步便是资源的摄入不足，后续的行动决策都无从谈起。单个企业的资源、能力都是有限的，要想获得可持续性的竞争优势，企业必须寻找合适的同盟者。企业不是孤岛，每一个企业都围绕着很多的邻近组织，一些邻近组织往往会发展成为企业最可靠的同盟伙伴，为企业带来知识、信息、资金等战略性资源。因此，本书将地理邻近性、社会邻近性与探索性战略创业、开发性战略创业置于同一逻辑框架的做法具有一定的理论价值。

再次，本书将丰富高管特质对二维邻近性与战略创业之间关系的影响研究。高阶梯队理论在公司治理、战略管理、创业管理领域得到了极大的关注。高管是一切公司行为的基础，高管既是决策者又是实施者，高管本身的特质对公司未来走向的影响是十分深远的。以往的研究过多关注高管的一些固定特质，例如，高管的性别、年龄、民族、国别、教育背景、专业背景、职业背景等。诚然，学者将研究视角集中在上述这些人口学特征上的做法确实是高阶梯队理论最直观的验证方式，但是人口学特征无论是作为前置变量还是后置变量，都是一个固定的因素，无法被改变。本书试图研究高管的性格特质，这是一种可以被改变的个人特质。不同性格的高管在面对二维邻近组织的资源输入时，会产生不同的心态和表征，过度自信的高管面临大量资源会更加自信，短视主义的高管面对大量的资源会变得稍微长远考虑，从而不同性格高管在二维邻近性与战略创业之间扮演的角色是有所区别的。本书将聚焦于高管个人特质来探究过度自信和短视主义在二维邻近性与战略创业之间的中介作用，为高阶梯队理论提供新的研究视角和实证支持。

最后，本书还将丰富不确定性对二维邻近性与战略创业之间关系的影响研究。尽管不确定性的概念在心理学、经济学和管理学等社会科学学科中一直都很重要，但由于许多相互冲突的定义和度量问题导致关于不确定性的研究在过去的几年中急剧下降，例如，组织理论学者提出了环境不确定性的三种定义——状态的不确定性、效果的不确定性以及响应的不确定性，这些不同的定义视角最终导致无法生成一致性的研究成果。如今的市场环境早已比任何时候都要变幻莫测，易变性、复杂性、模糊性成为了当今时代的"主旋律"，现实使得环境不确定性再一次成为组织和管理理论中的核心概念，本书将环境的不确定性具体划分为环境动荡性和环境丰富性。一方面，本书将回应学者对于重视管理和组织理论中不确定性相关研究的呼吁；另一方面，本书试图探索以环境不确定为情境因素的战略创业的形成机制以及环境不确定性对二维邻近性与战略创业之间关系的调节作用。所得结论丰富了不确定性在管理和组织领域中的研究。

第二章

理论基础与文献综述

第一节　理论基础

一、邻近动力学理论

邻近动力学理论缘起于韦伯（Weber，1909）的集群经济概念，他在《工业区位理论》（*Industrial Location Theory*）一书中提出，产业组织在空间上的聚集可以帮助劳动力专业化、成本运输最小化、中间商最简化，因此，企业会考虑将企业放置在邻近相关组织的区位，其实这也就是最早的地理邻近性概念。随着网络科技的快速发展，地理区位是否会影响经济后果这一观点不断地受到冲击，学者们也将地理邻近性扩充到更多维度。法国的邻近动态学派最早提出多维理念，认为地理邻近或者空间邻近不是唯一的邻近性，邻近性应该是多维度的。随后，波施马（Boschma，2005）、诺本和奥尔莱曼斯（Knoben and Oerlemans，2006）总结出邻近性的七个维度，分别为地理邻近性、制度邻近性、社会邻近性、文化邻近性、技术邻近性、组织邻近性、认知邻近性，这七个维度的邻近性概念存在交叉、重叠。在这七个维度邻近性概念中，地理邻近性和社会邻近性的研究最为丰富和成熟，地理邻近性是在地理经济理论基础上发展起来的，社会邻近性是在社会网络理论上发展起来的。

（一）地理经济理论

地理经济理论认为，组织之间空间上的邻近会产生集聚效应和规模经济，因为地理距离上的邻近可以大大降低要素传播和运输所需要的成本。托伯勒（Tobler，1970）的空间相关定律指出，任何事物都与其他事物相联系，但邻近事物比遥远事物的联系更为紧密。艾克斯伯特等（Expert et al.，2010）发现，手机之间的通话量与机主之间的地理距离有关，故在对手机通话流网络进行社区挖掘的研究中，考虑了地理距离，从而挖掘出更多原本被隐藏的小社区。李炜和蔡勖（Li and Cai，2004）、巴格勒（Bagler，2008）、陈娱和许珺（2013）对机场航线网络的研究发现，若将城市间的紧密度与航线网络和城市之间的距离联系起来，这些有机场的城市之间的紧密度不仅与航线相连有关，还受地理距离的影响，地理位置越接近飞机航线越密集。胡茂彬等（Hu et al.，2008）、李树彬等（2011）对城市路网拓扑结构的研究发现，邻近网络更容易发生交通拥堵，通过扩大节点间的路段距离，可以提高道路的运载能力并有效防止交通拥堵。郭殿生（Guo，2009）对人口迁移网络流的研究发现，美国拥有大约100万条移民路径，根据两地距离可以将这些路径划分成不同的地理区域，其中区域内的路径或连接明显多于区域间的路径或连接。

随着地理经济学的兴起，地理区位特征逐渐在公司财务、公司治理领域中引起关注。相关研究表明，地理距离能够加剧经济主体间的信息不对称性。在经济交换关系里，两个参与者之间亲密的、频繁的接触会加快信息交换速度，而关系疏远的两个人则难以进行长期有效的沟通。获取上市公司详细、真实的信息是公司高质量发展的重要基础（Gupta et al.，2014），这些信息主要包括公开披露的硬性信息以及未公开披露的软性信息（Forbes and Frances.，1999）。首先，为了防止同业竞争和商业跟随，上市公司通常会选择性地公开投资策略和投资绩效（龚辉锋和茅宁，2014），一些非市场渠道的私募投资机会信息也难以在年报等公开渠道中轻易获得（程新生和李海萍，2011）。其次，一些"只可意会不可言传"的软性信息属于公司不愿公开披露的机密信息（Liberti and Petersen，2019），需要通过个人观察或者面对面交流的方式获取，然而，出于时间成本和交通成本的考虑，远距离的组织并不愿意亲自到公司所在地进行实地考察。所以，地理距离会导致经济个体之间的信息不对称性。此外，地理距离还会弱化个人声誉，中国的职业经理人主要依赖于声誉机制发挥作用（唐清泉等，2006），但地理距离的分隔却导致声誉机制难以激励或惩罚经理人（原东良和周建，2021）。一方面，好的声誉有益于职业经理人实现自我价值并提升内心满足感，但是，远距离经理人与任职公司处于不同的"圈子"，很难在任职公司注册地建立起良好声誉（Knyazeva et al.，2011），因此无法得到在心理层面的正向激励。另一方面，坏的声誉有害于经理人的就业机会、社会地位，由于远距离经理人有了天然地理屏障的保护，所以哪怕没有认真履职也不会严重损害到经理人在居住地的固有声誉，更不会让远距离的经理人受到减少就业机会、降低社会地位的惩罚（Ertimur et al.，2012）。由此可见，声誉机制难以通过激励手段和惩罚手段来约束远距离的经理人。

（二）社会网络理论

社会网络理论认为，组织之间的二元关系并非独立存在，组织是生存在竞争关系与合作关系交织而成的网络之中。相关学者发现，人与人之间可以通过直接联系、团队接触或者会议交流等社交方式搭建网络关系（Granovetter，1985）。通过度量交往双方之间的见面频率、情感承诺、亲密程度，可以将社会关系细分为强关系与弱关系两类。强关系的组织彼此经常见面沟通，因此双方之间的信任程度很高、情感承诺很深，这会大大减少交易成本。弱关系的组织彼此并不熟悉，因此存在更多的非冗余的信息、资源、机会等。此外，社会网络理论的另一个重要的关注点就是个体在网络中所处的位置，中心度和结构洞是衡量社会网络位置的两个主要维度。中心度是通过节点外部连接的数量来衡量节点充当中心枢纽的程度，处于网络中心位置的节点更容易获得超额的信息优势和资源优势。资源的流通规律满足马太效应（Fernández-Villaverde et al.，2021），本就具有资源优势的个体会源源不断地吸引新资源入驻自己的团队，逐渐形成强者更强的局势。结构洞是指个体在社会网络内连接的节点中，没有跟其他与该个体有连接的节点相连接的节点对数。直接连接的节点在信息方面与资源方面过于趋同，如果某个个体能够作为诸多相互隔离的群体间的非冗余桥梁，那么此种网络结构所能促发的效益将进一步增强，具体包括信息利益和控制利益（Borgatti and Cross，2003）。

20世纪70年代，社会网络理论开始应用于工商管理领域。管理学家发现，通过社会网络连接，企业可以获得多样性的信息和资源（Tsai，2001；Ibarra，1993），这将极大地改善企业的绩效，主要包括经营绩效、并购绩效、创新绩效以及创业绩效。绝大多数文献认为社会网络是可以提升企业经营绩效的，具体而言，扎希尔和贝尔（Zaheer and Bell，2005）、柯瑞豪等（Ke et al.，2019）指出，社会网络可以通过构建可持续性竞争优势、获取异质性知识、降低外部风险的方式提高企业的经营绩效。并购作为企业的重大战略，也会受到社会网络的影响，例如，蔡晔和塞维利尔（Cai and Sevilir，2012）、石井和宣余海（Ishii and Xuan，2014）发现，高管的社会网络位置会影响他们的监督能力和信息获取能力，过于紧密的网络关系或者过于疏离的网络关系都不利于企业的并购战略（El-Khatib et al.，2015）。关于创新绩效方面，企业处于中心网络位置有利于获取外部资源（Rydehell et al.，2018；Liao and Phan，2016），当外部资源与内部能力相匹配时（Gittelman and Kogut，2004），便会提升企业的创新绩效，然而，由于开放式创新需要投入巨大的资本（Cassiman and Valentini，2016），因此网络位置的优势并不足以提升企业的开放式创新绩效。一些关于创业绩效的文献也验证了社会网络的存在价值，社会网络推动创业绩效的作用机制主要在于依靠信任机制降低内外交易成本（Schmidt and Muehlfeld，2017），凭借低成本盘活异质性信息与资金（Jiang et al.，2018），借助政商关联获取组织合法性，这三个作用机制彼此协同整合，从而提高了企业的创业绩效。

二、资源基础理论

资源基础理论认为，对于某些重要的战略性资源，组织几乎无法实现自给自足，要想获取必须依赖于外部的其他组织予以供应（Heide，1994）。资源基础理论缘起于潘罗斯（Penrose，1959）的观点："企业是一系列资源的集合"，随后，在经历了很长时间的分散研究之后，沃纳菲尔特（Wernerfelt，1984）正式提出资源基础观。战略管理的根本目的是解释为什么有些公司的业绩和竞争优势强于其他公司（Porter，1980，1985），资源基础观牢牢致力于探究企业业绩和竞争优势，然而此时的资源基础观只是一种静态的观点，单纯地认为是异质性资源带来了企业业绩和竞争优势。随着竞争优势是否可以持续保持以及保持多久的疑问被社会各界人士提出，原本的观点无法回答动态环境下的企业如何通过资源基础观来获取竞争优势、维持竞争优势的问题（Helfat and Peteraf，2003）。直到巴尼（Barney，1991）归纳出企业获取可持续性竞争优势的基础是要拥有"有价值（value）、稀缺（rarity）、不可模仿（inimitability）、不可替代（non-replaceability）"的组织资源，自此资源基础观正式成为一种重要的战略理论（Sirmon et al.，2011）。同时，创业研究领域也有学者开始运用资源基础理论来研究创业问题，并且认为资源是决定企业发展方向和发展速度的关键环节，资源是否有价值、稀缺、不可模仿、不可替代直接会影响创业者对于创业机会的判断和把握。尽管在那时还没有关于战略创业的明确概念、理论梳理、边界确定，但是战略学者和创业学者都已经认识到资源战略管理和创业管理中所占据的影响和作用。资源不仅是战略管理的前提以及战略实施的保障，更是创业者或创业企业赖以生存和发展的基础。

传统资源基础理论的核心观点认为，组织的竞争优势来自企业所拥有的异质性资源和核心能力（Barney，2001），其中异质性资源是企业的生产投入要素、先天禀赋，核心能力是企业合理利用资源的技术技能。资源基础理论的学者着重探讨了异质性资源、核心能力、竞争优势之间的关系，传统资源基础理论逐步融合了产业经济学和组织行为学，资源基础理论解决了战略理论所关注的竞争优势问题（Mueller，1996）。然而，传统资源基础理论仅仅关注静态环境下异质性资源和核心能力对竞争优势的重要意义，却忽略了资源和能力的演变过程以及资源和能力是否与当下环境匹配，这些问题导致静态资源基础理论无法解释有些企业为何可以在变化的环境中保持基业长青。

随着 VUCA[①]时代的到来，企业面临着各种各样的威胁，亟须一种可以帮助企业在动荡不安环境中穿越危机、持续成长的核心竞争力（Helfat and Peteraf，2003），然而核心竞争力具有刚性属性，难以应对随时变化的外部环境，于是蒂斯和皮萨诺（Teece and Pisano，1994）开创性地提出了动态能力理论，这种动态能力刚好可以帮助组织快速整合、重构内部资源以应对外部环境的危机与困难（Teece et al.，1997）。动态能力理论的关注重点是如何帮助企业在动态环境下利用现有的内部资源来获取并提高竞争优势，这是一种动态的核心竞争力，它弥补了传统资源基础理论仅仅考虑在静态不变的环境下企业如何利用 VRIN[②]资源来获取竞争优势的弊端，形成了以动态核心能力为代表的动态资源基础理论（张璐等，2021）。

三、战略创业理论

稳定的市场环境是维持经济健康、高质量发展的基础与前提，然而

---

① VUCA 是 Volatility（易变性）、Uncertainty（不确定性）、Complexity（复杂性）、Ambiguity（模糊性）的首字母缩写。

② VRIN 是 Value（有价值）、Rarity（稀缺）、Inimitability（不可模仿）、Non-replaceability（不可替代）的首字母缩写。

随着澳大利亚山火（2019）、非洲蝗灾（2020）、英国脱欧（2020）以及新冠疫情等"黑天鹅"事件的频频发生，如今的市场环境早已比任何时候都要变幻莫测，易变性、复杂性、模糊性成为了当今时代的"主旋律"。如何在充满不确定的环境中维持生存与可持续发展是每一个企业必须解决的难题。

传统战略管理理论注重探究竞争优势与企业绩效之间的关系，例如，定位理论、资源基础观、组织学习理论、核心能力理论以及动态能力理论。然而，传统战略管理理论的回报周期比较长，需要企业在战略周期的时间范围内始终坚持最初的信念，企业家的信念往往会随着环境的变化而产生动摇。所以，在现实生活中存在一种常见的战略悖论：尽管是设计精巧且实施周密的战略构想也会无法实现预期的企业绩效。一方面，企业已经具备的竞争优势表明当下的企业资源已经实现了最优化配置，然而固有的竞争优势会导致企业面临较大的核心刚性和组织惯性，难以应对环境的突变。另一方面，针对核心刚性问题和组织惯性问题，组织学习理论和动态能力理论应运而生。组织学习是知识进行积累的过程（Hedberg，1981），知识是组织竞争优势的重要来源（Oesterle and Richta，2013；Wiersema and Bowen，2011），企业只有通过不断学习外部未知领域的新知识并巩固内部已知领域的旧知识才能自如应对环境的突变和渐变（Dess et al.，2003）。核心能力不是一成不变的，企业的核心能力可以随着环境的变化而不断变化，从而形成一种动态能力。

相对于传统战略理论过于关注静态的研究视角，创业理论则更多地关注企业如何在动态环境中进行机会识别与开发。企业的创业行为十分广泛，最重要的评价标准为是否可以创造出新的价值，投机行为、投资行为、产品、技术、服务、市场的创新行为、战略决策更新等都属于创业行为范畴。具体而言，库拉特科等（Kuratko et al.，2005）认为，创业行为是一种集愿景、资源和创造力为一体的动态过程，具有创业精神的企业家可以在纷繁复杂的市场中抓住机会，发挥自身的创业激情和公司的可用资源去应对创业过程中出现的风险，最终利用创业活动实现企业绩效的提升。那些富有创业精神和组织敏捷性的企业总是能够掌握住环境中一切具有利用价值的新机会（Bi et al.，2013；Mao et al.，2015）。然而，持续关注创业管理而忽视战略管理容易导致企业成本螺旋式上升，出现"创新陷阱"。有些盲目的创业活动并没有合理地管理企业资源，导致资源配置无效，或过度追求机会开发而导致资源错配，使企业遭遇管理能力瓶颈。以上企业创业行为都会由于未从战略角度作出有效决策而阻碍企业发展。

综上可知，面对 VUCA 的外部环境，只有将战略管理与创业活动合理组合到一起，企业才可能收获到可持续的竞争优势。一方面，要用战略管理的思路去审核每一项创业活动；另一方面，也要用创业的视角去验证战略决策是否准确无误，最终找到一种兼顾机会开发与优势挖掘的双元路径。战略创业理论可以用来解释在不断变化的环境中，企业如何在发现和利用新机会的同时创造和维持竞争优势（Hitt et al.，2001），这是一种具有二元性特征的理论。其中二元内容特征为：战略管理与创业管理；二元目标特征为：建立优势和寻找机会；二元行为特征为：开发行为和探索行为。用战略管理的视角解释战略创业理论，企业的创业过程要更多关注战略资源管理、时刻注重战略方向；用创业管理的视角解释战略创业理论，企业的战略过程要注意关注变革、更新和新机会，提高企业的敏捷性。战略创业理论通过将战略管理理论与创业理论耦合与交融，解决二者处于分离状态时，各自在解决有关问题时存在的局限性，是饱含创业精神的战略管理，也是富有战略规划的创业行为。

第二节　文献综述

一、多维邻近性的文献综述

（一）多维邻近性的概念界定

自从布兰科和塞拉（Blanc and Sierra，1999）第一次在《剑桥经济学杂志》（*Cambridge Journal of Economics*）期刊上发表了邻近性（proximity）这一概念以来，邻近性便逐渐在创新创业研究、组织合作研究、区域发展等领域掀起学术热潮。被公众广泛熟知的邻近性概念是地理邻近性（geographical proximity），即经济主体之间的空间距离（Howells，2002）。随着信息时代的迅猛发展，空间距离正逐渐被网络视频、电话通信、电子邮件等网络科技所冲击，由地理邻近所引致的经济后果也产生了相应的变化，学者们开始重新思考邻近性的概念，目前已经从单一的地理邻近拓展到多维度邻近。本章根据时间梳理出邻近性概念的先后顺序，基拉特和朗（Kirat and Lung，1999）提出制度邻近性（institutional proximity）概念，布拉德肖（Bradshaw，2001）提出社会邻近性（social proximity）概念，吉尔和巴特勒（Gill and Butler，2003）提出文化邻近性（culture proximity）概念，格林茨（Greunz，2003）提出技术邻近性（technological proximity）概念，迈斯特和沃克（Meister and Werker，2004）提出组织邻近性（organizational proximity）概念，魏茨（Wuyts，2005）提出认知邻近性（cognitive proximity）概念。随后，波施马（2005）、诺本和奥尔莱曼斯（2006）总结出邻近性的七个维度，这七个维度的邻近性概念存在交叉、重叠。为了更清晰、更全面地理解多维邻近性的概念界定，本章就七个维度的邻近性逐一展开。七维度邻近性的具体分布如图 2.1 所示。

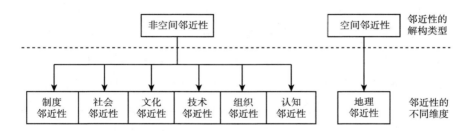

图 2.1 七维度邻近性

资料来源：笔者整理。

1. 地理邻近性

地理邻近性是七维度邻近性里面最广为流传的概念（Howells，2002），众多学者将地理邻近性概念运用到工商管理领域，取得了丰硕的成果。除此之外，地理邻近性也常被称为空间邻近性和地理距离，这是因为地理邻近性就是组织之间或个体之间的实际距离，这既可以是两者之间的直线距离也可以是两者之间的地球球面距离（Torre and Rallet，2005；Jensen et al.，2015）。随着汽车、高铁、飞机等交通工具的逐渐普及，一部分学者倾向于使用交通运输距离或者交通运输时间作为地理邻近性的代理指标（Guo and Dong，2021）。地理距离越近的个体，彼此的沟通和交往就会越频繁。例如，艾克斯伯特等（2010）在探究手机通话社交网络时发现，电话的通话次数与机主间的地理距离负相关，距离越近的两个人，通话次数越多。巴格勒（2008）对机场航线网络研究发现，飞机航线的安排会受城市间地理距离的影响，两座城市间的地理位置越接近飞机航线越密集。李树彬等（2011）对城市路网拓扑结构研究发现，地理邻近网络更容易发生交通拥堵，通过扩大节点间的路段距离，可以提高道路的运载能力并有效防止交通拥堵。郭殿生（2009）对人口迁移网络流的研究发现，美国拥有大约100万条移民路径，根据两地距离可以将这些路径划分成不同的地理区域，其中区域内的路径或连接明显多于区域间的流或连接。

2. 制度邻近性

制度邻近性是基于多元制度理论发展而来的，组织的外部存在着多种制度，不同的制度共同发挥作用，影响组织行为和战略决策，而组织对制度的积极响应则可以帮助组织获得公众认可和法律支持，从而提升了企业的成功率和生存率（North，1991；Thornton，2004）。常见的制度分类有：正式制度（法律法规、行业规范等）和非正式制度（风俗习惯、文化差异等）。制度邻近性在宏观层面上指的是国家和地区之间的制度相似性，例如，立法条件、劳动关系、会计规则和培训制度等。在微观层面上，制度相似性主要指个体和群体之间在互动关系方面的相似程度，例如，行为习惯、思维想法、行事风格和企业章程（Geldes et al.，2015）。由于不同的国家或者组织制度不同，所以学者通常根据国家类别、组织类别的虚拟变量作为制度邻近性的代理指标（Balland，2012）。一方面，制度邻近性有助于集体学习和知识转移，因为相似的模式、规范、程序和规则可以在不同的组织和个体之间进行转移，大大提高了知识的扩散范围以及集体学习的成功概率（Noonan et al.，2020）。另一方面，制度邻近可以降低组织之间的交易成本，相同或相似的制度安排为组织提供了一个基本的信任机制，大大降低了组织之间"敲竹杠"的可能性（Boschma，2005）。

3. 社会邻近性

社会邻近性是除了地理邻近性以外最受广大学者关注的一个邻近性概念，也被学者们称为个人邻近性（personal proximity）（Schamp et al.，2004）和关系邻近性（relational proximity）（Coenen et al.，2004）。目前，学者对于社会邻近性的认知存在一定的模糊性，一方面，很多学者认为社会邻近性指的是组织或个体处于同一关系网络，这与组织邻近性概念有些相似，因此相当一部分学者把社会邻近性视作一种特殊的组织邻近性（Filippi and Torre，2003；Coenen et al.，2004）。另一方面，社会邻近性的模糊观点来源于不同的研究层次。社会邻近性既可以考察组织或个体的社交网络位置的相似性，又可以考察两个组织（或个体）与第三方在社会关系上的相似性（Hyon et al.，2020），这两种考察方式分别聚焦于组织的网络位置特征和组织本身的特征。关于社会邻近性的度量方式也起源于社会网络关系，学者们常用两个节点之间关系距离的倒数作为社会邻近性的代理指标（Ijzerman and Gün，2010；Marte，2021）。社会邻近性是一把"双刃剑"，一方面，社会邻近性鼓励亲密关系和积极沟通（Tchouta，2020），有效的集体学习正是需要这种持久的社会关系而不是单一的市场关系（Thapa et al.，2015）；另一方面，亲密关系或者过多承诺可能会锁定组织和个体的思维并低估机会主义风险，这会限制创新能力和学习能力（Capone and Zampi，2019）。

4. 文化邻近性

虽然文化邻近性是七维度邻近性里面被应用频率较低的一个概念，

但是学者们对于文化的定义却比较一致："文化是思想、感情、行为、符号等的集合体，文化可以赋予行动以特殊的意义，为人们提供情境解释，此外，文化在特定时间内被特定群体所接受，从而可以区别不同的文化时期和文化群体"（Wilkof et al.，1995）。关于文化邻近性的划分层次有两类，第一层次的分析着眼于大陆、国家或地区之间的文化相似程度。在这些研究中，假设这些地理区域内的组织共享相同的文化，但通常不进行实证研究。第二层次的分析侧重于合作者之间的组织文化的相似程度，并在关系层面衡量这些相似性（Lenartowicz and Roth，1999）。文化邻近性与制度邻近性比较相似，一些学者使用两国建交的时间来表现文化邻近性（Cuypers et al.，2018），另一些学者使用霍夫斯泰德（Hofstede）的文化维度理论将文化距离分为六个维度①，这六个维度进行因子分析合成一个文化邻近性（Hofstede，1983）。关于文化邻近性经济后果的研究有很多，当文化邻近性较低时，组织之间存在较大的文化冲突和发散性的思维，这有利于企业进行创新研发以及二次创业（Hong et al.，2013）；当文化邻近性较高时，组织之间拥有相似的企业文化和行为传统，这有利于组织或个体之间进行合作，例如企业并购、产业联盟等行为的成功率会大大提升（Cameron et al.，2010）。

5. 技术邻近性

技术邻近性是以共享的技术经验和共享的知识库为前提的，其中技术被定义为在"输入—输出"的过程中起中介作用的工具，或者是可以用来创造新产品、新服务、新市场的设备（Tushman and Anderson，1986）。实际上，技术邻近性并不是指技术本身，而是指这些技术背后的知识，因此技术邻近性也被称为技术知识的相似性（Jaffe，1986）。组织或个体之间的技术邻近性可以帮助提高技术知识的吸收能力，所谓吸收能力是"一个公司认识到新的外部知识的价值，将其吸收并应用于商业运作的能

---

① 文化的六个维度分别为：个人主义与集体主义、权力距离、不确定性规避、男性度/女性度、长期导向与短期导向以及放纵与克制。

力"（Cohen and Levinthal，1990）。科恩和利文索尔（Cohen and Levinthal，1990）认为，为了成功地合作，一个公司的基础知识必须要类似于新知识，专业知识却要不同于新知识。其中，基础知识是科学学科所基于的技术的一般理解，而专门知识是企业在日常经营过程中使用的具体知识。吸收能力是个体层面的概念，它意味着一个具有一定吸收能力的企业可以平等地向所有其他组织学习。学者对于技术邻近性的经济后果褒贬不一，一部分人认为，技术邻近为组织提供了相似的技术知识和技术经验，由于组织进行沟通交流，降低了沟通成本，提高了合作的持久性（Nooteboom et al.，2007；杨博旭等，2019）。另一部分人认为，过度的技术邻近导致合作主体之间知识的同质化，同质化的技术会加深加重创新主体的路径依赖，从而限制新产品和新市场（Guan and Yan，2016）。

6. 组织邻近性

目前，组织邻近性是七维度邻近性里面相对较为模糊的概念，这主要是因为不同学者对组织邻近性的定义有所不同。例如，从狭义概念上分析，奥尔莱曼斯和米尔斯（Oerlemans and Meeus，2005）将组织邻近性定义为"属于同一关系空间的行为者"。从广义概念上分析，托雷和拉莱（Torre and Rallet，2005）将组织邻近性定义为"共享系统或信念的行为者之间的交互作用是由显性或隐性规则和惯例所促进的"。此外，组织邻近性有两个不同的分析层次，在结构分析层次上，学者们通常关注参与者的网络位置特征或者两个组织是否处于同一网络体系（Murphy，2017）；在二元分析层面，学者更多关注组织环境的相似程度，例如行为规范、奖惩机制、制度框架等（Kaygalak and Reid，2016）。目前学者们大多从二元分析的视角度量组织邻近性，即如果两个企业处于同一组织体系或层级，或者母子公司之间的关系，则认为它们之间是组织邻近的（Peng，2021）。虽然学术界关于组织邻近性的定义和分析层次并不统一，但是关于组织邻近性的学术研究却是层出不穷。在组织邻近的企业具有高度的战略依赖性，这会大大抑制战略合作伙伴的不确定性行为，双方可以放心地进行知识转移、协同合作，最终实现互利共赢（Balland，2012）。

7. 认知邻近性

认知邻近性通常被认定为个体感知、解释、理解和评价世界方式的相似性（Wuyts，2005），其基本原理是组织文化、习俗、规范和惯例等环境条件会影响个体看待和认识世界的方式（Boschma，2005）。为了高效地交流和传递新知识，行为者需要有相似的认知参照体系。然而，部分学者也使用认知邻近性这个概念来专指某种群体，虽然某一群体中个体之间的地理距离很远，但是认知邻近性使得他们可以高效地交流（Nguyen et al.，2019）。通过分析认知邻近性的概念定义与基本原理可以发现，认知邻近性这一概念与文化邻近性和制度邻近性的概念密切相关。认知邻近性可以被认为是这两个概念从国家或地区层面到组织层面的"翻译"（Weidenfeld et al.，2016）。在某种程度上，将认知邻近性视为组织邻近性的一部分是符合逻辑的，因为认知邻近性也基于"共享惯例、文化、价值观和规范有助于不同地理距离的行为者之间进行互动"这一理念（O'Connor et al.，2020）。目前对认知邻近性的衡量通常采用布鲁克尔和波施马（Broekel and Boschma，2012）的方法，通过构建每个节点在所有科技领域中论文或专利分布的"科技向量"，计算两两之间的相似性作为认知邻近性的代理指标。目前学者较为一致地认为认知邻近性有利于知识转移和流动，可极大地促进企业的创新创业活动（刘晓燕等，2020）。

（二）多维邻近性的文献梳理

本章使用"Multidimensional proximity"和"多维邻近性"作为主题搜索词，在 Web of Science 以及中国知网上搜索 SSCI 论文和 CSSCI 论文。本章发现，截至 2020 年，与战略创业主题密切相关的国际期刊文献高达610 篇，中文期刊文献仅为 82 篇。本章按照时间顺序认真梳理了这些经典文献的发展脉络，总结出多维邻近性文献的四大研究主题，分别为多维邻近性与创新创业、多维邻近性与组织合作、多维邻近性与区域经济、多维邻近性与组织资源。详细的文献梳理如图 2.2 和图 2.3 所示。

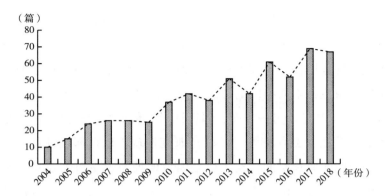

图 2.2 关于多维邻近性的 SSCI 论文

资料来源：Web of Science。

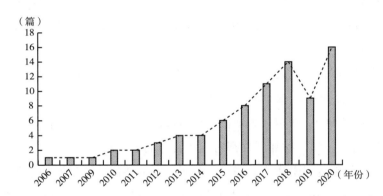

图 2.3 关于多维邻近性的 CSSCI 论文

资料来源：中国知网。

1. 多维邻近性与创新创业

创新管理学者针对邻近性与创新绩效和创业绩效之间的关系进行了大量研究（Capaldo and Messeni Petruzzelli，2015）。一方面，众多学者认为，多维邻近性可以推动创新网络的发展方向和发展速度。其中，地理邻近性是影响创新发展的第一驱动力（Balland et al.，2015；夏丽娟等，2017），这是因为地理邻近在技术扩散和知识转移方面的积极作用（高长元等，2021）。然而随着网络通信技术的发展，地理距离的影响正在逐渐减弱，且单一的地理邻近无法解释为何处于同一地理区域的企业在技术创新方面却表现得千差万别。于是，卡帕尔多和梅塞尼·彼得鲁泽利（Capaldo and Messeni Petruzzelli，2014）提出观点，多个维度的邻近性并不是单独发挥作用，地理邻近性与其他维度的邻近性在影响创新绩效时会产生协同效应，不同维度的邻近性对创新绩效的影响力度也是不同的（Paci et al.，2014）。另一方面，邻近性对于创业行为的推动作用也得到了学者们的关注。王海花等（2021）研究发现，地理邻近性可以极大地开拓众创空间的成长空间，这主要是因为地理邻近性对创业企业资金绩效的吸引和孵化效率的提高。创业企业应在以流动性为核心特征的社会邻近网络中，以地理空间邻近为基础，偏好与不具有技术邻近性的企业伙伴形成协同创新关系。宋晶和陈劲（2019）基于创业角度发现，社会邻近性有利于创业企业获取资源，从而大大提升了创业成功概率。

2. 多维邻近性与组织合作

管理者在选择合作伙伴时，十分重视双方的邻近性是否契合，这是因为邻近性是合作组织之间的多维协调机制（Boschma，2005；Knoben and Oerlemans，2006），可以极大地促成战略合作。各种维度邻近性可以相互替代、相互补充，每一种邻近性都对组织合作有着积极影响（Balland et al.，2015）。共同邻近假说认为，当企业彼此空间距离更近（地理上的邻近）、共享相似的知识和思维（认知上的邻近）、参与相同的社区和社交关系（社会上的邻近）、在协调知识交流方面具有相似程度的自主权（组织上的邻近）或根据相同的规范和规则行事（制度上的邻近）时，组织间的合作变得更有可能（高长元等，2017；余谦等，2018）。物极必反、过犹不及，邻近性也不例外，邻近悖论指出，合作伙伴在各个维度上要"彼此靠近，但不能靠得太近"，邻近性与组织合作之间是倒"U"型关系（Boschma and Frenken，2010）。过于邻近会导致合作主体之间产生"锁定效应"，个体固定在原来的轨道中过于依赖既定的发展路径，从而限制彼此的合作、重组、结盟（Guan and Yan，2016）。例如，杨博旭等（2019）发现，技术邻近性对于组织合作的影响并不是线性单调的，过大和过小的技术邻近都不利于"官产学"之间的合作。彼得鲁泽利（Petruzzelli，2011）和夏丽娟等（2017）通过对比技术分类信息度量合作主体的技术邻近性后发现，技术邻近性与组织间的合作行为符合倒"U"型假设。

3. 多维邻近性与区域经济

学术界给予了邻近性与区域经济较多关注，区域经济协同发展要基于地理空间邻近、制度规范邻近、技术知识邻近、文化习俗邻近、社交网络邻近等方面的考虑（李林，2016）。其中地理邻近对于区域经济发展的带动作用是最明显的，地理邻近性可以带动相关区域的经济发展，地理邻近的组织之间可以更快地进行资源运输，这提高了生产效率；地理邻近的组织可以进行技术转移和分工设计，这有利于形成产业链；地理邻近的组织可以形成知识外溢效应，有利于邻近的各方组织共同提高创新绩效，从而使得地理邻近的组织可以共同促进区域经济的协同发展（Ma，2018）。此外，制度和规范的邻近性打破了不同区域之间进行合作的壁垒（Fan et al.，2018），技术研发与技术创新的邻近降低了区域之间的资源禀赋差异（刘凤朝等，2018），文化邻近具有凝聚功能，使得省内和省份之间的信任提高和认同感加倍（陈文婕和曾德明，2019），所以多维邻近的组织可以大幅度提高区域间的经济合作。伊达尔戈等（Hidalgo et al.，2007）在原本的邻近理论基础上扩充提出了产品空间理论，他们使用网络密度来衡量产品的相似程度。国家比较优势的演进优先发生在邻近的产品上，因此国家产品密度可以帮助产业结构转型。

4. 多维邻近性与组织资源

多维邻近组织是企业重要的合作伙伴，可以为企业提供知识、信息和资金等战略资源。首先，众多学者指明了多维邻近性可以降低知识不兼容、提高知识吸收效率，例如，罗森科普夫和阿尔梅达（Rosenkopf and Almeida，2003）发现，认知有差距的组织之间难以进行知识转移。盖尔德斯等（Geldes et al.，2017）认为，非空间邻近可以创造出有利于知识共享的商业环境。江源和陈昭全（Jiang and Chen，2018）发现，在制度距离疏远的环境下，团队成员无法通过知识共享来实现集体学习。赵炎等（2016）认为，网络邻近和地理邻近可以促使企业较方便地从其他联盟成员中获得新知识，从而提高知识转移绩效。其次，邻近性能够缓解经济主体间的信息不对称，提升信息沟通效率（O'Brien and Tan，2015）。信息主要包括公开披露的硬性信息和未公开披露的软性信息（Alam et al.，2015）。邻近性较差的组织之间会更多地依赖股票价格、公司年报等硬性信息。然而，为了防止同业竞争和商业跟随，上市公司通常会选择性地公开投资策略和投资绩效（龚辉锋和茅宁，2014），一些非市场渠道的私募投资机会信息也难以在年报等公开渠道中轻易获得（程新生和李海萍，2011）。最后，邻近的组织可以形成规模经济。地理邻近、技术邻近、制度邻近等的组织之间具有更少的套利空间，交易成本较低，容易形成规模经济（程小可等，2020）。然而，邻近性也并不是越小越好，邻近性与资金之间存在一个最优点，在最优点之前，邻近性的增加会带来更多的资金，然而一旦邻近性超过了最优点，组织的资金链就会断裂（王海花等，2021）。

二、战略创业的文献综述

（一）战略创业是什么

战略行为是什么？首先，希特等（2001）将战略定义为公司开发和利用竞争优势的一系列行动，即战略行为一定是追求竞争优势的，无论是短期优势还是长期优势。其次，战略行为通常涉及资源的合理化配置和风险承诺。最后，战略行为受到战略意图的指挥，没有战略意图的行为不是战略行为。因此，不具有战略性的行为自然也不是战略创业行为。创业是什么？希特等（2001）将创业定义为公司发现并利用竞争对手没有发现或没有充分利用的机会的一系列行动。基于这个定义来看，创业的本质是新的"方式—结果（means-ends）"，例如，新产品、新的市场、新的供应和分销渠道以及新的商业管理模式。那些不涉及创造新的"方式—结果"的行为不可能被认为是创业行为，自然也不属于战略创业。

虽然战略创业研究起源于公司创业、公司内创业、公司创业投资与创业导向（Lumpkin and Dess，1996）等方面的学术探讨，但是战略创业并不是公司创业。公司创业是一维的概念，是企业在市场环境中的伺"机"而动，具体通过创造新产品、新市场、新业务等行动寻求经济效益。而战略创业是二维的概念，同时追求既有业务的竞争优势和未来业务的发展机会。至于包含与被包含关系，众多学者都认为战略创业其实是公司创业的一部分，战略创业被公司创业所包含（Phan et al.，2009；Kuratko and Audretsch，2013；Corbett et al.，2013）。

（二）战略创业的概念界定

爱尔兰等（2001）首次提出战略创业的概念，认为战略创业是企业为了获取经济绩效而将战略管理和创业活动整合到一起，具体包括外部网络、组织学习、组织创新、国际化战略、企业成长、高管团队六大主题内容。在此基础上，爱尔兰等（2003）和卢克（Luke，2011）将战略创业描述为同时寻求机会和构建优势的过程，具体包括创业文化、创业领导力和创业心态。戴斯和伦普金（Dess and Lumpkin，2005）提出了战略创业的创业视角，创业导向是战略创业的前因。莫瑞斯等（Morris et al.，2008）宣布战略创业是一种并不需要创造具体新业务的创新活动。辛德胡特和莫瑞斯（Schindehutte and Morris，2009）将战略创业视为企业家采用系统方式去发挥创造潜力的过程。战略创业被认为是一种独特的战略规划，在这种战略规划下，企业获得可持续性竞争优势不依赖于任何单一的能力，而是取决于企业的持续创新能力（Webb et al.，2010）。卢克等（2011）认为，战略创业是一个将新事物带入市场的独特过程，其基础是创新、机会识别和优势增长。战略创业是指企业在追求竞争优势的过程中所采取的一系列重大创业活动或创新活动，这是一种通过渐进的和不连续的战略和创业活动的结合以追求卓越绩效的方法（Kuratko and Morris，2018）。本章截取了一些学者对于战略创业的经典定义，如表2.1所示。

表 2.1 战略创业的概念介绍

文献	战略创业的目标	战略创业的定义	战略创业的维度
爱尔兰等（2003）	以一种整合财富创造维度的方式改进战略创业模型	战略创业起源于将创业活动和战略管理结合起来，这需要从战略角度开展创业活动	1. 企业家精神 2. 创业文化和创业领导力 3. 战略性地管理资源 4. 运用创造力，发展创新
卢克和弗雷涅（Luke and Verreynne，2006）	研究和分析公共部门的战略创业，以确定国有企业创业活动的性质和范围	战略创业是战略和创业理念的交叉，直接影响到创业活动和企业绩效	1. 机会识别 2. 创新 3. 风险的接受 4. 灵活性 5. 愿景 6. 增长 7. 战略制定过程 8. 文化 9. 品牌推广 10. 卓越运营 11. 成本最小化
爱尔兰和韦伯（Ireland and Webb，2007）	引入战略创业作为一个可能影响当今组织成功的概念	战略创业是指企业同时利用竞争优势和探索市场创新的活动	1. 探索机会 2. 开发机会
爱尔兰和韦伯（2009）	从运营、结构和文化角度来看，探索和开发活动之间的过渡涉及哪些挑战和机制	战略创业是企业创业的重要路径，它有助于管理不确定性和分配资源以适应变化	从运营、结构和文化差异的角度解释了战略创业的边界。战略创业可以在探索和开发的过程中进行
辛德胡特和莫瑞斯（2009）	使用术语"复杂性科学"作为战略创业概念改进的理论替代工具	战略创业不仅是创业和战略管理之间的结合点，也是探索和开发机会之间的交界面，应该研究围绕形式、流程、功能展开	战略创业可以在五个领域进行讨论：探索—开发、机遇、创新、微观—宏观互动和动态
克拉乌斯等（Kraus et al.，2011）	回顾和构建战略创业领域的研究，以发展理论模型	战略创业帮助公司获得竞争优势，并寻求导致公司成功的方法。战略创业被认为是创业和战略管理的交集	1. 战略 2. 企业家 3. 环境 4. 结构和资源
卢克等（2011）	研究创业活动和战略管理的理论背景，以发展一个概念框架	战略创业是一个不同于创业和战略管理的过程，它通过结合创新、发现机会和增长来提供新的基础	1. 创业活动 2. 它可以应用于商业环境 3. 用技能和资源发展公司 4. 从技能和资源中获得优势，以实现新的服务、产品和市场

文献	战略创业的目标	战略创业的定义	战略创业的维度
维利耶－舍佩尔斯（Villiers-Scheepers，2012）	该文展示了战略创业如何影响南非新兴经济体公司的创业强度	第一，战略创业是一个过程并且是可管理的；第二，战略创业既可以单独运行，也可以团队运行；第三，能够产生一些不同的结果；第四，通过平衡探索和开发机会是财富创造的刺激因素	1. 创新 2. 主动性 3. 风险承担
希罗科娃等（Shirokova et al.，2003）	检验俄罗斯中小企业的战略创业模式，将其作为敌对环境中竞争优势的来源	战略创业是一个过程和可管理的创业活动与战略管理的结合，以利用市场机会和竞争优势	战略创业有两个主要维度——探索和开发机会。探索维度由创业导向和创业价值观确定。开发维度包括四个方面：内部资源投资、知识相关资源、组织学习、发展和转型变革
坎图尔（Kantur，2016）	考察企业层面创业与组织绩效的关系，评估战略创业的中介影响	战略创业活动包括使公司相对于过去和行业标准有所不同的活动	开发了一个测量战略性创业结构的量表。该结构包括：从引入新产品/服务系列到在新行业引入新产品/服务系列

战略创业是一种竞争性行动，具体为"企业为提高竞争地位而发起的具体的、可观察到的竞争性行动举措"（Smith et al.，2001）。行动是战略创业最小的分析单位（Grimm et al.，2006）。战略创业也可以是一种认知，在战略创业实施之前，它会通过经理人的心理主导逻辑表现出来，如萨拉斯瓦蒂和文卡塔拉曼（Sarasvathy and Venkataraman，2001）所解释的，"在有产品和公司之前，就有人类的想象力；而在有市场之前，就有人类的渴望"。因为很多战略创业行动从来没有实现，所以将战略创业视作一种经理人的认知模型是合理的（Mitchell et al.，2004）。战略创业又被视为一种具体的能力，在创业方面，用于寻找、发现、创造和开发新的机会（Karra et al.，2008）；在战略方面，用于决策、定位和执行（Eisenhardt and Martin，2000）。

战略管理的核心是创造和维持竞争优势（Freeman et al.，2010），创业理论关注机会的识别、评估和利用（Shane and Venkataraman，2000）。虽然两者研究侧重点不同，但它们的共同目标都是为企业创造价值（Bruyat et al.，2001；Meyer，1991）。战略创业试图回答的主要问题是企业如何"在发现和利用新机会的同时创造和维持竞争优势"（Hitt et al.，2001）。新创企业和成熟企业都需要在战略管理与创业活动之间找到平衡，以最大限度地创造财富，其中，小型的新创企业可以通过建立竞争优势来获得成功，大型的成熟企业可以通过探索和实现新机会来保持成功（Hitt et al.，2011；Ireland et al.，2003；Ireland and Webb，2007）。由于战略创业行为集合了战略理论和创业理论的精髓，所以战略创业行为吸引了越来越多的学术关注（Simsek et al.，2017），《战略管理学会》（*Strategic Management Society*）、《创业理论与实践》（*Entrepreneurship Theory and Practice*）和《战略创业杂志》（*Strategic Entrepreneurship Journal*）等国际期刊均发表了战略创业的相关文章，众多学者从战略创业的范畴界定、维度研究、前因（成功要素）研究、后果研究和过程模型研究五个角度进行了探讨，具体如图2.4所示。

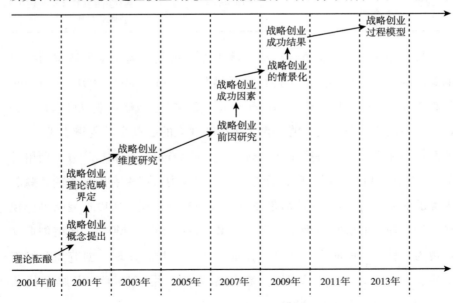

图2.4　战略创业研究路径发展

资料来源：笔者整理。

（三）战略创业的研究视角

对于战略创业的内涵界定，不同文章从不同的研究视角展开分析，具体分为战略视角、创业视角和双元视角。具体的文献梳理如表 2.2 所示。

表 2.2 战略创业的研究视角

研究视角	经典文献
创业视角	爱尔兰等（2003）；凯琴等（2007）；谢恩和文卡塔拉曼（2000）；阿尔瓦雷茨和巴尼（Alveraz and Barney，2007）；乔治等（George et al.，2016）
战略视角	希特等（2011）；西蒙等（Sirmon et al.，2007）；卡内斯等（Carnes et al.，2016）；克拉乌斯等（2011）；弋亚群等（Yi et al.，2016）
双元视角	贝尔特等（Baert et al.，2016）；基尔吉杜和休斯（Kyrgidou and Hughes，2010）；维尔特等（Welter et al.，2016）；贝克尔和纳尔逊（Baker and Nelson，2005）；库拉特科和奥德雷奇（Kuratko and Audretsch，2009）

1. 战略视角——战略型创业

战略型创业指的是："将价值链分析法、投资组合分析法、波特五力分析法等经典战略管理方法运用到创业过程之中，以确保创业活动更有计划和秩序"。战略管理是企业获取核心竞争力和超额利润所需的一整套承诺、决策和行动。战略管理的一项重要内容是根据公司内部的优势与劣势有针对性地去管理公司外部的机会和威胁。因此，战略管理行为的本质就是将不断变化的市场环境与企业不断发展的核心能力相匹配。以战略驱动的创业活动会受到战略因素如企业家的个人能力、风险的复杂程度以及行业性质等直接或间接的影响（Kuratko and Audretsch，2009）。对于普通的创业行为，企业战略并没有作出明显的反应，除非该创业行为影响到公司的使命、目标以及政策方针等（Hitt et al.，2009）。库珀等（Cooper et al.，2000）指出战略和创业的区别，他们认为战略管理十分重视经济绩效、环境绩效以及可持续性竞争优势，而创业行为则更关心形成风险的过程。

2. 创业视角——创业型战略

创业型战略指的是："通过产品创新、市场开发、资产重组等创业活动的实施给战略管理增加柔性和敏捷性"。创业活动需要运用精力和激情来实现创造性的商业目标，具体包括组建风险管理团队，整合所需资源，制订商业计划等步骤（Kuratko and Audretsch，2009）。创业是创造财富的动态过程，这个过程充斥着产品风险、服务风险和股价风险。企业通过创业活动找到全新的经营方式，打破行业现有的竞争规则，从而发展新的商业模式和竞争生态。这种缺乏完整战略规划的创业活动是以机会为导向的，此时企业的战略简单为"哪里有创业机会便会将资金投放到哪里"，通过创业抓住市场机会，将企业推到不相关的领域，获取短期内的收益。萨拉斯瓦蒂和文卡塔拉曼（2001）指出，战略关注的是价值获取的机制，而创业活动是通过创造新产品、新公司和新市场来创造新的价值。

3. 双元视角——战略创业

战略创业不仅可以理解为战略性的创业（strategic entrepreneurship），也可以理解为创业型的战略（entrepreneurial strategy）。它所表达的是战略管理与创业管理两种思维方式高度融合的状态，具体划分如图 2.5 所示。

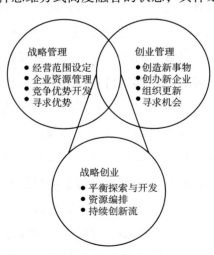

图 2.5　战略创业的双元视角

资料来源：笔者整理。

在众多战略创业的概念之中，得到学者们广泛认可的是爱尔兰等（2003）提出的双元观点，他们认为战略创业是一种同时兼具探索性（寻找机会）和开发性（寻找优势）的双元活动。具体而言，战略创业的探索性是指识别和挖掘新的机会，主要关注企业未来的经济绩效，而战略创业的开发性是指扩展和深化企业现有的竞争优势，主要关注企业当下的经济绩效（Ireland et al.，2007；Ireland and Webb，2009），探索性活动与开发性活动共同发挥作用，最终推动企业实现基业长青。自此，众多学者开始分析战略创业的双元特性，实际上，战略创业的探索特性与开发特性并不矛盾，这只是企业为了应对易变、复杂、模糊环境所作的不同表达方式（Webb et al.，2010；Mazzei et al.，2018）。一方面，如果企业想要迅速抢占新市场、开发新产品，那么企业便会更多地进行探索性战略创业，行动逻辑以创业逻辑为导向，最终收获新的机遇。另一方面，如果企业想要提高产品质量、优化服务品质、改进生产流程，那么企业便会更关注开发性战略创业，行动逻辑转为战略逻辑为主（Strat et al.，2010）。

（1）战略创业的双元内容特征：战略与创业。

战略管理和创业活动涉及价值和财富的增长。实际上，战略管理有助于创造财富主要是在特定的环境背景下形成竞争优势，创业活动有助于创造财富则是在市场上寻找可以利用的机会。因此，创业行为包括识别和利用机会，战略管理包括创造和维持竞争优势（Ireland et al.，2003）。战略创业融合了战略管理与创业管理的思想，在利用战略方针来指导特定创业活动的同时又将创造力和创业思维应用于公司核心战略的开发，从而帮助企业获得可持续性的绩效增长（Morris et al.，2008）。众多学者从交融视角定义了战略创业，例如，爱尔兰等（2001）和希特等（2001）认为，战略创业是企业成功整合战略管理和创业理论知识来实现价值和财富创造的动态过程。伦普金等（Lumpkin et al.，2001）指出，战略创业的逻辑起点是创业活动；艾克斯（Acs et al.，2013）指出，战略创业的主导逻辑为战略管理，创业只是实现战略目标的表现形式。爱尔兰和韦伯（2009）则强调了创业活动对于打造战略优势的重要性。

（2）战略创业的双元目标特征：优势与机会。

自从爱尔兰等（2003）提出双元观点以来，同时追求优势与机会便成为战略创业的双元目标。学者普遍认同战略管理的最终目标是建立优势，创业管理的最终目标是寻找机会，战略创业行为将二者相融，战略创业活动为企业创造出持续不断的"优势流"和"机会流"，最终推动企业实现基业长青（吴义爽，2013）。战略管理和创业管理的最终目的都是带领企业实现可持续且高质量的发展，但是二者的实现路径有所不同。一方面，战略管理倾向于对既有优势的深度挖掘，追求眼下的经济绩效；另一方面，创业管理倾向于寻找尚未被完全开发的市场机会，追求未来的经济绩效（董保宝和向阳，2012）。更具体地，戴维奇（2015）从更新企业业务的角度对战略创业进行了解释，他指出战略创业行为既包括企业在已有业务范围内的追求优势行为，又包括企业在新的业务范围的追寻机会行为。总而言之，战略创业的双元目标就是在特定资源约束的情境下，兼顾到既有优势的巩固与提升以及新机会的发现与开发。

（3）战略创业的双元行为特征：开发与探索。

爱尔兰等（2003）指出，战略创业帮助企业走向基业长青的具体活动主要为两种，分别为开发性活动和探索性活动。具体而言，"开发"主要包括改良、执行、提高效率等活动，目的是发展已有的优势；"探索"主要包括企业的尝试、发现、风险承担等活动，目的是寻求新的机会。因此，"开发"与"探索"是实现"优势追求"与"机会追逐"的具体行为表现，最终目的都是帮助企业获取可持续性的经济增长。"开发行为"与"探索行为"不仅可以更好地反映企业在巩固已有优势的同时，对新机会的不断追求和转化，还能更好地反映战略创业的双元行为特征。"开发行为"与"探索行为"成功地将战略创业研究从内容研究、目标研究转化到行为研究。总而言之，在行为层面，战略创业的双元特性就是维持"开发行为"与"探索行为"之间的动态平衡。具体总结如表 2.3 所示。

表 2.3 战略创业的双元行为特征

项目	探索	开发
战略意图	创新、增长	成本、利润
关键任务	适应、新产品、突破式创新	运作、效率、渐进式创新
能力	创业	运营
组织结构	适应性的、松散的	正式的、机械的
控制与奖励	基于里程碑事件和成长	基于边际改善以及生产效率提升
文化	风险承担、速度、灵活性以及试验	效率、低风险、质量和顾客至上
领导角色	愿景式、参与式	威权式、自上而下

战略与创业、机会与优势和探索与利用分别从战略创业的内容、目标和行为 3 个角度对战略创业进行了阐述，都从不同侧面体现了战略创业的二元特征（见表 2.4）。综合来看，本书认为战略创业的实施离不开战略管理与创业管理的交融，具体的表现形式为探索与开发，目的是在发展已有优势的基础上追求新的机会，以在动态环境下实现可持续性的经济增长。

表 2.4 战略创业的双元视角

角度	战略创业的双元视角	
双元内容特征	战略管理	创业管理
双元目标特征	建立优势	寻找机会
双元行为特征	开发行为	探索行为

（四）战略创业的文献梳理

本章使用"strategic entrepreneurship"和"战略创业"作为主题搜索词，分别在 Web of Science 以及中国知网上搜索 SSCI 论文和 CSSCI 论文。本章发现，截至 2020 年，与战略创业主题密切相关的国际期刊文献高达 219 篇，中文期刊文献仅为 29 篇。具体年度分布如图 2.6 和图 2.7 所示。本章按照时间顺序认真梳理了这些经典文献的发展脉络，总结出战略创业文献的七大研究主题，分别为战略创业的资源基础、动态能力、发展

过程、内容、构成维度、环境因素以及相关结果。详细的文献梳理如下
所述。

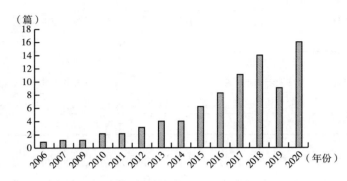

图 2.6　关于战略创业的 SSCI 论文

资料来源：Web of Science。

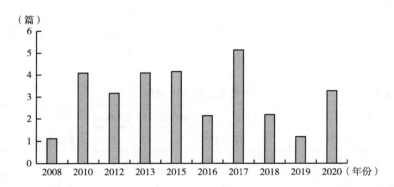

图 2.7　关于战略创业的 CSSCI 论文

资料来源：中国知网。

1. 基于资源基础的战略创业研究

资源基础观最早由潘罗斯（1959）提出，随后沃纳菲尔特（1984）
和巴尼（1991）在原有的基础上进行了扩展和完善。巴尼（1991）的研
究将资源基础观推向学术顶峰，他提出可以利用 VRIO 模型①评价企业的

---

① VRIO 为 Value（价值）、Rarity（稀缺）、Imitability（模仿）、Organization（组织）的首
字母缩写。

资源有效性，从而帮助企业快速响应并进行战略调整，因此，巴尼（1991）正式确定了资源基础观在战略管理领域的重要意义。与此同时，不少学者也开始意识到资源基础观对创业问题的指导意义（Schumpeter，1934；Sharma and Chrisman，1999），资源不仅是企业生存、发展的核心要素，还是企业创业成败的关键一环，企业家根据资源的配置状态来判断企业是否能够把握住创业机会（Anderson and Eshima，2013）。虽然那时还没有战略创业的概念界定、发展脉络、指标度量、适用情景等方面的学术研究，但是资源基础观已经潜移默化地被应用于战略管理和创业管理领域。例如，凯琴等（2007）利用资源观整合了战略管理与创业管理。坎西卡等（Kansika et al.，2012）将领导力和家族成员视为一种战略创业的资源。阿密特和徐晗（2017）探究了在数字创业过程中，企业如何利用资源配置去创造价值。总而言之，资源基础观为后来明确战略创业的概念、构建战略创业的模型奠定了良好基础。

2. 基于动态能力主题的战略创业研究

在潘罗斯（1959）、沃纳菲尔特（1984）、巴尼（1991）创立并发展资源观以后，蒂斯等（1997）以及艾森哈特等（Eisenhardt et al.，2000）发现，虽然有效的资源可以帮助企业及时把握住市场机会，但是成功创业还需要企业具备随机应变的动态能力，一些学者进一步提出了动态能力观。基于动态能力的研究视角，科尔等（Kor et al.，2007）、克莱泽（Kreiser，2011）、卡拉扬尼斯等（Carayannis et al.，2015）认为，静态能力无法维持企业在复杂多变的市场环境中的经营管理，更无法帮助企业培养核心竞争力，只有不断更新增强的动态能力才是企业建立竞争优势、寻找市场机会的基本要素。相关学者认为，动态能力是识别市场机会，并将市场信息准确应用于提高企业优势的一种具有战略性质的创业能力（Engelen et al.，2014），战略创业的成功不能单单依靠资源整合（Obeng et al.，2014）。动态能力对于企业寻求市场机会以及建立竞争优势具有重要意义，动态能力有利于企业开展探索性活动与开发性活动（Siren et al.，2012）。例如，阿格瓦尔等（Agarwal et al.，2007）指出，动态能力可以有效地编排企业资源，这种使用资源的能力有利于开展开发性活动和建立优势的相关活动。莫瑞斯等（2012）认为，企业在面临不确定性和新鲜事物时会不断提高动态适应性，这有利于企业实施探索性行为。综上所述，关于动态能力观的相关研究为后续构建基于探索性战略创业活动和开发性战略创业活动的双元模型奠定了基础。

3. 基于发展过程的战略创业研究

战略创业不是一成不变的，是随着事物发展而不断变化的过程，众多学者以过程视角看待战略创业行为。艾森哈特等（2000）指出战略创业过程的六大基本步骤，分别为：企业即兴创作的过程、企业间合作的过程、企业与市场进行匹配的过程、企业失败后再生的过程、企业不断试错的过程、企业根据环境变化及时调整的过程。卢克等（2011）认为，战略创业是一个独特的过程，具体包括：企业找寻机会进行创业活动的过程、企业逐渐适应环境的战略过程、企业培养核心技能并积累有效资源的过程、企业将技能和资源投放到新产品、新服务和新市场的过程。此外，越来越多的学者认为战略创业是一个离散过程，战略行为和创业行为不断交替发展（Luke et al.，2011）。基尔吉杜和休斯（2010）将战略创业解释为旨在发展竞争优势的线性过程，即创业行动（识别机会）引发战略行为（管理资源），这又导致了创业行为（应用创造力和创新）。学者们还额外指出关于战略创业时间节点的疑问（Simsek et al.，2017），关于寻求机会和建立优势的行为究竟是在一个时间点发生的还是在一段时间内通过各种转变相继发生的一直无法确定清楚（Ireland and Webb，2009；Kyrgidou and Hughes，2010）。

4. 基于内容的战略创业研究

爱尔兰等（2001）首次提出战略创业的概念，并确定了战略创业的六个核心内容：创新（创造和实施想法）；网络（提供资源访问）；国际化（快速适应和扩张）；组织学习（转移知识和开发资源）；成长（刺激成功和改变）；最高管理团队和治理（确保战略的有效选择和实施）。他们认为，这些领域的活动可以被归为创业活动和战略活动。希特等

（2001）对这些核心内容进行了修订，认为战略创业主要包括四个方面的内容：外部网络和联盟、资源和组织学习、创新、国际化。虽然这两种模型有相似之处（例如，专注于网络和增长），但是希特等的观点增加了对资源、权限和能力的强调，从而强调了战略创业行为的战略性。随后，爱尔兰等（2003）提出的后续概念发展修订了战略创业的核心内容，将创业思维（洞察力、警觉性和使用适当资源的灵活性）、创业领导力和文化（创新和创造力）、资源的战略管理（包括财务、人力和社会资本）以及运用创造力开发创新（激进和递增）设定为战略创业的新四大内容。这是一个更加平衡的战略创业的内容模型，既强调了战略管理又强调了创业管理。

5. 基于构成维度主题的战略创业研究

战略创业的构成维度具有多层次的特点，目前学者多以爱尔兰等（2001）提出的六维度为参照标准，本章在此基础上总结出战略创业的顾客维度、组织维度和系统维度。首先，顾客维度强调战略创业要以产品和市场为主要导向，市场选择利基市场还是大众市场，产品选择差异化产品还是标准化产品，战略创业就是市场与产品不断试错并实现匹配的过程，企业在这一过程中收获超额利润。例如，马格丽塔（Magretta，2002）指出，顾客维度的战略创业行为可以解决四个问题，即企业的顾客是谁，企业的顾客在乎什么，企业如何在市场中获利，企业如何控制产品的成本。其次，组织维度强调战略创业要注重战略管理与创业管理之间的平衡关系以及寻求机会和建立优势之间的平衡关系（Barringer and Bluedorn，1999；Ireland and Webb，2007）。最后，系统维度重视协同合作，企业应该系统化地促进战略创业行为。例如，凯琴等（2007）强调探索行为与开发行为之间的协同合作。辛德胡特和莫瑞斯（2009）认为，战略创业就是领导者以系统的战略方式和复杂的动态能力进行创造。阿格瓦尔等（2010）提出，组织内部的机构可以通过与组织外部的网络进行合作达成大大小小的战略创业行为。

6. 基于环境因素的战略创业研究

无论是新创企业还是成熟企业，都会进行战略创业行为，但是企业进行战略创业的能力却各不相同，众多学者探究了影响企业战略创业能力的内外部环境因素。具体而言，影响战略创业能力的内部因素主要包括企业规模、高层管理者、战略制定过程等（Lumpkin and Dess，1996）。较小规模的企业能够快速地利用开发或探索机会而放大创新行为（Rauch et al.，2009）。高层管理者所拥有的创业思维和创业文化会促进企业进行战略创业行为（Kuratko et al.，2018）。从战略的角度来看，公司的战略定位和战略模式可以延续或抑制组织内的创新和变革（O'Reilly and Tushman，2013），并可能在战略创业过程中发挥关键作用。除了内部因素之外，战略创业还会受到公司外部环境的影响（Luke et al.，2011）。不断变化的、复杂的市场环境对于企业的战略创业行为具有推动作用（Rosenbusch et al.，2013），众多学者从理论上认为竞争强度、技术变革、产品更新等因素对战略创业有积极影响，但实证数据上目前并未得到验证（Ireland et al.，2009；Kraus et al.，2011）。一些外部的突发事件也会引发企业的战略创业行为，例如，营业额的骤然下降、对手的竞争举措、顾客和供应商的临时要求等（Schindehutte et al.，2000）。

7. 基于相关结果的战略创业研究

自从战略创业概念逐渐清晰以来，绝大多数学者认为战略创业所带来的预期结果主要为企业短期内竞争优势的提高以及长期内的财富创造（Hitt et al.，2001；Ireland et al.，2003；Kyrgidou and Hughes，2010）。例如，萨拉斯瓦蒂和文卡塔拉曼（2001）指出，战略创业帮助企业获取的是可持续性收益，而不是一次性或零星的利润。但是，战略创业可以促进企业财务绩效这一观点目前只是停留在理论推导的层面，仍旧缺乏大数据的实证检验（Gibson and Birkinshaw，2004；He and Wong，2004；Lubatkin et al.，2006）。然而，并不是所有的研究都认为战略创业过程会产生积极的财务影响，企业内部的变革、外部环境的竞争都会影响战略创业的经济绩效（Verreynne and Meyer，2007）。战略创业除了可以提高财务绩效以外，还会影响组织其他层面的相关结果。例如库拉特科和奥德雷奇（2009）发现，战略创业有利于强化企业文化、提高企业声誉、加大战略灵敏性。基于个人结果的角度，蒙森和博斯（Monsen and Boss，2009）指出，战略创业行为会影响管理者的离职意向。希特等（2011）、比约恩斯科夫和福斯（Bjørnskov and Foss，2013）进一步提出战略创业行为会影响个人、企业和社会。

三、文献述评

自从布兰科和塞拉（1999）第一次在《剑桥经济学杂志》（*Cambridge Journal of Economics*）发表了邻近性这一概念以来，邻近性便逐渐在产业经济领域掀起学术热潮，具体包括制度邻近性、社会邻近性、文化邻近性、技术邻近性、组织邻近性、认知邻近性等概念。众多组织理论学者研究了邻近性的具体应用，在创新创业领域、组织合作领域、区域经济领域、组织资源领域都积累了大量的成果。邻近性在产业经济领域已经有了一定的沉淀和积累，但是目前对于邻近性这一概念却较少应用于企业管理领域。既然邻近性组织可以带动区域创新、区域经济以及区域发展，那么邻近性是否同样可以带动企业创新以及企业经济发展呢？带着这样的疑问，本书发现，在众多邻近性概念里面，地理邻近性和社会邻近性是最成熟的两类邻近性概念，也是与企业管理领域联系最为紧密的两类邻近性概念，其中地理邻近性涉及地理经济学的相关理论，社会邻近性又与社会网络理论联系十分紧密。

经济地理理论认为，组织之间空间上的邻近会产生集聚效应和溢出经济，因为地理距离上的邻近可以大大降低要素传播和运输所需要的成本。随着地理经济学的兴起，地理区位特征逐渐在公司财务、公司治理领域中引起关注。地理邻近可以为经济个体带来一定的竞争优势。一方面，地理邻近可以聚集专业性人才，从而产生知识溢出效应；另一方面，随着网络技术以及现代交通的迅猛发展，虽然信息交流主体间空间的界限已逐渐模糊，但是信息传递的广度、深度以及信息的准确程度仍然受地理区位因素的影响。社会网络理论认为，组织之间的二元关系并非独立存在，组织生存在竞争关系与合作关系交织而成的网络之中。管理学家发现，通过社会网络连接，企业可以获得多样性的信息和资源，这将极大地改善企业的绩效，主要包括经营绩效、并购绩效、创新绩效以及创业绩效。企业与其他组织之间的社会邻近程度会影响隐性知识的转移难度以及软性信息的传播壁垒。一方面，隐性知识无法通过编码信息传递，可以在社会邻近组织之间进行转移；另一方面，当企业拥有社会邻近组织时，彼此的信任程度和情感承诺都处于高水平，可以彼此传递一些比较隐蔽的未公开信息。由此可见，地理邻近性和社会邻近性不仅可以促进区域创新和区域经济，还对企业创新和企业经济大有裨益。

爱尔兰等（2001）首次提出战略创业的概念，认为战略创业是企业为了获取经济绩效而将战略管理和创业活动整合到一起。战略创业试图回答的主要问题是企业如何"在发现和利用新机会的同时创造和维持竞争优势"。在众多战略创业的概念之中，得到学者们广泛认可的是爱尔兰等（2003）提出的双元观点，他们认为战略创业是一种同时兼具探索性（寻找机会）和开发性（寻找优势）的双元活动。具体而言，战略创业的探索性是指识别和挖掘新的机会，主要关注企业未来的经济绩效；而战略创业的开发性是指扩展和深化企业现有的竞争优势，主要关注企业当下的经济绩效。探索性活动与开发性活动共同发挥作用，最终推动企业实现基业长青。

众多学者基于资源基础、动态能力、发展过程、内容、构成维度、环境因素、相关结果的视角对战略创业展开大量的研究，并取得了丰硕的成果。然而，战略创业究竟是如何产生的？又是如何发展的？究竟可以产生怎样具体的经济后果？这些问题却鲜有文章展开研究。本书在查阅文献时发现，希特等（2011）提出的战略创业 IPO 模型在理论层面上将战略创业划分为输入阶段、过程阶段和输出阶段，这种划分方式刚好符合战略创业的产生、发展及结果。遗憾的是，希特等（2011）并没有明确地针对战略创业的每一个阶段展开分析，只是"粗略"地将战略创业划分成三个阶段。资源基础理论认为，对于某些重要的战略性资源，组织几乎无法实现自给自足，要想获取必须依赖于外部的其他组织予以供应（Heide，1994）。企业开展战略创业需要大量的资源供应，但是处在瞬息万变的商业环境中，企业经常面临信息缺乏、知识陈旧、资金不足等挑战，单打独斗无法开展战略创业，企业需要拥有同盟。邻近组织是企业最可靠的同盟者，可以为企业带来知识、信息、资金等战略性资源，进而为企业的战略创业活动提供了支持。因此，地理邻近组织和社会邻近组织刚好可以弥补战略创业输入阶段面临的资金困境。此外，本书通过高阶梯队理论、"环境—行为"范式对战略创业的过程阶段进行了深入的剖析。在输出阶段，本书将战略创业在个人、组织、社会的经济价值落实到具体的管理层绩效、企业绩效和环境绩效。

第三章

地理邻近性、社会邻近性
对战略创业的影响

第一节　问题的提出

　　稳定的市场环境是维持经济健康、高质量发展的基础和前提，然而随着"黑天鹅"事件的频频发生，如今的市场环境早已比任何时候都要变幻莫测，易变性、复杂性、模糊性成为当今时代的"主旋律"。如何在不确定性环境中维持生存与可持续发展是每一个企业必须解决的难题，企业既需要开发和保持竞争优势，又需要识别和探索市场机会，越来越多的企业意识到缺少创业导向的单一战略管理和缺乏战略导向的单一创业活动都无法适应瞬息万变的市场环境（Horst and Murschetz, 2019）。因此，可以同时兼顾优势开发与机会探索的战略创业应运而生。所谓战略创业是指"将价值链分析法、投资组合分析法、波特五力分析法等经典战略管理方法运用到创业过程之中，以确保创业活动更有计划和秩序"或者"通过产品创新、市场开发、资产重组等创业活动的实施给战略管理增加柔性和敏捷性"。总之，战略创业为战略管理与创业活动的双元融合，其中，建立优势和寻找机会构成战略创业框架中的双元目标，探索性行为和开发性行为构成战略创业框架中的双元行为。

战略创业的双元分析框架与组织双元有一定的学术交叉。马奇（March，1991）最先提出探索行为和开发行为，将其应用于组织学习、战略管理、创新创业等研究领域，并渐渐成为常规的分类逻辑。沿用此分类逻辑，创新管理的相关研究将双元创新具体划分成探索性创新和开发性创新。战略创业在广义视域下也可划归为创新，但在狭义视域下，探索性战略创业、开发性战略创业却并不等同于技术或产品的研发与创新，创新活动常伴随着新市场、新产品、新服务等成果产出，而战略创业关注优势和机会，可能并不会产生具体的创新成果，常表现为"既有业务优势确立"和"新兴业务机会尝试"。虽然现有文献针对战略创业的概念界定、发展脉络、指标度量、适用情景等方面进行了大量研究，但却鲜有文章讨论企业是如何开展探索性战略创业与开发性战略创业的。因此，本章结合希特等（2011）构建的"输入—过程—输出"战略创业模型 IPO 模型，试图寻找到战略创业的输入端，这也是本书研究的逻辑起点。

第二节　理论分析与研究假设

资源基础理论是由沃纳菲尔特（1984）在潘罗斯（1959）的早期工作基础上提出来的。资源基础理论强调特质资源在解释企业在同行业竞争时成功水平的差异方面的重要性（Wernerfelt，1984；Barney，1991）。资源基础理论被定义为竞争企业所拥有的资源和能力，这些资源和能力可能存在差异，而且这些差异可能是长期的。资源基础理论是战略管理领域的第一个流派，它为理解企业竞争优势水平的变化提供了重要基础。然而，并不是所有的资源都对公司的竞争优势作出同等的贡献。有助于企业竞争优势的资源是有价值的、稀有的、不可模仿的、不可替代的、可分配的。这些资源本质上是无形的，也被称为战略资产。资源基础观在战略创业领域越来越重要，具体而言，在20世纪90年代，资源基础观在解释为什么一些公司绩效优于其他公司方面获得了很多关注（Barney，1991）。资源基础理论指出，资源是公司成功的最重要因素，并最终反映在管理人员和工作人员所拥有的知识和信息当中。

资源基础理论认为，对于某些重要的战略性资源，组织几乎无法实现自给自足，要想获取必须依赖于外部的其他组织予以供应（Heide，1994）。企业开展探索性战略创业和开发性战略创业都需要大量的资源供应，但是处在瞬息万变的商业环境中，企业经常面临信息缺乏、知识陈旧、资金不足等挑战，单打独斗无法开展战略创业，企业需要拥有同盟。邻近组织是企业最可靠的同盟者，可以为企业带来知识、信息、资金等战略性资源，进而为企业的战略创业活动提供了支持。被公众广泛熟知的邻近性概念是地理邻近性，即经济主体之间的空间距离（Howells，2002）。关于地理邻近对知识传播、信息流动的推动作用，被社会各界广泛认可的观点是："知识与信息在街道之间流动要比跨越山川河流容易得多"。随着信息时代的迅猛发展，空间距离正逐渐被网络视频、电话通信、电子邮件等网络科技所冲击，由地理邻近所引致的经济后果也产生了相应的变化，学者们开始重新思考邻近性的概念。社会邻近性是除了地理邻近性以外最受广大学者关注的一个邻近性概念，指经济主体之间社会关系的亲疏程度，个体间的社会邻近可以降低知识的转移难度，打破信息的传播壁垒。因此，地理邻近与社会邻近可以为企业带来一定的资源。

一、地理邻近性与战略创业

地理邻近性度量的是经济个体在空间地理位置上的接近程度，实际上，产业集群就是大批关联企业或者相似企业的地理聚集现象，产生这种现象的原因是地理邻近可以为经济个体带来一定的竞争优势。一方面，地理邻近可以聚集专业性人才，从而产生知识溢出效应；另一方面，随着网络技术以及现代交通的迅猛发展，虽然信息交流主体间空间的界限已逐渐模糊，但是信息传递的广度、深度以及信息的准确程度仍然受地理区位因素的影响。

首先，地理邻近布局形成的人才集群具有知识溢出效应，尤其是显性知识的溢出。显性知识，也称编码知识，可以在地理邻近的企业中快速传播。例如，凯勒（Keller，2002）与阿布拉莫夫斯基和辛普森（Abramovsky and Simpson，2011）发现，显性知识的适用性和可靠性会随着空间地理距离的增大而缩小。布朗和杜吉德（Brown and Duguid，1991）发现，产品发明人在引用专利时具有明显的地理邻近倾向。一方面，地理邻近的中心企业和关联企业常常共享同一劳动力市场，知识型人才的流动直接提高了显性知识的传播速率；另一方面，地理邻近的中心企业与关联企业共同分享同一产品市场，不论是突破性产品还是改良性产品都会最先在地理邻近的企业间进行流转，企业间通过逆向工程间接提高了显性知识的传播速率。其次，地理邻近可以加快信息的流通速度，同时避免信息失真，尤其是公开披露的硬性信息。高管就职信息、股权变更信息、企业诉讼信息等公开的硬性信息虽然可以通过企业官网、企业年报以及证监会等方式获得，但是披露时间往往具有一定的滞后性。这些公开披露的硬性信息会首先会在同行业或者地缘相近的企业中传播，随后向外传递。一般来说，处于同一产业集群的企业和工作人员往往拥有相似的工作环境，便于信息跨越企业边界（Bresch and Lissoni，2009）。在经济交换关系里，两个参与者之间频繁的接触会加快信息交换速度。此外，远距离传递信息会造成一定程度上的扭曲和失真。地理邻近企业可以花费较少的交通成本和机会成本到焦点企业进行实地调研，从而快速便捷地获取真实可靠的一手数据，时刻掌握行业的第一手动态。

虽然关联企业在空间地理邻近时可以促进显性知识溢出，提高信息传播速度和准确程度从而为战略创业提供必要的资源，但是空间地理层面的过分邻近会阻碍新知识和新信息的流入（Huber，2012），地理邻近区域内的经济主体的学习能力和反应能力也随之下降，最终导致"空间锁定"（霍苗等，2011），即企业的战略导向和创业活动都局限在以往熟悉的范畴而不愿向新领域发展前进。具体而言，首先，地理邻近方便经济主体之间模仿学习，大量的显性知识和硬性信息不断地被重复，这种重复并不利于"忘却学习"。忘却学习是组织学习的重要环节，对于陈旧的、固化的、不适用的知识和信息应该忘却，但是在无法接触新知识和新信息的情形下是无法进行忘却学习的。其次，地理邻近方便经济主体之间展开合作，但是过于邻近会"套牢"合作者，产生过度嵌入风险。地理邻近组织拥有大量的专用性投资，当群体内的某个领先者想要率先开展新的战略创业时，以往的合作者担心自己的专用性资产被淘汰，所以并不会积极配合领先者。

综上所述，一方面，地理邻近组织可以帮助提供显性知识和硬性信息，为企业的战略创业行为提供必要的资源要素；另一方面，地理邻近性产生"空间锁定"又会阻碍新的知识和信息，因此，本章提出如下竞争性假设。

H3 – 1a：地理邻近性与企业战略创业行为正相关。

H3 – 1b：地理邻近性与企业战略创业行为负相关。

二、社会邻近性与战略创业

社会邻近性度量的是经济主体之间社会网络关系的远近程度，常被视作一种社会资本（Coleman，1998）。企业与其他组织之间的社会邻近程度会影响隐性知识的转移难度以及软性信息的传播壁垒。一方面，隐性知识无法通过编码信息传递，可以在社会邻近组织之间进行转移；另一方面，当企业拥有社会邻近组织时，彼此的信任程度和情感承诺都处于高水平，可以彼此传递一些比较隐蔽的未公开信息。因此，企业在社会网络中与其他组织的平均关系距离越近，接收到的有效知识和有效信息就越多。

首先，社会邻近性通过降低经济主体间隐性知识转移与吸收的难度而为战略创业创造条件。隐性知识作为企业竞争优势的关键，需要通过观察临摹、倾听沟通的方式获得，社会邻近的组织之间通常具有相似的企业文化、发展方向和业务构成，可以完全理解彼此的"言下之意"。例如，波施马（2005）指出，社会邻近性通过降低不确定性来促进组织间学习以及这一过程中隐性知识转移的效率。翟运开（2007）认为，关系的邻近性和稳定性都会影响隐性知识的转移速度。此外，社会邻近组织之间的联系会产生多种多样的知识流，新旧知识的迭代更替可以促使组织改变旧的惯例、开发新的惯例，从而帮助企业顺利应对环境的突变和渐变。其次，社会邻近组织可以为企业提供无法在公开渠道获取到的软性信息，帮助企业正确判断过去、现在和未来发生的各种事件。为了防止同业竞争和商业跟随，上市公司通常会选择性地公开投资策略和投资绩效，非市场渠道的投资机会也难以在年报等公开渠道中轻易获得。那些"只可意会不可言传"的软性信息属于公司不愿公开的私密信息（Liberti and Petersen，2019），比如重大的战略决策、隐蔽的投资机会、特殊的合作伙伴等。社会邻近组织在与焦点企业合作交往时会不断提高互动频率、感情力量、亲密程度以及互惠交换程度，从而在彼此之间建立信任机制和承诺机制，所以社会邻近组织会比较"放心"地告知焦点企业此类软性信息（Zaheer and Bel，2005）。

然而，过度的社会邻近也不利于行为主体之间的知识转移和信息流动。具体而言，社会邻近组织之间存在着多种多样的社会关系，比如老乡关系、朋友关系、校友关系等（Jackson et al.，1991），这些亲密关系会严重影响组织在战略创业过程中的客观判断和科学决策（Murray，1989）。亲密关系依靠彼此间的信任机制得以正常运行，但是过度信任也可能会夸大合约的规范性，从而导致一些违反规范的机会主义行为变得不易察觉（Lim et al.，2010）。此外，社会邻近性组织之间的过度承诺会将经济主体长期锁定在既定的合作关系中，从而对外界的新知识与新信息持有回避态度。一旦组织之间形成了社会关系层面的邻近性，那么知识流动、信息互通变成了日常互动，但长期这种互动传递的都是一些冗余知识、冗余信息等，冗余资源无法帮助组织进行更多的探索行为和开发行为（吕国庆等，2014）。亲密关系下的社会邻近组织常常会碍于"面子"和"人情"而不去选择更合适的同盟，继续维持关系只会产生更多的"内耗"。

总体而言，社会邻近给企业带来的隐性知识、软性信息有利于对已有技术和产品进行改进，从而维持和巩固企业的市场地位，同时也拥有进行机会寻求的能力和地位优势，但是过度的社会邻近性又会导致组织之间的不规范性，带来大量的冗余资源。因此，本章提出如下竞争性假设。

H3-2a：社会邻近性与企业战略创业行为正相关。

H3-2b：社会邻近性与企业战略创业行为负相关。

第三节　研究设计

一、样本选择与数据来源

本书研究的实证分析数据是基于焦点企业与关联企业的供销网络，其中关联企业是焦点企业的前五大客户所在的企业和前五大供应商所在的企业。随着市场分工的精细化，一件商品从生产到出售的过程往往需要多家公司共同参与，因而围绕焦点企业将供应商与客户基于供销关系与业务资金往来关系而形成的网络结构，称为公司间的供应链关系。供应链上下游企业的分布特征和集散程度不仅直接影响企业的营商环境，还对公司的发展战略、内部控制、投融资行为等都有重要的影响。首先，由于2011年以前的信息缺失值较多，所以本章选取2011~2020年在沪市和深市上市的A股公司作为焦点企业。其次，本章根据巨潮资讯网站的公司年报和临时公告来确定焦点企业的前五大客户和前五大供应商的地理信息和供销信息。最后，本章根据计算公式确定焦点企业与关联企业之间的地理邻近性和社会邻近性。

针对初始样本，本章按照如下标准进行筛选：（1）剔除研究期内ST、*ST以及退市的公司；（2）剔除金融、保险类公司；（3）剔除上市时间不足一年的公司；（4）剔除财务数据缺失的公司；（5）剔除无法确定前五大客户、供应商的公司；（6）剔除注册地无法确定的公司；（7）剔除供销关系无法确定的公司。经筛选后共计得到15322个公司—年度观测值。为了控制异常值对研究结果的影响，本章对所有连续变量进行了1%和99%水平上的缩尾处理。所有财务数据均来自Wind金融数据库、CS-MAR数据库和CNRDS数据库，其中关联企业与焦点企业的地理位置信息为手工收集上市公司年报所得，本章同时使用百度搜索、谷歌搜索进行二次核验。统计软件为Stata15.0和Excel2010。

二、模型设计

为了对前文所提出的研究假设进行检验，本章构建了如下回归模型（3.1），控制了年份固定效应和行业固定效应。为了克服可能存在的内生性干扰，本章对自变量和控制变量进行滞后一期处理，即本章因变量的研究区间为2012~2020年，自变量和控制变量的研究区间为2011~2019年。

$$
\begin{aligned}
\text{Exploration}_{i,t}/\text{Exploitation}_{i,t} = {} & \alpha_0 + \alpha_1 \text{Geographic\_Proximity}_{i,t-1} \\
& /\text{Social\_Proximity}_{i,t-1} + \sum \alpha_j \text{Control}_{i,t-1} \\
& + \sum \text{Year} + \sum \text{Indus} + \varepsilon_{i,t-1} \quad (3.1)
\end{aligned}
$$

在模型（3.1）中，被解释变量为探索性战略创业（Exploration）和开发性战略创业（Exploitation），解释变量为地理邻近性（Geographic_Proximity）和社会邻近性（Social_Proximity），Control表示企业的相关控制变量。

三、变量定义

（一）自变量：邻近性

自从法国学院邻近动态学派提出多维邻近性这一概念以来，多维邻近性便逐渐在创新创业研究、组织合作研究、区域发展等领域掀起学术热潮。被学界广泛探究的邻近性概念是地理邻近性（Geographic_Proximity）和社会邻近性（Social_Proximity）。

（1）地理邻近性（Geographic_Proximity）。地理邻近性是行为主体在地理空间上的接近程度。为了确保量纲的合理性和指标的正向性，本章借鉴肖红军等（2021）和詹森等（2015）的方法，首先度量出关联企业到焦点企业的球面地理距离，其次将球面地理距离进行算术平均处理和对数化处理，最后将处理后的球面地理距离的倒数作为地理邻近性的代理指标。具体的计算过程如下所示：

$$D = 6371.04 \times Arccos(C) \times (\pi/180) \qquad (3.2)$$

$$C = \cos(latitude_i) \times \cos(longitude_i) \times \cos(latitude_j) \times \cos(longitude_j)$$
$$+ \cos(latitude_i) \times \sin(longitude_i) \times \cos(latitude_j) \times \sin(latitude_j)$$
$$+ \sin(latitude_i) \times \sin(latitude_j) \qquad (3.3)$$

$$Distance = Ln(1 + (D_1 + D_2 + \cdots + D_n)/N) \qquad (3.4)$$

$$Geographic\_Proximity = 1/Distance \qquad (3.5)$$

其中，D 为关联企业与焦点企业之间的球面地理距离，6371.04 为地球的平均半径；Arccos（C）为关联企业与焦点企业之间距离的反三角函数值。C 为关联企业与焦点企业之间距离的空间夹角余弦值，$latitude_i$ 为关联企业的纬度，$longitude_i$ 为关联企业的经度，$latitude_j$ 为焦点企业的纬度，$longitude_j$ 为焦点企业的经度。Distance 为 N 家关联企业与焦点企业之间球面地理距离的算数平均值的对数值，D_1，D_2，…，D_n 为每一家关联企业到焦点企业的球面地理距离。Geographic_Proximity 为关联企业与焦点企业之间的地理邻近性。

（2）社会邻近性（Social_Proximity）。社会邻近性是行为主体在社会网络上的亲密程度。本章借鉴弗里曼（1978）和吕国庆等（2014）的研究方法，对社会邻近性的衡量通过上一时段两节点在供销网络中关系距离的倒数来计算。将上市公司 A 直接对接的客户/供应商，称为上市公司 A 的一级供应链，它们之间的关系距离为 1，社会邻近系数为 1。将上市公司 A 的一级供应链直接对接的客户/供应商称为上市公司 A 的二级供应链，它们之间的关系距离为 2，社会邻近系数为 0.5，以此类推。

首先，使用大型社会网络数据分析软件 Pajek 生成焦点企业的供销网络位置数据，并计算出焦点企业与其他关联企业之间的关系距离；其次，将关系距离进行算术平均处理；最后，使用两节点在供销网络中关系距离的倒数作为社会邻近性的代理指标。具体的计算过程如下所示：

$$S_i = d(i,j) \tag{3.6}$$

$$Social = (S_1 + S_2 + \cdots + S_n)/N \tag{3.7}$$

$$Social\_Proximity = 1/Social \tag{3.8}$$

其中，S_i 为节点 i 到节点 j 的最短路径长度，Social 为焦点企业与其他 N 家关联企业之间的关系距离的算数平均值，S_1，S_2，$\cdots$，S_n 为每一家关联企业到焦点企业的关系距离。Social_Proximity 为焦点企业与其他关联企业的社会邻近性。

（二）因变量：战略创业

因变量战略创业是兼具建立优势和寻找机会的一种活动，以此来达到组织成长和财富创造的目的，最终实现追求卓越的组织绩效。目前并没有很恰当的财务数据可以作为战略创业的代理指标，笔者在阅读了大量文献后发现，文本分析法可以用来弥补财务数据在度量组织或个体的信念、意图、想法等方面的不足（曾庆生等，2018），通过测量文本中某一话题出现的频率可以反映出该话题受关注的程度和重要程度（Baginski et al. ，2016）。

具体而言，本章首先使用 Python 3.6 编程软件所编写的网络爬虫程序自动抓取 Wind 金融数据库中上市公司董事会报告中关于"企业业务概要"和"管理层讨论与分析"的部分。使用企业年报中的董事会报告进行文本分析的原因是董事会报告是企业年报中的重要组成部分，其主要目的是向股东展示企业在本年度内的主要经营运作状况以及企业整体的战略制订计划和实施情况，记录企业发展的真实情况，不受研究者主观想法的干扰，是来源可靠、客观、真实的企业数据。同时，企业年报是上市公司企业年检的法定性制度，企业需对其真实性、合法性承担责任，如果工商机关发现企业年报隐瞒真实情况以及弄虚作假将对企业实施严厉的处罚和打击。过往的研究充分证明了企业年报是能够反映企业实际发展状况的文本记录，企业在公开年报中过分扭曲和遮蔽企业的实际战略意图和对企业重要战略行为只字不提的情况几乎不可能存在。因此，以企业年度报告为基础使用文本分析来进行战略创业行为强度的测量能够保证信度。

其次，运用 Python 的"Jieba"中文分词模块，结合已经构建的战略创业词汇（March，1991；黄海昕等，2019），对提取的"企业业务概要"和"管理层讨论与分析"文本进行自动分词，从中提取出探索性战略创业词汇和开发性战略创业词汇并计算词频，最后根据式（3.9）和式（3.10）度量出探索性战略创业（Exploration）和开发性战略创业（Exploitation）。

$$Exploration = Ln(1 + Word\ Frequency\ of\ Exploration) \qquad (3.9)$$

$$Exploitation = Ln(1 + Word\ Frequency\ of\ Exploitation) \qquad (3.10)$$

其中，Exploration 为探索性战略创业，Word Frequency of Exploration 为探索性战略创业的词频数，Exploitation 为开发性战略创业，Word Frequency of Exploitation 为开发性战略创业的词频数。首先，参考马奇（1991）在对探索和开发研究中所定义的词汇，并考虑中文和英语词义与表达习惯的差别初步选定词汇，再参考中文情境下的研究增添词汇（黄海昕等，2019），进一步拓展词集。其次，通过研究者人工翻阅部分年报文本，对照初步选定的词集进行修正。最后，确认关键词词集不发生歧义后，形成初步修正词集。探索性战略创业（Exploration）的关键词集为：突破、变革、搜索、变异、冒险、试验、实验、发现、发明、创新、首次、考察、探索、试错、涉足、尝试。开发性战略创业（Exploitation）的关键词集为：改进、改良、改造、精细、优化、效率、实施、巩固、老客户、利用、开发。在相关研究中会对指标进行处理以解决董事会报告文本长度不一的问题，例如，用关键词频数除以文本总长度的方法。但本书研究认为，文本长度体现了企业对战略创业行为重视程度以及反映了企业战略创业行为的数量。因此，文章最终直接使用关键词在文本中出现的总频数代表探索性战略创业和开发性战略创业指标。

（三）控制变量

借鉴马泽（Mazzei，2018）和黄海昕等（2019）的研究，本章在公司基本面上控制了公司规模（Size）、资产负债率（Lev）、总资产净利润率（Roa）、营业收入增长率（Growth）、托宾 Q 值（TobinQ）、产权性质（Soe）；在公司治理层面控制了股权集中度（Top1）、股权制衡程度（Balance）、管理层持股比例（Mshare）、上市年限（Listage）、董事会规模（Board）、独立董事比例（Indep）及两权分离度（Dual）。各变量的具体定义如表 3.1 所示。

表 3.1　　　　　　　　　　　　　　变量定义

变量名称	变量符号	变量定义
地理邻近性	Geographic_Proximity	关联企业与焦点企业之间球面距离的倒数
社会邻近性	Social_Proximity	关联企业与焦点企业之间社会距离的倒数
探索性战略创业	Exploration	突破、变革、搜索等可以反映探索性战略创业的词频
开发性战略创业	Exploitation	改进、改良、改造等可以反映开发性战略创业的词频
公司规模	Size	总资产的自然对数

变量名称	变量符号	变量定义
资产负债率	Lev	总负债/总资产
总资产净利润率	Roa	净利润/总资产
营业收入增长率	Growth	（当期收入－上期收入）与上期收入的比值
托宾Q值	TobinQ	（流通股市值＋非流通股股份数×每股净资产＋负债账面值）与总资产的比值
产权性质	Soe	虚拟变量，国有企业为1，非国有企业为0
股权集中度	Top1	第一大股东持股/总股数
股权制衡程度	Balance	第二到第五位大股东持股比例之和与第一大股东持股比例的比值
管理层持股比例	Mshare	管理层持股数量与总股本的比值
上市年限	Listage	公司上市年份加1后的对数值
董事会规模	Board	董事会人数的对数值
独立董事比例	Indep	独立董事人数与董事会人数的比值
两权分离度	Dual	虚拟变量，如果董事长和总经理为同一人值取1，否则取0
Year	年份	年度效应虚拟变量
Indus	行业	行业效应虚拟变量

第四节　实证分析

一、描述性统计、差异性分析与相关性分析

（一）描述性统计

表3.2汇报了相关变量的描述性统计结果。具体而言，被解释变量为探索性战略创业（Exploration）和开发性战略创业（Exploitation），解释变量为地理邻近性（Geographic_Proximity）和社会邻近性（Social_Proximity）。Size的平均值和中位数分别是22.1891和21.9631，二者非常接近，

表明企业规模在中位数左右均匀分布。Lev 的平均值为 0.4325，最大值为 0.9550，表明上市公司普遍存在较高的负债。Roa 的平均值和中位数分别是 0.0392 和 0.0383，说明研究样本中有超过半数的企业在盈利。Growth 的最小值为 −0.6432，最大值为 3.6183，标志着样本中的上市公司在成长性方面具有较大差异，其中一些企业已经开始衰减，另一些企业却处在稳步乃至快速成长阶段。TobinQ 的中位数是 1.5846，说明至少一半的企业具有良好的市场投资机会。Soe 的平均数和中位数分别为 0.3391 和 0.0000，说明在样本中至少一半的企业是非国有企业。Top1 的中位数为 0.3190，说明超过半数的企业第一大控股股东持有 31.90% 以上的股份，与我国上市公司股权高度集中的情况相符。Balance 的平均值为 0.7558，说明平均下来第二到第五位大股东持股比例之和占第一大股东持股比例的 75.58%。Mshare 的中位数为 0.0068，说明管理层持股数量比较低，不到总股本的 0.68%。Listage 的平均值和中位数分别为 2.0520 和 2.1972，说明样本企业的上市年限基本分布在均值两侧。Board 的最小值为 1.6094，最大值为 2.7081，说明上市公司的董事会人数基本符合公司法的规定。Indep 的均值为 0.3758，说明超过一半公司的独立董事在董事会中约占三成。最后，Dual 的中位数为 0，说明至少一半企业的董事长与总经理不是同一个人。

表 3.2　　　　　　　　　　　　描述性统计

变量	平均值	标准差	最小值	中位数	最大值
Exploration	3.7516	0.6443	1.9459	3.7842	5.2470
Exploitation	4.9156	0.4132	3.8067	4.9127	5.9865
Geographic_Proximity	0.2223	0.1999	0.1263	0.1571	1.4843
Social_Proximity	0.1183	0.0447	0.0002	0.1303	0.1707
Size	22.1891	1.4297	19.5513	21.9631	27.1464
Lev	0.4325	0.2205	0.0508	0.4181	0.9550
Roa	0.0392	0.0700	− 0.2903	0.0383	0.2233
Growth	0.1765	0.5136	− 0.6432	0.0960	3.6183
TobinQ	2.0485	1.4259	0.8604	1.5846	9.6672

续表

变量	平均值	标准差	最小值	中位数	最大值
Soe	0.3391	0.4734	0.0000	0.0000	1.0000
Top1	0.3414	0.1485	0.0850	0.3190	0.7409
Balance	0.7558	0.6205	0.0289	0.5922	2.8432
Mshare	0.1424	0.2041	0.0000	0.0068	0.6934
Listage	2.0520	0.9299	0.0000	2.1972	3.2958
Board	2.1312	0.2046	1.6094	2.1972	2.7081
Indep	0.3758	0.0533	0.3333	0.3636	0.5714
Dual	0.2840	0.4509	0.0000	0.0000	1.0000

（二）差异性分析

1. 地理邻近性的差异性分析

表3.3汇报了主要变量在地理邻近性高低分组下的单变量统计检验。本章定义，以地理邻近性的中值为界，高于中值的样本归为高地理邻近性组，反之归为低地理邻近性组。从表3.3中可以看出，高地理邻近性组和低地理邻近性组的 Exploration 均值分别为 3.6477 和 3.5133，两者差异在1%的水平上显著，高地理邻近性组的 Exploration 中位数高于低地理邻近性组的 Exploration 中位数，高地理邻近性组和低地理邻近性组的 Exploitation 的均值也存在一定差异，且高地理邻近性组的 Exploitation 中值更高，这也初步支持了本章的假设，地理邻近性可以促进战略创业行为。此外，各个控制变量在两组样本中也存在一定差异。

表3.3   **地理邻近性的差异性分析**

变量	高地理邻近性		低地理邻近性		均值差异	中位数差异
	均值	中位数	均值	中位数		
Exploration	3.6477	3.6889	3.5133	3.4965	0.1344 ***	0.1924 ***
Exploitation	4.8866	4.8828	4.8691	4.8598	0.0175	0.0230 *
Size	21.9382	21.7706	22.1513	22.0250	−0.2131 ***	−0.2544 ***
Lev	0.4349	0.4158	0.4524	0.4588	−0.0175 ***	−0.0430 ***

续表

变量	高地理邻近性		低地理邻近性		均值差异	中位数差异
	均值	中位数	均值	中位数		
Roa	0.0316	0.0327	0.0331	0.0337	-0.0015	-0.0010
Growth	0.1996	0.0992	0.1522	0.0784	0.0474 ***	0.0208 ***
TobinQ	2.1219	1.5718	2.0159	1.4639	0.1060 **	0.1079 ***
Soe	0.3163	0.0000	0.4889	0.0000	-0.1726 ***	0.0000 ***
Top1	0.3333	0.3000	0.3547	0.3211	-0.0214 ***	-0.0211 ***
Balance	0.7404	0.5660	0.6501	0.4962	0.0903 ***	0.0698 ***
Mshare	0.1433	0.0037	0.0990	0.0002	0.0443 ***	0.0035 ***
Listage	2.0938	2.3026	2.2872	2.6391	-0.1934 ***	-0.3365 ***
Board	2.1426	2.1972	2.1592	2.1972	-0.0166 ***	0.0000 ***
Indep	0.3705	0.3333	0.3691	0.3333	0.0014	0.0000 *
Dual	0.2502	0.0000	0.2021	0.0000	0.0481 ***	0.0000 ***

注：* 、** 和 *** 分别表示在10% 、5% 和1% 的水平上显著。

2. 社会邻近性的差异性分析

表3.4 汇报了主要变量在社会邻近性高低分组下的单变量统计检验。本章定义，以社会邻近性的中值为界，高于中值的样本归为高社会邻近性组，反之归为低社会邻近性组。从表3.4 中可以看出，高社会邻近性组和低社会邻近性组的 Exploration 均值分别为 3.7108 和 3.6749，两者均值差异在 1% 的水平上显著，高社会邻近性组的 Exploration 中位数明显高于低社会邻近性组的 Exploration 中位数，高社会邻近性组和低社会邻近性组的 Exploitation 的均值也存在一定差异，且高社会邻近性组的 Exploitation 中位数显著更高，这也初步支持了本章的假设，社会邻近性可以促进战略创业行为。此外，各个控制变量在两组样本中也存在一定差异。

表 3.4　　　　　　　　　　社会邻近性的差异性分析

变量	高社会邻近性		低社会邻近性		均值差异	中位数差异
	均值	中位数	均值	中位数		
Exploration	3.7108	3.7377	3.6749	3.7136	0.0359 ***	0.0241 **
Exploitation	4.9158	4.9053	4.8742	4.8752	0.0416 ***	0.0301 ***

续表

变量	高社会邻近性		低社会邻近性		均值差异	中位数差异
	均值	中位数	均值	中位数		
Size	22.4560	22.2165	21.8665	21.7003	0.5895***	0.5162***
Lev	0.4579	0.4543	0.4083	0.3858	0.0496***	0.0685***
Roa	0.0405	0.0379	0.0394	0.0386	0.0011	−0.0007
Growth	0.1914	0.1047	0.1891	0.1035	0.0023	0.0012
TobinQ	1.9518	1.5254	2.1402	1.6524	−0.1884***	−0.1270***
Soe	0.4067	0.0000	0.2886	0.0000	0.1181***	0.0000***
Top1	0.3489	0.3293	0.3393	0.3164	0.0096***	0.0129***
Balance	0.7359	0.5608	0.7481	0.5870	−0.0122	−0.0262**
Mshare	0.1173	0.0020	0.1655	0.0156	−0.0482***	−0.0136***
Listage	2.1589	2.3026	1.9370	2.0794	0.2219***	0.2232***
Board	2.1660	2.1972	2.1049	2.1972	0.0611***	0.0000***
Indep	0.3743	0.3529	0.3759	0.3636	−0.0016**	−0.0107
Dual	0.2483	0.0000	0.3074	0.0000	−0.0591***	0.0000***

注：*、** 和 *** 分别表示在10%、5%和1%的水平上显著。

（三）相关性分析

表3.5汇报了各变量之间的相关系数。Geographic_Proximity 与 Exploration 和 Exploitation 的相关系数分别为0.0264和0.0001，Social_Proximity 与 Exploration 和 Exploitation 的相关系数分别为0.0160和0.0335，且均通过了不同程度的显著性检验，这初步验证了本章的基本假设：地理邻近性和社会邻近性有利于企业的战略创业行为。此外，各解释变量与控制变量之间相关系数的绝对值均小于0.5，所以本章的模型并不存在严重的多重共线性问题。

二、主回归检验

（一）地理邻近性与战略创业

本章采用模型（3.1）进行回归以验证地理邻近性与战略创业之间的

表 3.5 相关性分析

变量	Exploration	Exploitation	Geographic_Proximity	Social_Proximity	Size	Lev	Roa	Growth
Exploration	1							
Exploitation	0.5011***	1						
Geographic_Proximity	0.0264*	0.0001**	1					
Social_Proximity	0.0160***	0.0335***	-0.0035	1				
Size	0.0979***	0.3185***	0.0012	-0.1275***	1			
Lev	-0.1757***	0.1286***	-0.0117	-0.0945***	0.4103***	1		
Roa	0.1657***	0.0238***	0.0091	0.0215***	-0.0280***	-0.3901***	1	
Growth	0.0089	0.0657***	-0.0098	0.0072	0.0252***	0.0204***	0.2176***	1
TobinQ	-0.0839***	-0.1801***	0.0126	0.0236***	-0.4110***	-0.2030***	0.0757***	0.0241***
Soe	-0.2121***	-0.0243***	0.0168	-0.1036***	0.3705***	0.2964***	-0.0959***	-0.0538***
Top1	-0.0410***	-0.0151***	0.0235*	-0.0139**	0.1753***	0.0193***	0.1404***	-0.0014
Balance	0.1714***	0.0792***	-0.0166	0.0225***	-0.0574***	-0.0938***	0.0057	0.0575***
Mshare	0.2853***	0.0434***	-0.0036	0.0998***	-0.3369***	-0.3456***	0.2004***	0.0452***
Listage	-0.3527***	-0.0299***	-0.0157	-0.1085***	0.3386***	0.3798***	-0.2763***	-0.0375***
Board	-0.0188***	0.0516***	0.0257*	-0.1647***	0.3221***	0.1899***	-0.0021	-0.0166***
Indep	0.0323***	0.0165***	-0.004	0.0505***	-0.0042	-0.0094	-0.0209***	-0.0058
Dual	0.1314***	0.0121**	-0.0082	0.0283***	-0.1917***	-0.1549***	0.0587***	0.0185***

续表

变量	TobinQ	Soe	Top1	Balance	Mshare	Listage	Board	Indep	Dual
TobinQ	1								
Soe	-0.1442***	1							
Top1	-0.1279***	0.2273***	1						
Balance	0.0267***	-0.2563***	-0.4817***	1					
Mshare	0.0046	-0.4621***	-0.0694***	0.2232***	1				
Listage	0.0395***	0.4030***	-0.0910***	-0.1809***	-0.4585***	1			
Board	-0.1516***	0.2644***	0.0076	0.0376***	-0.2031***	0.1139***	1		
Indep	0.0492***	-0.0523***	0.0412***	-0.0262***	0.0745***	-0.0207***	-0.4292***	1	
Dual	0.0654***	-0.2937***	-0.0374***	0.0505***	0.2572***	-0.2440***	-0.1859***	0.1143***	1

注：*、** 和*** 分别表示在10%、5%和1%的水平上显著。

关系，具体实证结果如表 3.6 所示，其中列（1）和列（2）是地理邻近性与探索性战略创业和开发性战略创业仅控制年份效应和行业效应的回归结果，列（3）和列（4）均加入了相应的控制变量。回归结果显示地理邻近性的系数分别为 0.0206、0.0122、0.0108、0.0066，均通过了显著性检验，实证结果说明地理邻近性有利于企业进行探索性战略创业和开发性战略创业。

表 3.6　　　　　　　　　　地理邻近性与战略创业

变量	（1）	（2）	（3）	（4）
	Exploration	Exploitation	Exploration	Exploitation
Geographic_Proximity	0.0206 ***	0.0122 ***	0.0108 ***	0.0066 **
	(4.6085)	(3.7729)	(2.6234)	(2.0957)
Size			0.1194 ***	0.1237 ***
			(13.6246)	(18.4873)
Lev			-0.3027 ***	0.0923 ***
			(-6.9471)	(2.7748)
Roa			0.4807 ***	-0.0265
			(3.8396)	(-0.2773)
Growth			-0.0111	0.0306 ***
			(-0.8155)	(2.9348)
TobinQ			-0.0026	-0.0105 **
			(-0.4313)	(-2.3167)
Soe			0.0270	0.0033
			(1.4293)	(0.2276)
Top1			-0.3584 ***	-0.3037 ***
			(-5.0744)	(-5.6327)
Balance			-0.0608 ***	-0.0113
			(-3.5698)	(-0.8655)
Mshare			0.3393 ***	0.1528 ***
			(6.5600)	(3.8715)

变量	（1）	（2）	（3）	（4）
	Exploration	Exploitation	Exploration	Exploitation
Listage			-0.2692 *** (-20.4940)	-0.0846 *** (-8.4337)
Board			0.1438 *** (3.1972)	0.1767 *** (5.1450)
Indep			0.0941 (0.5574)	0.2957 ** (2.2950)
Dual			0.0461 ** (2.5471)	0.0283 ** (2.0467)
Constant	3.1409 *** (38.1668)	4.7213 *** (79.3124)	0.9976 *** (4.6253)	1.8066 *** (10.9738)
Observations	15322	15322	15322	15322
R-Squared	0.2370	0.1634	0.4181	0.3162
Year	Yes	Yes	Yes	Yes
Industry	Yes	Yes	Yes	Yes

注：* 、** 和 *** 分别表示在 10% 、5% 和 1% 的水平上显著；括号中为 t 值。

（二）社会邻近性与战略创业

本章采用模型（3.1）进行回归以验证社会邻近性与战略创业之间的关系，具体实证结果如表 3.7 所示，其中列（1）和列（2）是社会邻近性与探索性战略创业和开发性战略创业仅控制年份效应和行业效应的回归结果，列（3）和列（4）均加入了相应的控制变量。回归结果显示社会邻近性的系数分别为 0.6551、0.5557、0.7612、0.2602，均通过了 1% 水平的显著性检验，实证结果验证了社会邻近性对探索性战略创业和开发性战略创业的促进作用。

表 3.7　　　　　　　　　　社会邻近性与战略创业

变量	(1)	(2)	(3)	(4)
	Exploration	Exploitation	Exploration	Exploitation
Social_Proximity	0. 6551 ***	0. 5557 ***	0. 7612 ***	0. 2502 ***
	(8. 0573)	(9. 9633)	(9. 6004)	(4. 5350)
Size			0. 1326 ***	0. 1041 ***
			(35. 3537)	(38. 3326)
Lev			− 0. 3286 ***	0. 0325 **
			(− 16. 2384)	(2. 2192)
Roa			0. 4978 ***	− 0. 0410
			(8. 8001)	(− 1. 0009)
Growth			− 0. 0009	0. 0393 ***
			(− 0. 1350)	(8. 3085)
TobinQ			− 0. 0059 **	− 0. 0149 ***
			(− 2. 0572)	(− 7. 2148)
Soe			− 0. 0161 *	− 0. 0225 ***
			(− 1. 8833)	(− 3. 6354)
Top1			− 0. 2637 ***	− 0. 2452 ***
			(− 7. 9243)	(− 10. 1845)
Balance			− 0. 0291 ***	− 0. 0124 **
			(− 3. 7066)	(− 2. 1886)
Mshare			0. 2796 ***	0. 1313 ***
			(13. 0400)	(8. 4632)
Listage			− 0. 2378 ***	− 0. 0774 ***
			(− 41. 2337)	(− 18. 5383)
Board			0. 0737 ***	0. 0143
			(3. 5612)	(0. 9528)
Indep			0. 1236 *	− 0. 0040
			(1. 6948)	(− 0. 0755)
Dual			0. 0221 ***	0. 0029
			(2. 8813)	(0. 5238)

续表

变量	（1）Exploration	（2）Exploitation	（3）Exploration	（4）Exploitation
Constant	3.1836 *** （100.8305）	4.6502 *** （214.6822）	0.8205 *** （8.9199）	2.6767 *** （40.2064）
Observations	15322	15322	15322	15322
R-Squared	0.2649	0.1773	0.4185	0.2873
Year	Yes	Yes	Yes	Yes
Industry	Yes	Yes	Yes	Yes

注：*、** 和 *** 分别表示在 10%、5% 和 1% 的水平上显著；括号中为 t 值。

第五节　稳健性检验与内生性分析

一、稳健性检验

虽然本章在理论逻辑上进行了大量的论述，同时在实证层面上得到了可靠的验证结果，但是本章的回归结果仍然可能存在偏误甚至错误的可能性，因此本章分别从以下方面进行了稳健性检验。

（一）更换因变量

本章更换因变量为虚拟变量——探索性战略创业倾向（Dum_Exploration）和开发性战略创业倾向（Dum_Exploitation）。如果焦点企业的战略创业高于当年总体样本的战略创业中位数，则赋值为 1，否则为 0，重新验证假设，回归结果如表 3.8 所示。地理邻近性对探索性战略创业倾向与开发性战略创业倾向的影响系数为 0.0676 和 0.0362，分别通过了 1% 和 10% 的显著性水平检验，社会邻近性对探索性战略创业倾向和开发性战略创业倾向的影响系数为 2.4829 和 0.7451，分别通过了 1% 水平和 5% 水平的显著性检验，稳健性的结果说明地理邻近性和社会邻近性可以显著提高企业进行战略创业行为的倾向性。

表 3.8　　　　　稳健性检验（一）：更换战略创业行为的度量方式

变量	（1） Dum_Exploration	（2） Dum_Exploitation	（3） Dum_Exploration	（4） Dum_Exploitation
Geographic_Proximity	0. 0676 *** （3. 0507）	0. 0362 * （1. 8002）		
Social_Proximity			2. 4829 *** （6. 5409）	0. 7451 ** （2. 1401）
Size	0. 5110 *** （10. 8558）	0. 5949 *** （12. 8818）	0. 4807 *** （25. 8144）	0. 4440 *** （25. 0336）
Lev	− 1. 5165 *** （ − 6. 3137）	0. 2487 （1. 1735）	− 1. 2835 *** （ − 12. 8928）	0. 0354 （0. 3907）
Roa	1. 6888 ** （2. 4349）	− 0. 3925 （ − 0. 6474）	1. 9473 *** （7. 0292）	− 0. 0570 （ − 0. 2253）
Growth	− 0. 0387 （ − 0. 5256）	0. 2142 *** （3. 1938）	0. 0338 （1. 0645）	0. 2433 *** （7. 9085）
TobinQ	0. 0348 （1. 0458）	− 0. 0599 * （ − 1. 8625）	0. 0322 ** （2. 2336）	− 0. 0639 *** （ − 4. 7215）
Soe	0. 0502 （0. 5165）	0. 0357 （0. 3961）	0. 0296 （0. 7302）	− 0. 0992 *** （ − 2. 5845）
Top1	− 1. 4507 *** （ − 3. 9289）	− 1. 6434 *** （ − 4. 8601）	− 1. 0570 *** （ − 6. 6405）	− 0. 9502 *** （ − 6. 3684）
Balance	− 0. 3558 *** （ − 3. 9878）	− 0. 1004 （ − 1. 2375）	− 0. 0934 ** （ − 2. 4917）	− 0. 0208 （ − 0. 5986）
Mshare	0. 8839 *** （3. 3626）	0. 6434 *** （2. 6757）	0. 8937 *** （8. 8474）	0. 6131 *** （6. 6253）
Listage	− 1. 1175 *** （ − 15. 9282）	− 0. 4596 *** （ − 7. 1579）	− 0. 9298 *** （ − 32. 4482）	− 0. 3037 *** （ − 11. 7508）
Board	0. 4799 ** （2. 0634）	0. 8954 *** （4. 0899）	0. 2071 ** （2. 1023）	0. 1359 （1. 4718）

续表

变量	（1）Dum_Exploration	（2）Dum_Exploitation	（3）Dum_Exploration	（4）Dum_Exploitation
Indep	1.1660 （1.3399）	1.9057 ** （2.3438）	0.7626 ** （2.2136）	0.2075 （0.6405）
Dual	0.2089 ** （2.2632）	0.2091 ** （2.4502）	0.1259 *** （3.4834）	0.0382 （1.1354）
Constant	−9.7278 *** （−8.6613）	−13.8968 *** （−12.3952）	−8.9690 *** （−20.0263）	−9.1274 *** （−21.3986）
Observations	15322	15322	15322	15322
R-Squared	0.226	0.135	0.186	0.0939
Year	Yes	Yes	Yes	Yes
Industry	Yes	Yes	Yes	Yes

注：*、** 和 *** 分别表示在10%、5%和1%的水平上显著；括号中为 t 值。

（二）更换自变量——地理邻近性

本章使用是否关联企业与焦点企业处于同一城市（Dum_Geographic_Proximity）和关联企业与焦点企业处于同一城市的数量（Num_Geographic_Proximity）作为地理邻近性的代理变量，重新进行回归检验的结果如表3.9所示。Dum_Geographic_Proximity 与战略创业的影响系数为 0.0438和0.0289，分别通过了 1%和5% 水平的显著性检验，Num_Geographic_Proximity 与战略创业的影响系数分别为 0.0188和0.0151，均通过了 1%水平的显著性检验，稳健性的结果说明地理邻近性可以显著提高企业进行战略创业行为。

表3.9　　　　稳健性检验（二）：更换地理邻近性的度量方式

变量	（1）Exploration	（2）Exploitation	（3）Exploration	（4）Exploitation
Dum_Geographic_Proximity	0.0438 *** （2.9665）	0.0289 ** （2.5626）		
Num_Geographic_Proximity			0.0188 *** （3.2265）	0.0151 *** （3.2844）

续表

变量	（1）	（2）	（3）	（4）
	Exploration	Exploitation	Exploration	Exploitation
Size	0. 1200 ***	0. 1240 ***	0. 1135 ***	0. 1406 ***
	（13. 6973）	（18. 5499）	（12. 2724）	（19. 3120）
Lev	− 0. 2998 ***	0. 0939 ***	− 0. 3121 ***	− 0. 0372
	（ − 6. 8883）	（2. 8278）	（ − 6. 9919）	（ − 1. 0583）
Roa	0. 4883 ***	− 0. 0213	0. 4424 ***	− 0. 2144 **
	（3. 8992）	（ − 0. 2231）	（3. 6181）	（ − 2. 2274）
Growth	− 0. 0120	0. 0300 ***	− 0. 0062	0. 0415 ***
	（ − 0. 8793）	（2. 8750）	（ − 0. 4313）	（3. 6528）
TobinQ	− 0. 0029	− 0. 0108 **	0. 0007	− 0. 0044
	（ − 0. 4927）	（ − 2. 3680）	（0. 1121）	（ − 0. 9243）
Soe	0. 0260	0. 0030	0. 0271	0. 0100
	（1. 3835）	（0. 2068）	（1. 4236）	（0. 6629）
Top1	− 0. 3576 ***	− 0. 3030 ***	− 0. 3277 ***	− 0. 4588 ***
	（ − 5. 0643）	（ − 5. 6208）	（ − 4. 4944）	（ − 7. 9921）
Balance	− 0. 0612 ***	− 0. 0114	− 0. 0475 ***	− 0. 0418 ***
	（ − 3. 5906）	（ − 0. 8801）	（ − 2. 7302）	（ − 3. 0530）
Mshare	0. 3418 ***	0. 1543 ***	0. 2617 ***	0. 0225
	（6. 6121）	（3. 9105）	（4. 8681）	（0. 5315）
Listage	− 0. 2693 ***	− 0. 0846 ***	− 0. 2515 ***	− 0. 1050 ***
	（ − 20. 5062）	（ − 8. 4362）	（ − 18. 3360）	（ − 9. 7263）
Board	0. 1463 ***	0. 1780 ***	0. 1739 ***	0. 1190 ***
	（3. 2546）	（5. 1894）	（3. 6617）	（3. 1824）
Indep	0. 0993	0. 2983 **	0. 2766	0. 1093
	（0. 5889）	（2. 3169）	（1. 5249）	（0. 7652）
Dual	0. 0466 ***	0. 0286 **	0. 0245	0. 0316 **
	（2. 5790）	（2. 0747）	（1. 3416）	（2. 1980）
Constant	1. 0541 ***	1. 8428 ***	1. 0414 ***	1. 9622 ***
	（4. 8840）	（11. 1867）	（4. 4091）	（10. 5522）

续表

变量	（1）	（2）	（3）	（4）
	Exploration	Exploitation	Exploration	Exploitation
Observations	15322	15322	15322	15322
R-Squared	0.4184	0.3165	0.4117	0.3288
Year	Yes	Yes	Yes	Yes
Industry	Yes	Yes	Yes	Yes

注：*、** 和 *** 分别表示在10%、5%和1%的水平上显著；括号中为 t 值。

（三）更换自变量——社会邻近性

本章使用社会网络中关系距离总和的倒数（Social_Distance）作为社会邻近性的代理指标，重新验证回归检验的结果如表 3.10 所示。Social_Distance 与战略创业行为的影响系数分别为 0.2974 和 0.1142，均通过了 1% 水平的显著性检验，更换自变量度量方法的稳健性检验再次验证了社会邻近性对企业战略创业行为的正向促进作用。

表 3.10   稳健性检验（三）：更换社会邻近性的度量方式

变量	（1）	（2）
	Exploration	Exploitation
Social_Distance	0.2974 ***	0.1142 ***
	（7.5084）	（3.9860）
Size	0.1334 ***	0.1042 ***
	（35.5501）	（38.4102）
Lev	−0.3300 ***	0.0320 **
	（−16.2935）	（2.1819）
Roa	0.5199 ***	−0.0331
	（9.1860）	（−0.8078）
Growth	−0.0020	0.0389 ***
	（−0.3118）	（8.2200）
TobinQ	−0.0058 **	−0.0149 ***
	（−2.0318）	（−7.2089）

续表

变量	（1）	（2）
	Exploration	Exploitation
Soe	-0.0154 *	-0.0223 ***
	（-1.7989）	（-3.6074）
Top1	-0.2636 ***	-0.2452 ***
	（-7.9164）	（-10.1843）
Balance	-0.0295 ***	-0.0126 **
	（-3.7488）	（-2.2165）
Mshare	0.2826 ***	0.1326 ***
	（13.1600）	（8.5388）
Listage	-0.2387 ***	-0.0778 ***
	（-41.3088）	（-18.6154）
Board	0.0214	-0.0066
	（0.9448）	（-0.4012）
Indep	0.1156	-0.0082
	（1.5814）	（-0.1555）
Dual	0.0224 ***	0.0029
	（2.9207）	（0.5306）
Constant	0.7960 ***	2.6693 ***
	（8.6540）	（40.1279）
Observations	15322	15322
R-Squared	0.4176	0.2872
Year	Yes	Yes
Industry	Yes	Yes

注：*、** 和 *** 分别表示在10%、5%和1%的水平上显著；括号中为 t 值。

（四）更换回归方法——泊松回归

考虑到单一回归方法可能产生的偏误，本章直接使用战略创业的词频数作为因变量，同时将 OLS 回归模型替换成泊松回归，重新检验本章的假设，回归结果如表3.11所示。其中地理邻近性与战略创业之间的影响系数分别为 0.0119 和 0.0081，社会邻近性与战略创业之间的影响系数分别为 0.6132 和 0.2152，稳健性检验的结果再次验证了邻近性对战略创业行为的正向促进作用。

表 3.11　　　　稳健性检验（四）：更换回归方法为泊松回归

变量	（1）Exploration	（2）Exploitation	（3）Exploration	（4）Exploitation
Geographic_Proximity	0.0119 *	0.0081 **		
	（1.9235）	（2.1461）		
Social_Proximity			0.6132 ***	0.2152 ***
			（5.5487）	（3.3800）
Size	0.1550 ***	0.1469 ***	0.1406 ***	0.1372 ***
	（13.3444）	（14.6965）	（29.0822）	（28.3004）
Lev	−0.3347 ***	0.0897 **	−0.3258 ***	0.0442 ***
	（−5.9963）	（2.3722）	（−11.5032）	（2.6463）
Roa	0.3014 *	−0.0615	0.3652 ***	−0.1233 ***
	（1.6814）	（−0.5790）	（4.8878）	（−2.8698）
Growth	−0.0052	0.0325 ***	0.0166 *	0.0343 ***
	（−0.2917）	（2.6549）	（1.9421）	（6.2379）
TobinQ	0.0279 ***	−0.0019	0.0189 ***	−0.0040
	（2.6251）	（−0.3467）	（4.4213）	（−1.5022）
Soe	−0.0195	−0.0218	−0.0651 ***	−0.0484 ***
	（−0.9274）	（−1.2025）	（−5.3138）	（−5.8876）
Top1	−0.3939 ***	−0.3062 ***	−0.2810 ***	−0.2794 ***
	（−4.5816）	（−5.1087）	（−5.7677）	（−9.4053）
Balance	−0.0413 **	−0.0250 *	−0.0321 ***	−0.0194 **
	（−1.9638）	（−1.8110）	（−3.2197）	（−2.4075）
Mshare	0.3625 ***	0.1454 ***	0.2347 ***	0.1367 ***
	（5.4850）	（3.6385）	（8.2933）	（8.0605）
Listage	−0.2661 ***	−0.0823 ***	−0.2109 ***	−0.0850 ***
	（−12.4026）	（−6.1852）	（−24.6456）	（−13.7194）

续表

变量	（1）	（2）	（3）	（4）
	Exploration	Exploitation	Exploration	Exploitation
Board	0.1355 ***	0.2128 ***	0.0785 ***	0.0105
	（2.9906）	（5.2103）	（2.9462）	（0.5455）
Indep	0.0472	0.2167	0.0781	-0.1466 **
	（0.2408）	（1.6435）	（0.8359）	（-2.1926）
Dual	0.1015 ***	0.0539 ***	0.0340 ***	0.0135 *
	（3.5610）	（2.9127）	（3.3143）	（1.8157）
Constant	0.3002	1.2959 ***	0.7377 ***	2.1038 ***
	（1.1595）	（5.7040）	（6.3336）	（20.7191）
Observations	15322	15322	15322	15322
R-Squared	0.332	0.301	0.287	0.295
Year	Yes	Yes	Yes	Yes
Industry	Yes	Yes	Yes	Yes

注：* 、** 和 *** 分别表示在 10% 、5% 和 1% 的水平上显著；括号中为 t 值。

（五）更换回归方法——负二项回归

考虑到泊松回归法无法应对因变量存在较大方差的情况，本章在替换因变量为战略创业词频数后，再次使用负二项回归来检验本章的主要假设，具体的回归结果如表 3.12 所示。地理邻近性与战略创业之间的回归系数分别为 0.0106 和 0.0069，均通过了 5% 水平的显著性检验，社会邻近性与战略创业之间的回归系数分别为 0.7243 和 0.2463，均通过了 1% 水平的显著性检验，更换回归方法后的结果再次验证了地理邻近性、社会邻近性对战略创业行为的推动作用。

表 3.12　　稳健性检验（五）：更换回归方法为负二项回归

变量	（1）	（2）	（3）	（4）
	Exploration	Exploitation	Exploration	Exploitation
Geographic_Proximity	0.0106 **	0.0069 **		
	（2.0993）	（1.9806）		

变量	（1）	（2）	（3）	（4）
	Exploration	Exploitation	Exploration	Exploitation
Social_Proximity			0. 7243 ***	0. 2463 ***
			（7. 3599）	（3. 9978）
Size	0. 1379 ***	0. 1335 ***	0. 1405 ***	0. 1206 ***
	（13. 9902）	（16. 7179）	（29. 9968）	（35. 1323）
Lev	− 0. 3213 ***	0. 1005 ***	− 0. 3392 ***	0. 0344 **
	（− 6. 5150）	（2. 7335）	（− 12. 7964）	（2. 0847）
Roa	0. 4087 ***	− 0. 0299	0. 4817 ***	− 0. 0831 *
	（2. 6104）	（− 0. 2858）	（6. 6118）	（− 1. 9389）
Growth	− 0. 0096	0. 0331 ***	0. 0104	0. 0400 ***
	（− 0. 6014）	（2. 9090）	（1. 1035）	（7. 3596）
TobinQ	0. 0087	− 0. 0098 *	0. 0042	− 0. 0117 ***
	（1. 0824）	（− 1. 9031）	（0. 9660）	（− 4. 8858）
Soe	− 0. 0020	− 0. 0136	− 0. 0419 ***	− 0. 0320 ***
	（− 0. 1030）	（− 0. 8744）	（− 3. 5994）	（− 4. 6298）
Top1	− 0. 3508 ***	− 0. 3105 ***	− 0. 2238 ***	− 0. 2702 ***
	（− 4. 5453）	（− 5. 4720）	（− 4. 7643）	（− 10. 2374）
Balance	− 0. 0590 ***	− 0. 0174	− 0. 0236 **	− 0. 0165 ***
	（− 3. 3792）	（− 1. 2982）	（− 2. 5365）	（− 2. 6332）
Mshare	0. 3770 ***	0. 1597 ***	0. 2721 ***	0. 1357 ***
	（6. 4076）	（4. 1765）	（10. 5099）	（8. 6336）
Listage	− 0. 2811 ***	− 0. 0798 ***	− 0. 2351 ***	− 0. 0799 ***
	（− 17. 8323）	（− 7. 3758）	（− 28. 3114）	（− 17. 0439）
Board	0. 1443 ***	0. 2241 ***	0. 0754 ***	0. 0107
	（3. 1945）	（6. 1347）	（3. 1717）	（0. 6383）
Indep	0. 0219	0. 2567 **	0. 0896	− 0. 0680
	（0. 1229）	（2. 0371）	（1. 0452）	（− 1. 1782）
Dual	0. 0651 ***	0. 0353 **	0. 0279 ***	0. 0045
	（2. 8860）	（2. 3589）	（2. 9526）	（0. 7576）

变量	(1)	(2)	(3)	(4)
	Exploration	Exploitation	Exploration	Exploitation
Constant	0.7066 ***	1.5519 ***	0.7786 ***	2.4248 ***
	(3.0650)	(8.3628)	(7.1953)	(30.5383)
Observations	15322	15322	15322	15322
Year	Yes	Yes	Yes	Yes
Industry	Yes	Yes	Yes	Yes

注：*、** 和 *** 分别表示在10%、5%和1%的水平上显著；括号中为 t 值。

（六）自抽样回归（bootstrap）

考虑到样本可能产生的偏差，本章使用 bootstrap 法进行增广抽样回归，具体的回归结果如表3.13所示。地理邻近性与战略创业的回归系数分别为0.0108和0.0066，分别通过1%和10%水平的显著性检验，社会邻近性与战略创业的回归系数分别为0.7612和0.2602，分别通过1%和5%的显著性检验，扩充了样本容量后的回归结果再次验证了地理邻近性与社会邻近性对战略创业行为的促进作用。

表3.13　　　　　稳健性检验（六）：自抽样回归

变量	(1)	(2)	(3)	(4)
	Exploration	Exploitation	Exploration	Exploitation
Geographic_Proximity	0.0108 ***	0.0066 *		
	(2.6239)	(1.9120)		
Social_Proximity			0.7612 ***	0.2602 **
			(4.4425)	(2.0578)
Size	0.1194 ***	0.1237 ***	0.1326 ***	0.1041 ***
	(11.9887)	(17.0409)	(16.3725)	(16.5955)
Lev	−0.3027 ***	0.0923 **	−0.3286 ***	0.0325
	(−6.6974)	(2.5165)	(−7.0228)	(1.0124)
Roa	0.4807 ***	−0.0265	0.4978 ***	−0.0410
	(3.3229)	(−0.2468)	(3.9435)	(−0.4823)

续表

变量	(1)	(2)	(3)	(4)
	Exploration	Exploitation	Exploration	Exploitation
Growth	− 0. 0111	0. 0306 ***	− 0. 0009	0. 0393 ***
	(− 0. 7177)	(2. 8109)	(− 0. 0552)	(3. 5823)
TobinQ	− 0. 0026	− 0. 0105 **	− 0. 0059	− 0. 0149 ***
	(− 0. 3737)	(− 2. 0952)	(− 0. 8499)	(− 3. 2216)
Soe	0. 0270	0. 0033	− 0. 0161	− 0. 0225
	(1. 5215)	(0. 2201)	(− 0. 8886)	(− 1. 6253)
Top1	− 0. 3584 ***	− 0. 3037 ***	− 0. 2637 ***	− 0. 2452 ***
	(− 4. 8117)	(− 5. 3174)	(− 3. 7063)	(− 4. 7471)
Balance	− 0. 0608 ***	− 0. 0113	− 0. 0291 *	− 0. 0124
	(− 3. 5076)	(− 0. 8599)	(− 1. 7169)	(− 1. 0527)
Mshare	0. 3393 ***	0. 1528 ***	0. 2796 ***	0. 1313 ***
	(6. 4167)	(3. 8580)	(6. 1883)	(4. 1586)
Listage	− 0. 2692 ***	− 0. 0846 ***	− 0. 2378 ***	− 0. 0774 ***
	(− 20. 6819)	(− 8. 2874)	(− 19. 2795)	(− 8. 8336)
Board	0. 1438 ***	0. 1767 ***	0. 0737	0. 0143
	(3. 2590)	(4. 8296)	(1. 6207)	(0. 4216)
Indep	0. 0941	0. 2957 **	0. 1236	− 0. 0040
	(0. 5491)	(2. 3380)	(0. 7853)	(− 0. 0350)
Dual	0. 0461 **	0. 0283 **	0. 0221	0. 0029
	(2. 2642)	(1. 9978)	(1. 3010)	(0. 2475)
Constant	0. 9976 ***	1. 8066 ***	0. 8205 ***	2. 6767 ***
	(4. 4835)	(10. 8000)	(4. 1567)	(18. 1150)
Observations	15322	15322	15322	15322
R-Squared	0. 4181	0. 3162	0. 4185	0. 2873
Year	Yes	Yes	Yes	Yes
Industry	Yes	Yes	Yes	Yes

注：* 、 ** 和 *** 分别表示在 10% 、5% 和 1% 的水平上显著；括号中为 t 值。

二、内生性分析

（一）Heckman 两阶段

针对样本选择偏差可能造成的内生性问题，本章进行了 Heckman 两阶段处理，具体的回归结果如表 3.14 所示。首先，本章根据地理邻近性和社会邻近性的中位数划分出虚拟的地理邻近性（Dum_GeographicProximity）和虚拟的社会邻近性（Dum_SocialProximity）。其次，本章利用虚拟的地理邻近性和虚拟的社会邻近性进行第一阶段回归，生成 Imr_Geographic 和 Imr_Social。最后，将 Imr_Geographic 和 Imr_Social 作为控制变量再次进行主回归检验。列（2）、列（3）的回归系数为 0.0108 和 0.0068，分别通过了 1% 和 5% 的显著性检验，列（5）和列（6）的回归系数分别为 0.7539 和 0.2567，均通过 1% 水平的显著性检验，Heckman 两阶段的回归结果再次验证了地理邻近性和社会邻近性对战略创业行为的促进作用。

表 3.14　　　　　　　内生性分析（一）：Heckman 两阶段

变量	（1）Dum_GeographicProximity	（2）Exploration	（3）Exploitation	（4）Dum_SocialProximity	（5）Exploration	（6）Exploitation
Geographic_Proximity		0.0108 *** (2.6214)	0.0068 ** (2.1529)			
Imr_Geographic		0.0484 (0.0698)	0.5237 (0.9901)			
Social_Proximity					0.7539 *** (9.4969)	0.2567 *** (4.4684)
Imr_Social					−0.3677 (−1.3562)	−0.1765 (−1.2307)

续表

变量	(1) Dum_Geograp hicProximity	(2) Exploration	(3) Exploitation	(4) Dum_Social Proximity	(5) Exploration	(6) Exploitation
Size	0.0771 ***	0.1218 ***	0.1499 ***	0.1369 ***	0.1034 ***	0.0901 ***
	(3.1769)	(3.4034)	(5.4867)	(13.6263)	(6.3974)	(7.6965)
Lev	0.1436	−0.2987 ***	0.1411 **	−0.0516	−0.3179 ***	0.0377 **
	(1.1846)	(−3.8470)	(2.3822)	(−0.9655)	(−15.1043)	(2.4720)
Roa	−0.7536 **	0.4572	−0.2749	0.5785 ***	0.3522 ***	−0.1108
	(−2.1733)	(1.2987)	(−1.0231)	(3.8734)	(3.6432)	(−1.5837)
Growth	0.1059 ***	−0.0079	0.0648 *	−0.0209	0.0036	0.0415 ***
	(2.7480)	(−0.1668)	(1.7929)	(−1.2134)	(0.5230)	(8.2140)
TobinQ	0.0198	−0.0020	−0.0036	0.0094	−0.0071 **	−0.0155 ***
	(1.2080)	(−0.1835)	(−0.4349)	(1.2456)	(−2.4252)	(−7.3058)
Soe	−0.3421 ***	0.0164	−0.1124	0.0702 ***	−0.0314 ***	−0.0298 ***
	(−6.5905)	(0.1061)	(−0.9550)	(3.0983)	(−2.6442)	(−3.4723)
Top1	−0.2581	−0.3667 ***	−0.3935 ***	0.1544 *	−0.2976 ***	−0.2615 ***
	(−1.3122)	(−2.6516)	(−3.7282)	(1.7486)	(−7.8397)	(−9.5195)
Balance	−0.0184	−0.0614 ***	−0.0179	0.0553 ***	−0.0414 ***	−0.0183 **
	(−0.3901)	(−3.2014)	(−1.2234)	(2.6562)	(−4.0308)	(−2.4668)
Mshare	0.1457	0.3435 ***	0.1974 ***	−0.1353 **	0.3153 ***	0.1484 ***
	(1.0204)	(4.3670)	(3.2893)	(−2.3918)	(10.9530)	(7.1258)
Listage	−0.0509	−0.2708 ***	−0.1021 ***	0.0631 ***	−0.2534 ***	−0.0849 ***
	(−1.4049)	(−10.1487)	(−5.0149)	(4.1241)	(−24.8462)	(−11.4970)
Board	0.1425	0.1483 *	0.2254 ***	0.7632 ***	−0.0959	−0.0671
	(1.1381)	(1.8870)	(3.7563)	(13.7216)	(−1.0233)	(−0.9897)
Indep	0.4080	0.1069	0.4325 **	1.3011 ***	−0.1489	−0.1348
	(0.8711)	(0.4317)	(2.2890)	(6.6865)	(−0.9082)	(−1.1358)
Dual	−0.0431	0.0448 *	0.0144	−0.0035	0.0232 ***	0.0034
	(−0.8625)	(1.7362)	(0.7308)	(−0.1722)	(3.0172)	(0.6180)

续表

变量	(1) Dum_GeographicProximity	(2) Exploration	(3) Exploitation	(4) Dum_Social Proximity	(5) Exploration	(6) Exploitation
Constant	− 1. 9526 *** (− 3. 2695)	0. 8982 (0. 6194)	0. 7234 (0. 6537)	− 5. 8082 *** (− 23. 0907)	2. 3921 *** (2. 8087)	3. 4308 *** (5. 5661)
Observations	15322	15322	15322	15322	15322	15322
R-Squared	0. 0510	0. 4154	0. 3156	0. 0466	0. 4186	0. 2874
Year	Yes	Yes	Yes	Yes	Yes	Yes
Industry	Yes	Yes	Yes	Yes	Yes	Yes

注: * 、** 和 *** 分别表示在 10% 、5% 和 1% 的水平上显著；括号中为 t 值。

（二）地理邻近性的倾向得分匹配

为了尽可能减少由于样本选择以及极端值所引致的内生性问题，本章使用倾向得分匹配法重新处理样本。本章将地理邻近性最高的五分之一作为实验组，其余划为对照组，按照控制变量类型，选取为协变量，进行一比一倾向匹配，匹配后得到 5876[①] 个样本，使用匹配后的样本重新验证模型（3.1），回归结果如表 3.15 所示。地理邻近性对探索性战略创业与开发性战略创业的回归系数分别为 0.0139 和 0.0158，分别通过了 10% 和 1% 水平的显著性检验，这说明在排除样本选择和极端值的干扰后，地理邻近性对于企业战略创业行为的促进效应依然成立。

表 3. 15　　　　内生性分析（二）：地理邻近性的倾向得分匹配

变量	(1) Exploration	(2) Exploitation
Geographic_Proximity	0. 0139 * (1. 7602)	0. 0158 *** (2. 5853)
Size	0. 1472 *** (9. 9681)	0. 1437 *** (12. 5654)

① 此处以地理邻近性最高的五分之一作为实验组进行一比一倾向得分匹配，理论上可以保留下原样本（15322）的 2/5，但存在样本无法成功匹配的情况，最终成功匹配的样本共计 5876 个。

续表

变量	(1)	(2)
	Exploration	Exploitation
Lev	−0.4498 ***	−0.0593
	(−6.0581)	(−1.0305)
Roa	0.3765 *	−0.0669
	(1.7917)	(−0.4110)
Growth	−0.0182	0.0249
	(−0.9001)	(1.5872)
TobinQ	0.0025	−0.0113
	(0.2504)	(−1.4699)
Soe	0.0368	0.0548 **
	(1.1377)	(2.1859)
Top1	−0.6209 ***	−0.5556 ***
	(−5.0856)	(−5.8760)
Balance	−0.1112 ***	−0.0350
	(−3.7882)	(−1.5410)
Mshare	0.2647 ***	0.1818 ***
	(3.3047)	(2.9312)
Listage	−0.2773 ***	−0.0916 ***
	(−12.8091)	(−5.4644)
Board	0.1058	0.1220 **
	(1.4358)	(2.1388)
Indep	0.1453	0.1651
	(0.5631)	(0.8264)
Dual	0.0746 ***	0.0179
	(2.6191)	(0.8120)
Constant	0.6779 *	1.6860 ***
	(1.9448)	(6.2460)
Observations	5876	5876
R-Squared	0.4336	0.3228
Year	Yes	Yes
Industry	Yes	Yes

注：*、** 和 *** 分别表示在 10%、5% 和 1% 的水平上显著；括号中为 t 值。

（三）社会邻近性的倾向得分匹配

为了尽可能减少由于样本选择以及极端值所引致的内生性问题，本章使用倾向得分匹配法重新处理样本。本章将社会邻近性最高的五分之一作为实验组，其余划为对照组，按照控制变量类型，选取为协变量，进行一比一倾向匹配，匹配后得到5942[①] 个样本，使用匹配后的样本重新验证模型（3.1），回归结果如表3.16所示。社会邻近性对探索性战略创业与开发性战略创业的回归系数分别为0.6833和0.0418，均通过了1%水平的显著性检验，这说明在排除样本选择和极端值的干扰后，社会邻近性对于企业战略创业行为的促进效应依然成立。

表3.16　　　　　内生性分析（三）：社会邻近性的倾向得分匹配

变量	(1)	(2)
	Exploration	Exploitation
Social_Proximity	0.6833 ***	0.0418 ***
	（4.0378）	（3.3327）
Size	0.1310 ***	0.1067 ***
	（22.6362）	（24.8104）
Lev	− 0.3311 ***	0.0438 *
	（− 9.4836）	（1.6899）
Roa	0.5092 ***	− 0.0305
	（5.0891）	（− 0.4097）
Growth	0.0016	0.0360 ***
	（0.1411）	（4.3709）
TobinQ	− 0.0041	− 0.0138 ***
	（− 0.7985）	（− 3.6443）
Soe	− 0.0146	− 0.0175 *
	（− 1.0771）	（− 1.7365）

---

①　此处以社会邻近性的最高五分之一作为实验组进行一比一倾向得分匹配，理论上可以保留下原样本（15322）的2/5，但存在样本无法成功匹配的情况，最终成功匹配的样本共计5942个。

续表

变量	(1) Exploration	(2) Exploitation
Top1	− 0. 3729 *** (− 6. 9991)	− 0. 2526 *** (− 6. 3804)
Balance	− 0. 0512 *** (− 3. 9345)	− 0. 0108 (− 1. 1173)
Mshare	0. 2838 *** (6. 7968)	0. 1567 *** (5. 0485)
Listage	− 0. 2167 *** (− 22. 4816)	− 0. 0645 *** (− 9. 0117)
Board	0. 0851 ** (2. 5579)	− 0. 0372 (− 1. 5066)
Indep	− 0. 0454 (− 0. 3926)	− 0. 1664 * (− 1. 9356)
Dual	0. 0336 ** (2. 4546)	0. 0185 * (1. 8204)
Constant	0. 9753 *** (6. 6163)	2. 7364 *** (24. 9807)
Observations	5942	5942
R-Squared	0. 4121	0. 3100
Year	Yes	Yes
Industry	Yes	Yes

注：* 、** 和 *** 分别表示在 10% 、5% 和 1% 的水平上显著；括号中为 t 值。

(四) 熵平衡

由于控制变量与战略创业行为之间可能存在内生性干扰，为了避免该问题对研究结果的影响，本章采用熵平衡①对样本进行处理。本章按照地理邻近性的高低将样本分为两组，对地理邻近性较低组的控制变量进

---

① 倾向得分匹配法的处理过程容易导致样本丢失，而熵平衡法通过给控制变量赋权，使得两组控制变量的均值保持一致，因此不会丢失样本。

行赋权处理，使得各变量均值与地理邻近性较高组的样本均值保持一致，使用赋权处理之后的样本重新检验主回归，结果如表 3.17 列（1）和列（2）所示。观察列（1）和列（2）的回归结果，在控制各变量的差异之后，地理邻近性的系数仍显著为正，说明地理邻近性可以促进企业的战略创业行为。同理，本章按照社会邻近性的高低将样本分为两组，对社会邻近性较低组的控制变量进行赋权处理，使得各变量均值与社会邻近性较高组的样本均值保持一致，使用赋权处理之后的样本重新检验主回归，结果如表 3.17 列（3）和列（4）所示。观察列（3）和列（4）的回归结果，在控制各变量的差异之后，社会邻近性的系数仍显著为正，说明社会邻近性可以促进企业的战略创业行为。

表 3.17　　　　　　　内生性分析（四）：熵平衡

变量	（1）	（2）	（3）	（4）
	Exploration	Exploitation	Exploration	Exploitation
Geographic_Proximity	0.0127 ***	0.0083 ***		
	(2.8758)	(2.6159)		
Social_Proximity			0.8054 ***	0.2675 ***
			(9.0148)	(3.9048)
Size	0.1179 ***	0.1214 ***	0.1279 ***	0.1043 ***
	(11.9855)	(15.8893)	(31.2736)	(32.1961)
Lev	− 0.2859 ***	0.0798 **	− 0.3381 ***	0.0321 *
	(− 6.1592)	(2.1873)	(− 14.8979)	(1.9514)
Roa	0.4579 ***	0.0301	0.5259 ***	− 0.0773 *
	(3.3680)	(0.2909)	(8.3223)	(− 1.7895)
Growth	− 0.0098	0.0267 ***	− 0.0037	0.0407 ***
	(− 0.6982)	(2.6726)	(− 0.4932)	(7.9271)
TobinQ	− 0.0030	− 0.0117 **	− 0.0016	− 0.0136 ***
	(− 0.4363)	(− 2.3866)	(− 0.4769)	(− 6.0002)
Soe	0.0241	0.0084	− 0.0189 **	− 0.0248 ***
	(1.2993)	(0.5805)	(− 2.0511)	(− 3.6886)

续表

变量	(1) Exploration	(2) Exploitation	(3) Exploration	(4) Exploitation
Top1	−0.3902 *** (−5.2085)	−0.3193 *** (−5.4731)	−0.2238 *** (−6.2837)	−0.2464 *** (−9.0100)
Balance	−0.0652 *** (−3.8371)	−0.0193 (−1.4655)	−0.0297 *** (−3.5916)	−0.0168 *** (−2.7504)
Mshare	0.3321 *** (6.2327)	0.1466 *** (3.8679)	0.2917 *** (13.1366)	0.1487 *** (9.5122)
Listage	−0.2732 *** (−20.3681)	−0.0784 *** (−7.7045)	−0.2278 *** (−35.5559)	−0.0704 *** (−14.8632)
Board	0.1586 *** (3.5068)	0.1781 *** (4.9277)	0.0772 *** (3.2739)	0.0321 * (1.7893)
Indep	0.1404 (0.8104)	0.2740 ** (2.1728)	0.1740 ** (2.1475)	0.0453 (0.7372)
Dual	0.0482 ** (2.4855)	0.0309 ** (2.1884)	0.0208 ** (2.4846)	0.0032 (0.5503)
Constant	0.9483 *** (4.1574)	1.8329 *** (10.3405)	0.8536 *** (8.2848)	2.6104 *** (32.6295)
Observations	15322	15322	15322	15322
R-Squared	0.4161	0.3069	0.4181	0.2980
Year	Yes	Yes	Yes	Yes
Industry	Yes	Yes	Yes	Yes

注：* 、** 和 *** 分别表示在10%、5%和1%的水平上显著；括号中为 t 值。

第六节　本章小结

战略创业可以帮助企业在意外的，甚至是灾难性的事件和更广义的动荡环境中生存、适应、恢复乃至繁荣发展，战略创业的差距也可以用来解释为什么同样处于动荡的市场环境之中，有的企业就可以重整旗鼓，有的企业却只能一蹶不振。一方面，战略创业可以帮助企业迅速识别机会，企业借机成势；另一方面，战略创业可以帮助企业保持优势，使企业稳步发展。因此，作为应对环境不确定性的重要力量，如何帮助企业推进战略创业已经引起社会各界的持续关注。为了寻找战略创业的驱动力，本章以资源基础理论作为切入点，地理邻近性和社会邻近性作为落脚点，以 2011~2020 年在沪市和深市上市的 A 股公司作为研究对象，通过手工收集焦点企业和关联企业的地理位置信息与社会联结信息，实证检验地理邻近性与社会邻近性对焦点企业战略创业的影响。研究结果表明，地理邻近性为企业带来显性知识和硬性信息，社会邻近性为企业带来隐性知识和软性信息，地理邻近性和社会邻近性都可以帮助企业实施战略创业，这种促进作用在经过更换因变量、更换自变量、更换回归方法、自抽样回归等稳健性检验，以及 Heckman 两阶段、倾向得分匹配、熵平衡等内生性检验后依旧成立。

第四章

地理邻近性、社会邻近性
影响战略创业的机制检验

第一节 问题的提出

战略创业吸引了越来越多的学术关注，因为它结合了战略管理和创业文献的精髓，解决了企业如何创造和保持竞争优势的问题（战略管理的重点），以及发现和利用新的机会（创业的重点）（Hitt et al.，2001）。不论是新创企业还是成熟企业都需要进行战略创业，新创企业努力通过建立竞争优势来获得和保持成功，成熟企业则试图通过探索和实现新机会而变得更具企业家精神（Hitt et al.，2011；Ireland et al.，2003；Ireland and Webb，2007）。

战略创业可以被构建为一个战略创业 IPO 模型，其中已有大量研究探索战略创业的输出端，如动态能力开发（Augier and Teece，2008，2009；Ouakouak et al.，2014）、组织学习（McKenzie and Varney，2018）、企业创业（Hornsby et al.，2002；Kuratko，2017；Wu et al.，2018）、战

略共识（Kellermanns，2005）、战略更新（Glaser et al.，2015；Pappas and Wooldridge，2007）、战略变革（Rouleau，2005），甚至在应对危机方面的彻底变革，如新冠疫情（Heyden et al.，2020）。

对于过程端，个人参与战略创业行为是资源协调过程的基础，从而导致创造财富和其他利益的输出（Hitt et al.，2011）。然而，对战略创业微观基础的研究目前十分有限。微观基础视角将个人作为分析的基本层次（Felin and Foss，2005），探索个人特质如何帮助企业实现战略创业（Barney and Felin，2013；Simsek et al.，2017）。高层管理团队在整合战略和创业层面上发挥着重要作用（Simsek et al.，2015），目前学者们也认识到高管的重要性，呼吁深入探究高管个人特质在企业战略创业过程中扮演的角色（Floyd and Lane，2000；Ireland and Webb，2007）。

微观基础方法强调对战略创业中的高级管理者及其个人特质进行更多研究（Barney and Felin，2013；Felin and Foss，2005）。高管是战略创业过程的关键（Kuratko，2017），文献和实践都清楚地证明了这一点（Floyd and Wooldridge，2017）。例如，面对半导体行业的大幅下滑，英特尔在1985年退出动态随机存取存储器业务并将自己从"存储器"公司转变为"微型计算机"公司，英特尔的高管领导了这场变革（Burgelman，1991）。然而，诺基亚没有适当支持他们的管理人员，导致他们害怕传达负面信息，并在战略更新过程中被淘汰，这进一步导致诺基亚未能长期创新（Vuori and Huy，2016）。在新冠疫情下，企业高管看到了客户、供应商和合作伙伴正在发生的变化，能够更好地发现机会（Lee，2020）。

迄今为止，大多数关于战略创业研究的理论发展和实证研究都是从外部视角出发，将组织视为一个"黑箱"。鉴于公司高管参与战略创业的重要性，仔细观察高管的个人特质如何影响战略创业是十分必要的。为此，本章我们努力打开组织这个"黑箱"，将高管特质分为过度自信和短视主义两个维度，探究不同个人特质的高管在邻近组织与战略创业关系之间是如何发挥作用的。

第二节 理论分析与研究假设

战略创业源于创业理论和战略理论，战略创业主要涉及三个问题：第一，机会的创造；第二，发现机会的人的显著特征；第三，利用这些机会所涉及的思维和行为模式（Pina，2007）。企业的战略创业会受到人力资本的影响，例如，个体的敏捷性、创造力、管理资源的能力以及能够追求创业机会和发展竞争优势的能力。具体地，爱尔兰等（2003）使用五个维度来定义战略创业：（1）管理者的创业精神；（2）管理者的文化；（3）管理者的领导力；（4）资源和战略管理；（5）运用创造力发展创新。基于此，高管们具有独一无二的价值观和个体特征，会影响企业战略创业的相关决策（De Carolis，2003）。汉布里克和梅森（Hambrick and Mason，1984）提出的高阶理论打开了学术界研究高管特质影响企业决策制定的大门。高管们在性格、经历、社会关系、技能和能力等方面存在差异，这些差异反过来又导致他们对战略形势的认识、感知和解释、他们扮演战略角色的意愿和动机，以及他们在行使这些角色时的能力和风格方面存在差异。

自探索性战略创业和开发性战略创业被马奇（1991）提出以来便是一对矛盾体，如何保持两种行为的平衡成为提升组织竞争优势、获取超额收益的关键。目前，组织双元的相关文献主要突出资源输入对于战略创业的促进作用，却忽略了企业整合资源、管理资源的过程，作为组织商业决策和行动的负责人，高管特质必然会对企业的战略创业产生重要影响（O'Reilly and Tushman，2013）。个性特征不同的高管对企业接下来的发展方向也会持有不同的意见，即针对企业的探索活动与开发活动会有不同的关注。在众多的高管特质当中，高管的过度自信和高管的短视主义是学者们探讨的热点，学者们普遍认可的一个观点是：过度自信的高管偏好风险行为，而短视主义的高管却规避风险行为。尽管已经有大量文章探究高管的自信与短视对于企业决策的影响，但却鲜有文章将高管的过度自信、短视主义与战略创业放在同一研究框架下。邻近组织为企业带来资源后，必定要由高管进行资源分配和资源利用，在这个过程中，高管的个人特质会产生很大的影响，决定着企业利用这些资源是开展探索性活动还是开发性活动。

一方面，地理邻近组织与社会邻近组织为企业带来信息和知识等资源后，原本自信的高管会变得更加自信，无所顾忌地认为可以利用这些外界资源进行很多投资决策；另一方面，原本有些短视的高管会得到一定程度的缓解，保守内敛的一贯风格受到外界充沛资源的冲击后开始试图放开手脚，想要尝试一些以前不敢尝试的战略决策。因此，探究高管过度自信、短视主义与企业战略创业行为之间的适配性，对于维持企业的高质量发展具有重要意义。

一、高管过度自信的中介作用

高阶梯队理论认为，高管会根据他们的经验、价值观和个性来评估信息（Hambrick and Mason，1984）。因此，高管的个人特质（如过度自信）会最终表现在公司的战略选择和创业导向上（Hambrick，2007）。然而，有限理性导致高管对信息的解读能力也是有限的（Hambrick，2007；Hambrick and Mason，1984）。因此，高管的个人特质会在很大程度上扭曲公司的战略选择和创业导向（Campbell et al.，2011；Hiller and Hambrick，2005）。高管过度自信是指高管的决策过程受到过度认可（overplacement）、过度精确（overprecision）和高估（overestimation）的影响（Moore and Healy，2008）。具体而言，过度认可（overplacement）是指高管认为自己比其他人更优秀。过度精确（overprecision）是指高管倾向于夸大他们预测的精确性以及他们所拥有的信息总量。高估（overestimation）是指高管高估了自己的能力、业绩、控制水平和成功的概率（Bol-laert and Petit，2010；Malmendier and Tate，2005；Moore and Healy，2008；Picone et al.，2014）。这些特点加在一起，导致高管们倾向于不经意地快速、集中以及错误地坚持决策过程，并承担过度的风险或夸张的举措（Hiller and Hambrick，2005；Picone et al.，2014）。当高管过于自信时，他们所做的决定可能会受到过度认可、过度精确和高估对其认知能力的限制。这种偏见导致一味地追求探索活动和开发活动而无法及时地调整方向。

过于自信的高管会引导公司进行大量的探索性战略创业。过度自信的高管偏好高风险的活动。事实上探索性战略创业比开发性战略创业更具有风险和不确定性，因此，过度自信的高管会大量地进行探索活动。过度自信的高管会高估自己的能力（Bollaert and Petit，2010；Picone et al.，2014），同时低估项目的不确定性和失败的概率（Malmendier and Tate，2005）。因此，过于自信的高管更有可能进行大量风险投资（Goel and Thakor，2008；Hiller and Hambrick，2005）。此外，过于自信的高管特别倾向于追求更具冒险精神的创业活动，他们认为自己可以更好地应对困难的任务。探索性战略创业不仅会大量消耗稀缺资源，短期内回报很少，而且是困难且极具风险的活动（Uotila et al.，2009）。这种活动的成功代表着高管的强大管理能力（Tang et al.，2015）。因此，对风险疏忽的、过于自信的高管往往倾向于大规模地进行探索性战略创业（Simon and Houghton，2003）。

过于自信的高管会引导公司进行大量的开发性战略创业。高估个人能力的性格导致高管相信他们掌握着企业成功的秘诀，并倾向于在不同类型的决策中重复同一种方式（Hiller and Hambrick，2005）。此外，过于自信的高管通常会根据已有的成功经验而快速制定决策。所以，一个过度自信的高管喜欢快速决策的过程，机械地重复行动，往往很少关注战略的制定。这可能会使这样的首席执行官看不到竞争环境的变革（Picone et al.，2014）。总之，过度自信的高管可能会带领企业在先前成功经验的基础上进行改良、精进，不愿舍弃已有的成功而一味地进行开发性战略创业。此外，由于人们倾向于遵守权威和团体规范，所以下属普遍会服从过度自信高管所批准的项目（Padilla et al.，2007）。这些下属只能向高管提供符合高管认知的既往信息（Picone et al.，2014），如果没有来自其他组织成员的挑战，拥有过去成功开发经验的过于自信的高管将倾向于将资源分配给开发性战略创业。

综上所述，过度自信的高管相信自己有能力准确和正确地评估情况与环境，从而偏好高风险的探索性战略创业。此外，过度自信的高管比较相信自己以往的经验，也会更多地复制以往的行动，在以前的基础上进行简单改进，采取开发性战略创业。因此，本章提出以下假设。

H4-1a：社会邻近组织通过高管的过度自信而促进企业探索性战略创业行为。

H4-1b：地理邻近组织通过高管的过度自信而促进企业探索性战略创业行为。

H4-1c：社会邻近组织通过高管的过度自信而促进企业开发性战略创业行为。

H4-1d：地理邻近组织通过高管的过度自信而促进企业开发性战略创业行为。

二、高管短视主义的中介作用

由于有限理性（Simon，1957）和学习功能障碍（Levitt and March，1988），高管常常会面临短视主义，短视主义也缩小了可供决策者考虑的备选方案集。因此，管理短视反映了对时间选择、组织能力、环境力量和企业外部战略的狭隘观点（Levinthal and March，1993；Levitt，1960；Miller，1993；Richard et al.，1993）。高管的短视主义限制了对未来机会的认识（Lant et al.，1992）以及战略选择。这些限制可能会影响探索性战略创业和开发性战略创业的水平，限制冒险，并可能在战略决策过程中产生错误（Levinthal and March，1993）。

经营管理的过程中常常面临跨期选择的问题，此时，企业要么改变当前的战略以在短期内提高盈利能力，要么专注于长期指导，减少短期绩效，但要在长期内确保提升企业的能力（Laverty，1996）。管理者在作出跨期选择时，往往会反映出短视主义。利文索尔和马奇（Levinthal and March，1993）指出，高管短视主义就是"为了短期利益而牺牲长期利益"，也被称为时间短视主义，它关注企业的短期利益，管理者针对问题给出短期的解决方案，而并不对未来的机会投资（Hayes and Abernathy，1980；Hrebiniak and Joyce，1986；Merchant，1990；Merchant and Bruns，1986）。为了提高短期绩效，具有时间短视主义的高管会忽略创造长期价值的投资项目。

除了时间短视主义之外，高管的短视主义还表现在对"不同"投资机会的偏好，即空间短视主义。利文索尔和马奇（1993）认为，空间短视主义鼓励管理者和企业专注于当前市场和创新。米勒（Miller，2002）将空间短视主义定义为高管否认对公司"不重要"的技术、过程、惯例和市场。高管的空间短视主义倾向于执行已知或熟悉的技术和例程。通过限制对"遥远"机会的关注，新的市场没有被探索，其他行业的技术被忽视，甚至对当前竞争对手的了解也是有限的。例如，格里普斯鲁德和格恩豪格（Gripsrud and Grnhaug，1985）发现，零售公司的经理将地理位置上与他们相近的小规模商店视为竞争对手，而忽视那些地理位置上更远的直接竞争对手。

时间短视主义的高管专注于当前时期而忽视长期，从而限制了企业的探索活动（Levinthal and March，1993）。首先，高管的选择因时间跨度不同而不同。目光长远的高管会更喜欢具有风险的长期投资项目，短视主义的高管则更偏好风险较低的短期投资项目（Thaler et al.，1997）。因此，表现出时间短视主义的高管会更关注当前的战略选择，而较少关注长期的投资机会（Hayes and Abernathy，1980）。探索性战略创业是一种高风险、投资周期长的企业活动，时间短视的高管对于这类高风险、周期长的活动并不热衷，所以哪怕是邻近组织传递过来大量的资源，高管也不会使用这些资源进行探索性战略创业（Benartzi and Thaler，1995）。其次，旧的战略决策比新的战略决策在收益比率上通常更明确，在收益周期上也更短暂（March，1991），轻易改变公司目前的战略可能会在短期内产生较差的经济结果（Levinthal and March，1993）。因此，时间短视主义的高管更喜欢重复以前的战略，或者在以前的基础上稍作改进，开发性战略创业短期收益快，是在原有基础上改进的一种低风险活动。因此，时间短视主义的高管强调对公司当前战略决策和创业方向进行延续，从而在收获了邻近组织的资源后进行开发性战略创业。

此外，高管的空间短视主义是对当前市场、技术和管理结构的过分关注（Miller，2002）。由于缺乏对外部市场的认识或对外部市场的否定，高管对其他机会的寻找也受到了限制。因此，空间短视主义阻碍了企业一系列的战略选择。当管理者开发、创造和扩大企业战略选择时，其他的创业机会其实是通过对企业焦点之外的企业进行扫描而得到的（Huber，1991；Levitt and March，1988）。当空间短视主义限制了高管的搜索范围时，也会影响企业追求的战略类型。这使企业在总体战略上会比较符合当前的市场趋势。空间短视主义通过对当前市场的关注和其他企业战略的缺乏认识使得管理者们会更多地跟随当前行业中其他竞争对手的行为，不会大刀阔斧地进行探索性战略创业，而是更多地进行开发性战略创业。

综上所述，在获取邻近组织的资源后，具有短视主义特质的高管更多的是考虑如何快速地利用这些资源提升短期收益，从而规避回报周期长、风险高的探索性战略创业，偏好回报周期短、风险低的开发性战略创业。因此，本章提出如下假设。

H4-2a：社会邻近组织通过高管的短视主义促进企业探索性战略创业行为。

H4-2b：地理邻近组织通过高管的短视主义促进企业探索性战略创

业行为。

H4 – 2c：社会邻近组织通过高管的短视主义促进企业开发性战略创业行为。

H4 – 2d：地理邻近组织通过高管的短视主义促进企业开发性战略创业行为。

本章具体的研究思路如图4.1所示。

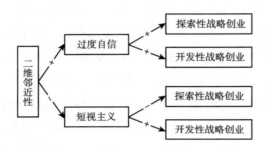

图 4.1　二维邻近性、高管特质与战略创业

第三节　研究设计

一、样本选择与数据来源

由于高管的过度自信变量存在部分缺失，所以本章与高管过度自信相关的回归样本量为15212；由于短视主义的样本量存在部分缺失，所以本章与短视主义相关的回归样本量为15278。

二、模型设计

根据第三章的实证结果和本章的理论分析可知，邻近性能够促进企业进行战略创业行为，具体而言是通过高管的过度自信以及高管的短视主义两条中介路径。为了实证检验中介机制，本章参考李彦等（2020）构建如下递归模型：

$$\text{Exploration}_{i,t}/\text{Exploitation}_{i,t} = \alpha_0 + \alpha_1 \text{Geographic\_Proximity}_{i,t-1}$$
$$/\text{Social\_Proximity}_{i,t-1}$$
$$+ \sum \alpha_j \text{Control}_{i,t-1} + \sum \text{Year}$$
$$+ \sum \text{Indus} + \varepsilon_{i,t-1} \qquad (4.1)$$

$$\text{Confident}_{i,t-1} = \beta_0 + \beta_1 \text{Geographic\_Proximity}_{i,t-1}/\text{Social\_Proximity}_{i,t-1}$$
$$+ \sum \beta_j \text{Control}_{i,t-1} + \sum \text{Year} + \sum \text{Indus} + \varepsilon_{i,t-1} \quad (4.2)$$

$$\text{Myopia}_{i,t-1} = \beta_0 + \beta_1 \text{Geographic\_Proximity}_{i,t-1}/\text{Social\_Proximity}_{i,t-1}$$
$$+ \sum \beta_j \text{Control}_{i,t-1} + \sum \text{Year} + \sum \text{Indus} + \varepsilon_{i,t-1} \quad (4.3)$$

$$\text{Exploration}_{i,t}/\text{Exploitation}_{i,t} = \chi_0 + \chi_1 \text{Geographic\_Proximity}_{i,t-1}$$
$$/\text{Social\_Proximity}_{i,t-1} + \text{Confident}_{i,t-1}$$
$$+ \sum \chi_j \text{Control}_{i,t-1} + \sum \text{Year}$$
$$+ \sum \text{Indus} + \varepsilon_{i,t-1} \qquad (4.4)$$

$$\text{Exploration}_{i,t}/\text{Exploitation}_{i,t} = \chi_0 + \chi_1 \text{Geographic\_Proximity}_{i,t-1}$$
$$/\text{Social\_Proximity}_{i,t-1} + \text{Myopia}_{i,t-1}$$
$$+ \sum \chi_j \text{Control}_{i,t-1} + \sum \text{Year}$$
$$+ \sum \text{Indus} + \varepsilon_{i,t-1} \qquad (4.5)$$

在上述回归模型中，Exploration 为探索性战略创业，Exploitation 为开发性战略创业，Geographic_Proximity 为解释变量地理邻近性，Social_Proximity 为社会邻近性，Confident 为高管过度自信，Myopia 为高管短视主义，Control 表示企业的相关控制变量，具体变量定义描述如下。

三、变量定义

（1）自变量：地理邻近性与社会邻近性，如前所述。

（2）因变量：探索性战略创业与开发性战略创业，如前所述。

（3）中介变量：高管过度自信和高管短视主义。

高管过度自信（Confident），男性、年轻的、两职合一的、学历高的、有经营专业背景的经理人会更自信（余明桂等，2013），因此，本章根据高管的性别、年龄、两职合一情况、学历、专业这五个维度的"0-1"变量累加计算出高管的过度自信（Confident）。具体而言，当高管为男性时，赋值为1，否则为0；高管的年龄小于管理团队平均年龄时，赋值为1，否则为0；董事长与总经理兼任时，赋值为1，否则为0；当高管拥有本科及以上学历时，赋值为1，否则为0；当高管具有经营背景专业（经济、财务、管理、会计、金融）时，赋值为1，否则为0。

高管短视主义（Myopia），本章将研发支出削减作为高管短视行为的度量指标（Chen et al.，2015；田利辉和王可第，2019）。具体地，研发支出削减为公司t年的研发支出减去t-1年的研发支出并除以t-1年末的总资产再乘以100。大量的研发支出对于管理层来说是当期的净流出，一般作为一种期间费用，直接减少当年的收益，影响公司短期价值并可能引起投资者关注，对股价造成向下压力。另外，由于研发活动具有无形性、模糊性和复杂性，外部投资者很难察觉公司内部人的不当行为，并且研发资金的专用性也限制了投资者从观察其他公司的创新表现中获得有关公司自身研究与开发项目效率或价值的信息的能力，管理层可利用研发活动这些特性将短视动机转化为实际行动。因此，研发支出削减是管理层短视行为的合适代理变量。

（4）控制变量：如前所述。

第四节　实证分析

一、描述性统计与相关性分析

（一）描述性统计

表4.1汇报了本章核心变量高管过度自信和高管短视主义的描述性统计结果，其中高管过度自信的均值和中位数分别为2.0889和2，说明超过一半的高管在"男性、年轻、两职合一、学历高、有经营专业背景"这五个维度下拥有两点。高管短视主义的均值为0.3321，中位数为0.0002，标准差为0.8945，表明短视文本指标有充分的变异性。其余变量的描述性统计结果如前所述。

表4.1　　　　　　　　　　　核心变量的描述性统计

变量	平均值	标准差	最小值	中位数	最大值
Confident	2.0889	0.8399	0.0000	2.0000	5.0000
Myopia	0.3321	0.8945	− 0.4423	0.0002	2.5746

（二）相关性分析

表4.2汇报了本章核心变量的相关性分析结果，其中高管的过度自信与探索性战略创业和开发性战略创业的相关系数分别为0.1729和0.0787，初步验证了过度自信的高管更加偏爱风险高的探索性战略创业以及坚持自己以前的决策而加大开发性战略创业。高管的短视主义与探索性战略创业和开发性战略创业的相关系数分别为 − 0.2531和0.0976，初步说明

短视主义的高管规避风险高的探索性战略创业以及偏好回报周期短的开发性战略创业。

表4.2 核心变量的相关性分析

变量	Exploration	Exploitation	Geographic_Proximity	Social_Proximity	Confident	Myopia
Exploration	1.0000					
Exploitation	0.5011 ***	1.0000				
Geographic_Proximity	0.0264 *	0.0001 **	1.0000			
Social_Proximity	0.0160 ***	0.0335 ***	−0.0035	1		
Confident	0.1729 ***	0.0787 ***	−0.0005	−0.0077	1	
Myopia	−0.2531 ***	0.0976 ***	−0.0190	−0.0212 ***	−0.1059 ***	1

二、主回归检验

（一）高管过度自信的中介机制

表4.3汇报了高管过度自信的中介机制，列（1）、列（2）、列（6）和列（7）为本章模型（4.1）的回归结果，列（3）和列（8）为本章模型（4.2）的回归结果，列（4）、列（5）、列（9）和列（10）为本章模型（4.3）的回归结果。具体而言，列（1）和列（2）的地理邻近性系数显著为正，分别为0.0092和0.0074，证明了地理邻近性对于战略创业行为的促进作用；列（3）的地理邻近性系数为0.0130，显著为正，验证了地理邻近性对于高管过度自信的强化作用；列（4）和列（5）中地理邻近性与高管过度自信的系数分别为0.0076、0.0072、0.1249和0.0156，说明地理邻近性通过强化高管的过度自信而促进企业的战略创业行为，过度自信的高管不仅偏好高风险的探索性战略创业，而且过于相信已有的战略决策而不断重复改进大举进行开发性战略创业。此外，列（6）和列（7）的社会邻近性系数显著为正，分别为0.7621和0.2605，说明社会

表4.3 高管过度自信的中介机制

变量	(1) Exploration	(2) Exploitation	(3) Confident	(4) Exploration	(5) Exploitation	(6) Exploration	(7) Exploitation	(8) Confident	(9) Exploration	(10) Exploitation
Geographic_Proximity	0.0092** (2.1135)	0.0074** (2.2456)	0.0130** (2.2529)	0.0076* (1.7627)	0.0072** (2.1832)					
Social_Proximity						0.7621*** (9.6089)	0.2605*** (4.5381)	0.6901*** (5.6754)	0.7249*** (9.1651)	0.2391*** (4.1710)
Confident				0.1249*** (10.6299)	0.0156* (1.7288)				0.0538*** (12.5285)	0.0310*** (9.9676)
Size	0.1154*** (12.2975)	0.1175*** (16.5140)	0.2459*** (19.7286)	0.0847*** (8.7333)	0.1137*** (15.2518)	0.1326*** (35.3324)	0.1041*** (38.3301)	0.0111* (1.9380)	0.1320*** (35.2892)	0.1037*** (38.2816)
Lev	-0.2908*** (-6.2531)	0.1097*** (3.1102)	-0.3166*** (-5.1253)	-0.2512*** (-5.4599)	0.1147*** (3.2405)	-0.3285*** (-16.2264)	0.0324** (2.2130)	0.0324 (1.0451)	-0.3302*** (-16.3678)	0.0314** (2.1489)
Roa	0.5070*** (3.7702)	0.0083 (0.0818)	1.6084*** (9.0017)	0.3061** (2.2850)	-0.0168 (-0.1629)	0.4982*** (8.8055)	-0.0412 (-1.0054)	-0.2370*** (-2.7320)	0.5110*** (9.0602)	-0.0338 (-0.8274)
Growth	-0.0156 (-1.1066)	0.0292*** (2.7322)	-0.0545*** (-2.9094)	-0.0088 (-0.6318)	0.0301*** (2.8095)	-0.0009 (-0.1381)	0.0393*** (8.3134)	0.0412*** (4.1096)	-0.0031 (-0.4788)	0.0380*** (8.0574)

续表

变量	(1) Exploration	(2) Exploitation	(3) Confident	(4) Exploration	(5) Exploitation	(6) Exploration	(7) Exploitation	(8) Confident	(9) Exploration	(10) Exploitation
TobinQ	-0.0064 (-1.0272)	-0.0134*** (-2.8225)	0.0208** (2.5060)	-0.0090 (-1.4620)	-0.0137*** (-2.8895)	-0.0059** (-2.0641)	-0.0149*** (-7.2081)	0.0104** (2.3706)	-0.0064** (-2.2672)	-0.0152*** (-7.3788)
Soe	0.0242 (1.2071)	0.0014 (0.0941)	-0.2620*** (-9.8557)	0.0569*** (2.8478)	0.0055 (0.3595)	-0.0160* (-1.8733)	-0.0225*** (-3.6412)	0.0003 (0.0258)	-0.0160* (-1.8818)	-0.0225*** (-3.6508)
Top1	-0.3690*** (-4.9626)	-0.2840*** (-5.0355)	-0.4960*** (-5.0208)	-0.3071*** (-4.1738)	-0.2763*** (-4.8840)	-0.2635*** (-7.9199)	-0.2454*** (-10.1908)	-0.2252*** (-4.4149)	-0.2514*** (-7.5780)	-0.2384*** (-9.9176)
Balance	-0.0664*** (-3.7010)	-0.0070 (-0.5124)	0.0613** (2.5739)	-0.0740*** (-4.1822)	-0.0079 (-0.5825)	-0.0291*** (-3.6995)	-0.0125** (-2.1945)	-0.0097 (-0.8026)	-0.0285*** (-3.6455)	-0.0122** (-2.1463)
Mshare	0.3325*** (6.2006)	0.1593*** (3.9162)	0.0001 (0.0010)	0.3325*** (6.2868)	0.1593*** (3.9172)	0.2797*** (13.0434)	0.1314*** (8.4646)	0.0282 (0.8586)	0.2782*** (13.0164)	0.1305*** (8.4260)
Listage	-0.2638*** (-19.1014)	-0.0783*** (-7.4770)	-0.0175 (-0.9537)	-0.2616*** (-19.2049)	-0.0781*** (-7.4519)	-0.2377*** (-41.2188)	-0.0774*** (-18.5363)	-0.0631*** (-7.1404)	-0.2343*** (-40.7224)	-0.0754*** (-18.0855)
Board	0.1376*** (2.8976)	0.1804*** (5.0068)	0.5178*** (8.2057)	0.0730 (1.5443)	0.1723*** (4.7436)	0.0736*** (3.5561)	0.0144 (0.9587)	-0.0440 (-1.3856)	0.0760*** (3.6828)	0.0157 (1.0520)

续表

变量	(1)	(2)	(3)	(4)	(5)	(6)	(7)	(8)	(9)	(10)
	Exploration	Exploitation	Confident	Exploration	Exploitation	Exploration	Exploitation	Confident	Exploration	Exploitation
Indep	0.1096	0.3086**	-0.8613***	0.2172	0.3221**	0.1248*	-0.0049	-0.2614**	0.1389*	0.0032
	(0.6185)	(2.2966)	(-3.6593)	(1.2408)	(2.3933)	(1.7110)	(-0.0926)	(-2.3368)	(1.9101)	(0.0612)
Dual	0.0435**	0.0278*	0.0458*	0.0377**	0.0271*	0.0221***	0.0029	0.7920***	-0.0205**	-0.0217***
	(2.3029)	(1.9403)	(1.8265)	(2.0268)	(1.8900)	(2.8831)	(0.5260)	(67.3290)	(-2.4513)	(-3.5714)
Constant	1.1130***	1.8877***	7.5580***	0.1690	1.7697***	0.8210***	2.6766***	1.7489***	0.7269***	2.6223***
	(4.8537)	(10.8523)	(24.8076)	(0.6954)	(9.4720)	(8.9240)	(40.2009)	(12.3990)	(7.9010)	(39.3383)
Observations	15212	15212	15212	15212	15212	15278	15278	15278	15278	15278
R-Squared	0.4033	0.3049	0.2861	0.4197	0.3054	0.4184	0.2873	0.2149	0.4223	0.2904
Year	Yes	Yes	Yes	Yes	Yes	Yes	Yes	Yes	Yes	Yes
Industry	Yes	Yes	Yes	Yes	Yes	Yes	Yes	Yes	Yes	Yes

注：*、**和***分别表示在10%、5%和1%的水平上显著；括号中为t值。

邻近性对于战略创业行为的促进作用；列（8）社会邻近性对过度自信的影响系数为 0.6901，说明社会邻近性可以强化高管的过度自信。列（9）和列（10）中社会邻近性与高管过度自信的系数分别为 0.7249、0.2391、0.0538 和 0.0310，说明社会邻近性通过强化高管过度自信而促进企业的战略创业行为，过度自信的高管不仅偏好高风险的探索性战略创业，而且热衷于重复自己以往的经验导致大量的开发性战略创业。

（二）高管短视主义的中介机制

表 4.4 汇报了高管短视主义的中介机制，列（1）、列（2）、列（6）和列（7）为本章模型（4.4）的回归结果，列（3）和列（8）为本章模型（4.5）的回归结果，列（4）、列（5）、列（9）和列（10）为本章模型（4.6）的回归结果。具体而言，列（1）和列（2）的地理邻近性系数显著为正，分别为 0.0110 和 0.0072，证明了地理邻近性对于战略创业行为的促进作用；列（3）的地理邻近性系数为 - 0.0014，显著为负，验证了地理邻近性对于高管短视主义的弱化作用；列（4）和列（5）中地理邻近性与高管短视主义的系数分别为 0.0107、0.0071、 - 0.2153 和 0.0714，说明地理邻近性通过弱化高管的短视主义而促进企业的战略创业行为，短视主义的高管规避风险高的探索性战略创业且偏爱回报周期短的开发性战略创业。此外，列（6）和列（7）的社会邻近性系数显著为正，分别为 0.7649 和 0.2545，说明社会邻近性对于战略创业行为的促进作用，列（8）社会邻近性对短视主义的影响系数为 - 0.0182，说明社会邻近性可以弱化高管的短视主义。列（9）和列（10）中社会邻近性与高管短视主义的系数分别为 0.7558、0.2504、 - 0.5008 和 0.2307，说明社会邻近性通过弱化高管短视主义而促进企业的战略创业行为，短视主义的高管规避风险高的探索性战略创业且偏爱回报周期短的开发性战略创业。

表 4.4　高管短视主义的中介机制

变量	(1) Exploration	(2) Exploitation	(3) Myopia	(4) Exploration	(5) Exploitation	(6) Exploration	(7) Exploitation	(8) Myopia	(9) Exploration	(10) Exploitation
Geographic_Proximity	0.0110 *** (2.6434)	0.0072 ** (2.2819)	-0.0014 ** (-2.0832)	0.0107 ** (2.5700)	0.0071 ** (2.3055)					
Social_Proximity						0.7649 *** (9.6026)	0.2545 *** (4.4273)	-0.0182 ** (-2.2243)	0.7558 *** (9.5144)	0.2504 *** (4.3590)
Myopia				-0.2153 ** (-2.3058)	0.0714 * (1.7795)				-0.5008 *** (-11.2823)	0.2307 *** (7.1901)
Size	0.1245 *** (14.0107)	0.1299 *** (19.1527)	-0.0052 *** (-3.6041)	0.1233 *** (13.8697)	0.1301 *** (19.1657)	0.1344 *** (35.3998)	0.1066 *** (38.8957)	-0.0058 *** (-10.2545)	0.1315 *** (34.6471)	0.1052 *** (38.3586)
Lev	-0.3189 *** (-7.2726)	0.0779 ** (2.3267)	0.0019 (0.2671)	-0.3185 *** (-7.2668)	0.0777 ** (2.3234)	-0.3355 *** (-16.5023)	0.0293 ** (1.9958)	0.0113 *** (3.6970)	-0.3299 *** (-16.2656)	0.0319 ** (2.1746)
Roa	0.4625 *** (3.6827)	-0.0532 (-0.5546)	-0.1027 *** (-4.9973)	0.4404 *** (3.4982)	-0.0475 (-0.4936)	0.4974 *** (8.7192)	-0.0557 (-1.3523)	-0.0619 *** (-7.2466)	0.4664 *** (8.1892)	-0.0700 * (-1.6991)
Growth	-0.0113 (-0.8227)	0.0299 *** (2.8490)	-0.0056 ** (-2.4899)	-0.0125 (-0.9102)	0.0302 *** (2.8764)	-0.0005 (-0.0821)	0.0385 *** (8.1288)	-0.0081 *** (-8.2742)	-0.0046 (-0.7034)	0.0366 *** (7.7297)

变量	(1)	(2)	(3)	(4)	(5)	(6)	(7)	(8)	(9)	(10)
	Exploration	Exploitation	Myopia	Exploration	Exploitation	Exploration	Exploitation	Myopia	Exploration	Exploitation
TobinQ	-0.0010 (-0.1645)	-0.0089*** (-1.9395)	-0.0010 (-1.0656)	-0.0012 (-0.2021)	-0.0088* (-1.9265)	-0.0051* (-1.7673)	-0.0140*** (-6.7607)	-0.0022*** (-5.0984)	-0.0062** (-2.1544)	-0.0145*** (-7.0086)
Soe	0.0232 (1.2205)	0.0018 (0.1211)	0.0048 (1.5476)	0.0242 (1.2753)	0.0015 (0.1026)	-0.0185** (-2.1603)	-0.0246*** (-3.9735)	0.0101*** (7.8932)	-0.0135 (-1.5707)	-0.0223*** (-3.5948)
Top1	-0.3281*** (-4.6242)	-0.2883*** (-5.3240)	0.0012 (0.1009)	-0.3279*** (-4.6230)	-0.2884*** (-5.3250)	-0.2705*** (-8.0886)	-0.2474*** (-10.2478)	0.0057 (1.1427)	-0.2677*** (-8.0251)	-0.2461*** (-10.2043)
Balance	-0.0583*** (-3.4070)	-0.0077 (-0.5900)	0.0012 (0.4392)	-0.0580*** (-3.3931)	-0.0078 (-0.5952)	-0.0295*** (-3.7448)	-0.0123** (-2.1584)	0.0006 (0.4811)	-0.0292*** (-3.7191)	-0.0122** (-2.1377)
Mshare	0.3276*** (6.3118)	0.1431*** (3.6129)	-0.0384*** (-4.5153)	0.3194*** (6.1413)	0.1453*** (3.6579)	0.2766*** (12.8840)	0.1305*** (8.4206)	-0.0196*** (-6.0963)	0.2667*** (12.4514)	0.1259*** (8.1312)
Listage	-0.2709*** (-20.4608)	-0.0872*** (-8.6334)	0.0139*** (6.4291)	-0.2679*** (-20.1475)	-0.0880*** (-8.6679)	-0.2387*** (-41.1971)	-0.0791*** (-18.9051)	0.0106*** (12.1966)	-0.2334*** (-40.2626)	-0.0766*** (-18.2816)
Board	0.1328*** (2.9412)	0.1615*** (4.6895)	-0.0084 (-1.1425)	0.1309*** (2.9019)	0.1620*** (4.7022)	0.0693*** (3.3258)	0.0109 (0.7263)	0.0014 (0.4375)	0.0699*** (3.3680)	0.0112 (0.7481)

续表

变量	(1)	(2)	(3)	(4)	(5)	(6)	(7)	(8)	(9)	(10)
	Exploration	Exploitation	Myopia	Exploration	Exploitation	Exploration	Exploitation	Myopia	Exploration	Exploitation
Indep	0.0987	0.2822**	-0.0083	0.0969	0.2827**	0.1322*	-0.0006	-0.0048	0.1298*	-0.0017
	(0.5826)	(2.1835)	(-0.2981)	(0.5723)	(2.1869)	(1.8014)	(-0.0110)	(-0.4347)	(1.7737)	(-0.0318)
Dual	0.0433**	0.0272*	-0.0072**	0.0417**	0.0276*	0.0205**	0.0012	-0.0043***	0.0183**	0.0002
	(2.3838)	(1.9651)	(-2.4247)	(2.2979)	(1.9925)	(2.6587)	(0.2074)	(-3.6918)	(2.3878)	(0.0307)
Constant	0.9395***	1.7155***	0.2375***	0.9907***	1.7023***	0.8037***	2.6380***	0.2036***	0.9057***	2.6850***
	(4.3058)	(10.3026)	(6.6537)	(4.5191)	(10.1704)	(8.6077)	(39.1433)	(14.5637)	(9.6814)	(39.6987)
Observations	15212	15212	15212	15212	15212	15278	15278	15278	15278	15278
R-Squared	0.4173	0.3195	0.1314	0.4180	0.3196	0.4188	0.2902	0.1251	0.4220	0.2919
Year	Yes	Yes	Yes	Yes	Yes	Yes	Yes	Yes	Yes	Yes
Industry	Yes	Yes	Yes	Yes	Yes	Yes	Yes	Yes	Yes	Yes

注：*、**和***分别表示在10%、5%和1%的水平上显著；括号中为t值。

第五节　稳健性检验与内生性分析

一、稳健性检验

虽然本章在理论逻辑上进行了大量的论述，同时在实证层面上得到了可靠的验证结果，但是本章的回归结果仍然可能存在偏误甚至错误的可能性，因此本章再次进行了稳健性检验。

（一）虚拟多维邻近性、高管过度自信与战略创业

单一的方法可能产生一定的偏差，因此本章重新度量了地理邻近性和社会邻近性。首先，本章根据地理邻近性和社会邻近性的中位数划分出虚拟的地理邻近性（Dum_GeographicProximity）和虚拟的社会邻近性（Dum_SocialProximity）。其次，本章利用虚拟的地理邻近性和虚拟的社会邻近性重新验证本章的模型（4.1）~模型（4.3），得到的回归结果如表 4.5 所示。具体而言，列（1）和列（2）的虚拟地理邻近性系数显著为正，分别为 0.0483 和 0.0373，证明了虚拟地理邻近性对于战略创业行为的促进作用；列（3）的虚拟地理邻近性系数为 0.0515，显著为正，验证了虚拟地理邻近性对于高管过度自信的强化作用；列（4）和列（5）中虚拟地理邻近性与高管过度自信的系数分别为 0.0419、0.0365、0.1243 和 0.0152，说明虚拟地理邻近性通过强化高管的过度自信而促进企业的战略创业行为，过度自信的高管偏好风险高的探索性战略创业，而且过于相信自己以往的决策从而促进开发性战略创业。此外，列（6）和列（7）的虚拟社会邻近性系数显著为正，分别为 0.0548 和 0.0012，说明虚拟社会邻近性对于战略创业行为的促进作用；列（8）虚拟社会邻近性对过度自信的影响系数为 0.0335，说明虚拟社会邻近性可以强化高管的过度自

表4.5 稳健性检验（一）：更改多维邻近性的度量方式

变量	(1) Exploration	(2) Exploitation	(3) Confident	(4) Exploration	(5) Exploitation	(6) Exploration	(7) Exploitation	(8) Confident	(9) Exploration	(10) Exploitation
Dum_Geographic Proximity	0.0483*** (3.1929)	0.0373*** (3.2485)	0.0515** (2.5606)	0.0419*** (2.8057)	0.0365*** (3.1786)					
Dum_SocialProximity						0.0548*** (8.3208)	0.0012** (2.1940)	0.0335*** (3.3194)	0.0529*** (8.0693)	0.0008** (2.0416)
Confident				0.1243*** (10.5835)	0.0152* (1.6787)				0.0546*** (12.6958)	0.0116*** (10.1340)
Size	0.1146*** (12.2193)	0.1170*** (16.4374)	0.2453*** (19.6728)	0.0841*** (8.6811)	0.1132*** (15.1985)	0.1327*** (35.3375)	0.1051*** (38.6768)	0.0121** (2.1040)	0.1321*** (35.2810)	0.1048*** (38.6179)
Lev	-0.2884*** (-6.2120)	0.1117*** (3.1727)	-0.3125*** (-5.0634)	-0.2495*** (-5.4321)	0.1165*** (3.2974)	-0.3273*** (-16.1604)	0.0325** (2.2150)	0.0332 (1.0692)	-0.3291*** (-16.3062)	0.0314** (2.1482)
Roa	0.5190*** (3.8600)	0.0175 (0.1713)	1.6198*** (9.0619)	0.3177** (2.3709)	-0.0071 (-0.0687)	0.4999*** (8.8308)	-0.0361 (-0.8816)	-0.2318*** (-2.6708)	0.5125*** (9.0844)	-0.0288 (-0.7046)
Growth	-0.0170 (-1.2027)	0.0282*** (2.6363)	-0.0557*** (-2.9720)	-0.0100 (-0.7206)	0.0290*** (2.7129)	-0.0012 (-0.1770)	0.0391*** (8.2584)	0.0408*** (4.0720)	-0.0034 (-0.5191)	0.0378*** (8.0011)

续表

变量	(1) Exploration	(2) Exploitation	(3) Confident	(4) Exploration	(5) Exploitation	(6) Exploration	(7) Exploitation	(8) Confident	(9) Exploration	(10) Exploitation
TobinQ	-0.0070 (-1.1222)	-0.0138*** (-2.9230)	0.0201** (2.4181)	-0.0095 (-1.5417)	-0.0142*** (-2.9858)	-0.0057** (-1.9901)	-0.0147*** (-7.1428)	0.0106** (2.4236)	-0.0063** (-2.2002)	-0.0151*** (-7.3201)
Soe	0.0243 (1.2189)	0.0013 (0.0872)	-0.2638*** (-9.9742)	0.0570*** (2.8711)	0.0053 (0.3480)	-0.0151* (-1.7710)	-0.0217*** (-3.5055)	0.0016 (0.1194)	-0.0152* (-1.7872)	-0.0217*** (-3.5213)
Top1	-0.3678*** (-4.9503)	-0.2832*** (-5.0250)	-0.4960*** (-5.0216)	-0.3062*** (-4.1642)	-0.2757*** (-4.8773)	-0.2659*** (-7.9872)	-0.2450*** (-10.1679)	-0.2264*** (-4.4351)	-0.2536*** (-7.6397)	-0.2378*** (-9.8892)
Balance	-0.0666*** (-3.7180)	-0.0072 (-0.5283)	0.0609*** (2.5570)	-0.0742*** (-4.1943)	-0.0081 (-0.5958)	-0.0297*** (-3.7754)	-0.0123** (-2.1562)	-0.0099 (-0.8197)	-0.0291*** (-3.7197)	-0.0120** (-2.1060)
Mshare	0.3326*** (6.2090)	0.1595*** (3.9252)	0.0014 (0.0196)	0.3324*** (6.2915)	0.1595*** (3.9256)	0.2796*** (13.0304)	0.1303*** (8.3897)	0.0272 (0.8282)	0.2781*** (13.0062)	0.1294*** (8.3528)
Listage	-0.2637*** (-19.1135)	-0.0783*** (-7.4811)	-0.0177 (-0.9632)	-0.2615*** (-19.2139)	-0.0780*** (-7.4564)	-0.2374*** (-41.1457)	-0.0768*** (-18.3835)	-0.0624*** (-7.0589)	-0.2340*** (-40.6528)	-0.0748*** (-17.9320)
Board	0.1402*** (2.9576)	0.1826*** (5.0756)	0.5223*** (8.2854)	0.0753 (1.5967)	0.1747*** (4.8154)	0.0767*** (3.7037)	0.0210 (1.3978)	-0.0367 (-1.1550)	0.0787*** (3.8134)	0.0221 (1.4782)

续表

变量	(1)	(2)	(3)	(4)	(5)	(6)	(7)	(8)	(9)	(10)
	Exploration	Exploitation	Confident	Exploration	Exploitation	Exploration	Exploitation	Confident	Exploration	Exploitation
Indep	0.1144	0.3128**	-0.8516***	0.2203	0.3257**	0.1262*	0.0049	-0.2525**	0.1400*	0.0129
	(0.6467)	(2.3305)	(-3.6204)	(1.2601)	(2.4233)	(1.7287)	(0.0931)	(-2.2558)	(1.9239)	(0.2444)
Dual	0.0440**	0.0282*	0.0463*	0.0382**	0.0275*	0.0242***	0.0036	0.7939***	-0.0191**	-0.0214***
	(2.3318)	(1.9691)	(1.8471)	(2.0537)	(1.9196)	(3.1591)	(0.6501)	(67.4839)	(-2.2771)	(-3.5335)
Constant	1.1439***	1.9123***	7.5985***	0.1993	1.7971***	0.8628***	2.6584***	1.7601***	0.7668***	2.6029***
	(4.9966)	(11.0113)	(24.9682)	(0.8209)	(9.6258)	(9.3228)	(39.6934)	(12.4052)	(8.2865)	(38.8202)
Observations	15212	15212	15212	15212	15212	15278	15278	15278	15278	15278
R-Squared	0.4041	0.3058	0.2863	0.4204	0.3063	0.4178	0.2867	0.2141	0.4219	0.2899
Year	Yes	Yes	Yes	Yes	Yes	Yes	Yes	Yes	Yes	Yes
Industry	Yes	Yes	Yes	Yes	Yes	Yes	Yes	Yes	Yes	Yes

注: *、 ** 和 *** 分别表示在 10%、 5% 和 1% 的水平上显著; 括号中为 t 值。

信。列（9）和列（10）中虚拟社会邻近性与高管过度自信的系数分别为 0.0529、0.0008、0.0546 和 0.0116，再次验证了虚拟社会邻近性通过强化高管过度自信而促进企业的战略创业行为，过度自信的高管偏好风险高的探索性战略创业，而且过于相信以往的决策而大量重复进行开发性战略创业。

（二）虚拟多维邻近性、高管短视主义与战略创业

本章使用虚拟的地理邻近性和虚拟的社会邻近性重演验证模型（4.4）~模型（4.6），得到的回归结果如表4.6所示。具体而言，列（1）和列（2）的虚拟地理邻近性系数显著为正，分别为 0.0493 和 0.0361，证明了虚拟地理邻近性对于战略创业行为的促进作用；列（3）的虚拟地理邻近性系数为 −0.0043，显著为负，验证了虚拟地理邻近性对于高管短视主义的弱化作用；列（4）和列（5）中虚拟地理邻近性与高管短视主义的系数分别为 0.0483、0.0359、−0.2142 和 0.0465，说明虚拟地理邻近性通过弱化高管的短视主义而促进企业的战略创业行为，短视主义的高管规避风险高的探索性战略创业且偏爱回报周期短的开发性战略创业。此外，列（6）和列（7）的虚拟社会邻近性系数显著为正，分别为 0.0555 和 0.0016，证明了虚拟社会邻近性对于战略创业行为的促进作用；列（8）虚拟社会邻近性对短视主义的影响系数为 −0.0002，说明虚拟社会邻近性可以弱化高管的短视主义。列（9）和列（10）中虚拟社会邻近性与高管短视主义的系数分别为 0.0554、0.0015、−0.5046 和 0.2725，再次验证了虚拟社会邻近性通过弱化高管短视主义而促进企业的战略创业行为，短视主义的高管规避风险高的探索性战略创业且偏爱回报周期短的开发性战略创业。

表 4.6　稳健性检验（二）：更改多维邻近性的度量方式

变量	(1) Exploration	(2) Exploitation	(3) Myopia	(4) Exploration	(5) Exploitation	(6) Exploration	(7) Exploitation	(8) Myopia	(9) Exploration	(10) Exploitation
Dum_Geographic Proximity	0.0493 *** (3.4091)	0.0361 *** (3.2709)	-0.0043 * (-1.8326)	0.0483 *** (3.3452)	0.0359 *** (3.2918)					
Dum_SocialProximity						0.0555 *** (8.3969)	0.0016 ** (2.2038)	-0.0002 ** (-2.1738)	0.0554 *** (8.4076)	0.0015 ** (2.0123)
Myopia				-0.2142 ** (-2.2955)	0.0465 * (1.7988)				-0.5046 *** (-11.3648)	0.2725 *** (7.2318)
Size	0.1242 *** (13.9833)	0.1296 *** (19.1206)	-0.0053 *** (-3.6127)	0.1230 *** (13.8424)	0.1299 *** (19.1347)	0.1345 *** (35.3829)	0.1076 *** (39.2282)	-0.0059 *** (-10.3574)	0.1315 *** (34.6166)	0.1062 *** (38.6816)
Lev	-0.3159 *** (-7.2158)	0.0796 ** (2.3836)	0.0014 (0.1997)	-0.3156 *** (-7.2123)	0.0795 ** (2.3810)	-0.3343 *** (-16.4306)	0.0292 ** (1.9917)	0.0113 *** (3.6961)	-0.3286 *** (-16.1924)	0.0319 ** (2.1714)
Roa	0.4731 *** (3.7668)	-0.0452 (-0.4712)	-0.1035 *** (-5.0316)	0.4509 *** (3.5816)	-0.0393 (-0.4085)	0.4983 *** (8.7305)	-0.0514 (-1.2474)	-0.0622 *** (-7.2768)	0.4669 *** (8.1946)	-0.0658 (-1.5977)
Growth	-0.0126 (-0.9159)	0.0289 *** (2.7542)	-0.0055 ** (-2.4506)	-0.0138 (-1.0016)	0.0292 *** (2.7821)	-0.0008 (-0.1224)	0.0382 *** (8.0743)	-0.0081 *** (-8.2582)	-0.0049 (-0.7471)	0.0363 *** (7.6739)

续表

变量	(1) Exploration	(2) Exploitation	(3) Myopia	(4) Exploration	(5) Exploitation	(6) Exploration	(7) Exploitation	(8) Myopia	(9) Exploration	(10) Exploitation
TobinQ	-0.0015 (-0.2559)	-0.0092** (-2.0247)	-0.0010 (-1.0068)	-0.0017 (-0.2913)	-0.0092** (-2.0121)	-0.0049* (-1.6935)	-0.0138*** (-6.6902)	-0.0022*** (-5.1202)	-0.0060** (-2.0849)	-0.0143*** (-6.9405)
Soe	0.0229 (1.2107)	0.0020 (0.1408)	0.0051* (1.6498)	0.0240 (1.2688)	0.0017 (0.1206)	-0.0177** (-2.0628)	-0.0238*** (-3.8368)	0.0101*** (7.8523)	-0.0126 (-1.4719)	-0.0214*** (-3.4579)
Top1	-0.3272*** (-4.6140)	-0.2874*** (-5.3108)	0.0012 (0.1055)	-0.3270*** (-4.6126)	-0.2875*** (-5.3119)	-0.2727*** (-8.1487)	-0.2467*** (-10.2128)	0.0057 (1.1355)	-0.2698*** (-8.0856)	-0.2454*** (-10.1694)
Balance	-0.0585*** (-3.4245)	-0.0079 (-0.6028)	0.0013 (0.4542)	-0.0582*** (-3.4102)	-0.0079 (-0.6083)	-0.0301*** (-3.8144)	-0.0120** (-2.1159)	0.0006 (0.4707)	-0.0298*** (-3.7895)	-0.0119** (-2.0957)
Mshare	0.3285*** (6.3332)	0.1434*** (3.6243)	-0.0386*** (-4.5444)	0.3202*** (6.1621)	0.1456*** (3.6707)	0.2764*** (12.8727)	0.1295*** (8.3545)	-0.0195*** (-6.0776)	0.2666*** (12.4388)	0.1250*** (8.0645)
Listage	-0.2712*** (-20.5001)	-0.0874*** (-8.6547)	0.0140*** (6.4624)	-0.2682*** (-20.1854)	-0.0882*** (-8.6910)	-0.2384*** (-41.1272)	-0.0785*** (-18.7618)	0.0105*** (12.1557)	-0.2331*** (-40.1918)	-0.0761*** (-18.1379)
Board	0.1353*** (3.0023)	0.1630*** (4.7395)	-0.0089 (-1.2046)	0.1334*** (2.9610)	0.1635*** (4.7532)	0.0720*** (3.4566)	0.0172 (1.1471)	0.0010 (0.3116)	0.0725*** (3.4900)	0.0175 (1.1634)

续表

变量		(1)	(2)	(3)	(4)	(5)	(6)	(7)	(8)	(9)	(10)
		Exploration	Exploitation	Myopia	Exploration	Exploitation	Exploration	Exploitation	Myopia	Exploration	Exploitation
Indep		0.1073	0.2874 **	-0.0097	0.1052	0.2879 **	0.1322 *	0.0088	-0.0053	0.1295 *	0.0076
		(0.6343)	(2.2259)	(-0.3498)	(0.6223)	(2.2301)	(1.8004)	(0.1661)	(-0.4862)	(1.7687)	(0.1429)
Dual		0.0440 **	0.0278 **	-0.0073 **	0.0425 **	0.0282 **	0.0226 **	0.0018	-0.0043 ***	0.0205 ***	0.0008
		(2.4262)	(2.0055)	(-2.4474)	(2.3399)	(2.0339)	(2.9423)	(0.3320)	(-3.7363)	(2.6669)	(0.1523)
Constant		0.9681 ***	1.7350 ***	0.2342 ***	1.0183 ***	1.7217 ***	0.8477 ***	2.6200 ***	0.2045 ***	0.9509 ***	2.6675 ***
		(4.4413)	(10.4315)	(6.5633)	(4.6505)	(10.2993)	(9.0225)	(38.6381)	(14.5458)	(10.1024)	(39.1994)
Observations		15212	15212	15212	15212	15212	15278	15278	15278	15278	15278
R-Squared		0.4179	0.3203	0.1312	0.4187	0.3204	0.4182	0.2896	0.1250	0.4215	0.2913
Year		Yes	Yes	Yes	Yes	Yes	Yes	Yes	Yes	Yes	Yes
Industry		Yes	Yes	Yes	Yes	Yes	Yes	Yes	Yes	Yes	Yes

注：*、** 和 *** 分别表示在 10%、5% 和 1% 的水平上显著；括号中为 t 值。

二、内生性分析

（一）高管过度自信中介效应的倾向得分匹配

为了尽可能减少由于样本选择以及极端值所引致的内生性问题，本章使用倾向得分匹配法重新处理样本。首先，本章将地理邻近性最高的五分之一作为实验组，其余划分为对照组，按照控制变量类型，选取为协变量，进行一比一倾向匹配，匹配后得到 5848[①] 个样本，使用匹配后的样本重新验证本章的模型（4.1）~模型（4.3），回归结果如表 4.7 的列（1）~列（5）所示。列（1）和列（2）的地理邻近性系数显著为正，分别为 0.0094 和 0.0069，证明了地理邻近性对于战略创业行为的促进作用；列（3）的虚拟地理邻近性系数为 0.0131，显著为正，验证了地理邻近性对于高管过度自信的强化作用；列（4）和列（5）中地理邻近性与高管过度自信的系数分别显著为 0.0077、0.0067、0.1266 和 0.0168，说明地理邻近性通过强化高管的过度自信而促进企业的战略创业行为，过度自信的高管偏爱风险高的探索性战略创业，而且他们相信自己以前的决策可以不断重复增加开发性战略创业。此外，本章将社会邻近性最高的五分之一作为实验组，其余划分为对照组，按照控制变量类型，选取为协变量，进行一比一倾向匹配，匹配后得到 5972[②] 个样本，使用匹配后的样本重新验证本章的模型（4.4）~模型（4.6），回归结果如表 4.7 列（6）~列（10）所示。列（6）和列（7）的社会邻近性系数显著为正，分别为 0.7968 和 0.2618， 说明社会邻近性对于战略创业行为的促进

---

① 此处以地理邻近性的最高五分之一作为实验组进行一比一倾向得分匹配，理论上可以保留下原样本（15212）的 2/5，但存在样本无法成功匹配的情况，最终成功匹配的样本共计5848 个。

② 此处以社会邻近性的最高五分之一作为实验组进行一比一倾向得分匹配，理论上可以保留下原样本（15278）的 2/5，但存在样本无法成功匹配的情况，最终成功匹配的样本共计5972 个。

表 4.7 内生性分析（一）：高管过度自信中介效应的倾向得分匹配

变量	(1) Exploration	(2) Exploitation	(3) Confident	(4) Exploration	(5) Exploitation	(6) Exploration	(7) Exploration	(8) Confident	(9) Exploration	(10) Exploitation
Geographic_Proximity	0.0094** (2.0435)	0.0069** (1.9927)	0.0131** (2.1716)	0.0077* (1.7028)	0.0067* (1.9283)					
Social_Proximity						0.7968*** (9.2634)	0.2618*** (4.1651)	0.7813*** (5.9724)	0.7548*** (8.7957)	0.2382*** (3.7932)
Confident				0.1266*** (10.2012)	0.0168* (1.7632)				0.0538*** (11.4793)	0.0302*** (8.8111)
Size	0.1135*** (11.3327)	0.1157*** (15.2765)	0.2434*** (18.3970)	0.0827*** (8.0049)	0.1116*** (14.0961)	0.1276*** (30.8576)	0.1036*** (34.2966)	0.0100 (1.5878)	0.1271*** (30.8283)	0.1033*** (34.2615)
Lev	-0.2905*** (-5.8503)	0.1050*** (2.7959)	-0.3298*** (-5.0256)	-0.2488*** (-5.0627)	0.1105*** (2.9338)	-0.3187*** (-14.4117)	0.0357** (2.2067)	0.0356 (1.0594)	-0.3207*** (-14.5465)	0.0346** (2.1442)
Roa	0.5423*** (3.6901)	-0.1151 (-1.0355)	1.7001*** (8.7553)	0.3270** (2.2331)	-0.1436 (-1.2791)	0.6156*** (9.4802)	-0.0397 (-0.8364)	-0.2213** (-2.2415)	0.6275*** (9.6948)	-0.0330 (-0.6966)
Growth	-0.0267* (-1.8079)	0.0281** (2.5190)	-0.0590*** (-3.0258)	-0.0192 (-1.3184)	0.0291*** (2.6052)	-0.0044 (-0.6308)	0.0382*** (7.4935)	0.0405*** (3.8267)	-0.0066 (-0.9469)	0.0369*** (7.2642)

续表

变量	(1) Exploration	(2) Exploitation	(3) Confident	(4) Exploration	(5) Exploitation	(6) Exploration	(7) Exploitation	(8) Confident	(9) Exploration	(10) Exploitation
TobinQ	-0.0078 (-1.1667)	-0.0129** (-2.5661)	0.0143 (1.6213)	-0.0096 (-1.4578)	-0.0132*** (-2.6134)	-0.0087*** (-2.7858)	-0.0147*** (-6.4624)	0.0093** (1.9649)	-0.0092*** (-2.9563)	-0.0150*** (-6.5983)
Soe	0.0236 (1.1123)	-0.0054 (-0.3347)	-0.2594*** (-9.2329)	0.0565*** (2.6636)	-0.0010 (-0.0633)	-0.0147 (-1.5845)	-0.0215*** (-3.1753)	-0.0045 (-0.3234)	-0.0144 (-1.5632)	-0.0213*** (-3.1611)
Top1	-0.3974*** (-5.0843)	-0.2676*** (-4.5284)	-0.4958*** (-4.8007)	-0.3346*** (-4.3279)	-0.2593*** (-4.3750)	-0.2653*** (-7.4098)	-0.2438*** (-9.3183)	-0.2158*** (-3.9619)	-0.2537*** (-7.1063)	-0.2373*** (-9.0831)
Balance	-0.0738*** (-3.8902)	-0.0031 (-0.2145)	-0.0006 (-0.0086)	-0.0804*** (-4.2950)	-0.0040 (-0.2753)	-0.0322*** (-3.7662)	-0.0099 (-1.5775)	-0.0110 (-0.8439)	-0.0316*** (-3.7094)	-0.0095 (-1.5274)
Mshare	0.3325*** (5.9345)	0.1605*** (3.7886)	0.0521** (2.0765)	0.3326*** (6.0200)	0.1605*** (3.7900)	0.2937*** (12.5319)	0.1430*** (8.3530)	0.0501 (1.4051)	0.2910*** (12.4577)	0.1415*** (8.2804)
Listage	-0.2649*** (-18.1450)	-0.0745*** (-6.7478)	-0.0166 (-0.8612)	-0.2628*** (-18.2539)	-0.0742*** (-6.7238)	-0.2429*** (-38.4836)	-0.0768*** (-16.6496)	-0.0617*** (-6.4224)	-0.2396*** (-38.0445)	-0.0749*** (-16.2601)
Board	0.1432*** (2.8535)	0.1909*** (5.0285)	0.5455*** (8.2254)	0.0741 (1.4843)	0.1817*** (4.7445)	0.0811*** (3.6250)	0.0125 (0.7636)	-0.0355 (-1.0441)	0.0830*** (3.7228)	0.0136 (0.8309)

续表

变量	(1)	(2)	(3)	(4)	(5)	(6)	(7)	(8)	(9)	(10)
	Exploration	Exploitation	Confident	Exploration	Exploitation	Exploration	Exploitation	Confident	Exploration	Exploration
Indep	0.0709	0.2785**	-0.7753***	0.1691	0.2915**	0.1001	-0.0078	-0.2317*	0.1126	-0.0008
	(0.3797)	(1.9725)	(-3.1426)	(0.9171)	(2.0624)	(1.2710)	(-0.1356)	(-1.9343)	(1.4341)	(-0.0139)
Dual	0.0433**	0.0279*	0.0390	0.0384*	0.0272*	0.0256***	0.0035	0.7964***	-0.0173*	-0.0206***
	(2.1741)	(1.8488)	(1.4819)	(1.9528)	(1.8053)	(3.0502)	(0.5679)	(62.4599)	(-1.8904)	(-3.0761)
Constant	1.1733***	1.9061***	7.5273***	0.2201	1.7798***	0.9217***	2.6794***	1.7033***	0.8300***	2.6279***
	(4.8048)	(10.3229)	(23.3292)	(0.8522)	(8.9886)	(9.1941)	(36.5720)	(11.1711)	(8.2807)	(35.8250)
Observations	5848	5848	5848	5848	5848	5972	5972	5972	5972	5972
R-Squared	0.3961	0.2891	0.2687	0.4130	0.2897	0.4119	0.2798	0.2183	0.4159	0.2826
Year	Yes	Yes	Yes	Yes	Yes	Yes	Yes	Yes	Yes	Yes
Industry	Yes	Yes	Yes	Yes	Yes	Yes	Yes	Yes	Yes	Yes

注: *、** 和*** 分别表示在10%、5%和1%的水平上显著; 括号中为t值。

作用；列（8）社会邻近性对高管过度自信的影响系数为 0.7813，说明社会邻近性可以强化高管的过度自信。列（9）和列（10）中社会邻近性与高管过度自信的系数分别为 0.7548、0.2382、0.0538 和 0.0302，再次验证了社会邻近性通过强化高管过度自信而促进企业的战略创业行为，过度自信的高管偏爱风险高的探索性战略创业，而且由于相信自己而不断重复进行开发性战略创业。

（二）高管短视主义中介效应的倾向得分匹配

本章将地理邻近性最高的五分之一作为实验组，其余划分为对照组，按照控制变量类型，选取为协变量，进行一比一倾向匹配，匹配后得到 5848① 个样本，使用匹配后的样本重新验证本章的模型（4.1）~模型（4.3），回归结果如表 4.8 的列（1）~列（5）所示。列（1）和列（2）的地理邻近性系数显著为正，分别为 0.0102 和 0.0072，证明了地理邻近性对于战略创业行为的促进作用；列（3）的地理邻近性系数为 −0.0013，显著为负，验证了地理邻近性对于高管短视主义的弱化作用；列（4）和列（5）中地理邻近性与高管短视主义的系数分别显著为 0.0099、0.0071、−0.2339 和 0.0769，说明地理邻近性通过弱化高管的短视主义促进企业的战略创业行为，短视主义的高管规避风险高的探索性战略创业且偏爱回报周期短的开发性战略创业。此外，本章将社会邻近性最高的五分之一作为实验组，其余划分为对照组，按照控制变量类型，选取为协变量，进行一比一倾向匹配，匹配后得到 5972② 个样本，使用匹配后的样本重新验证本章的模型（4.4）~模型（4.6），回归结果如表 4.8 列（6）~列（10）所示。列（6）和列（7）的社会邻近性系数显著为正，分别为 0.7931 和 0.2554，　证明了社会邻近性对于战略创

----

① 此处以地理邻近性的最高五分之一作为实验组进行一比一倾向得分匹配，理论上可以保留下原样本（15212）的 2/5，但存在样本无法成功匹配的情况，最终成功匹配的样本共计 5848 个。

② 此处以社会邻近性的最高五分之一作为实验组进行一比一倾向得分匹配，理论上可以保留下原样本（15278）的 2/5，但存在样本无法成功匹配的情况，最终成功匹配的样本共计 5972 个。

表4.8　内生性分析（二）：高管短视主义中介效应的倾向得分匹配

变量	(1) Exploration	(2) Exploitation	(3) Myopia	(4) Exploration	(5) Exploitation	(6) Exploration	(7) Exploitation	(8) Myopia	(9) Exploration	(10) Exploitation
Geographic_Proximity	0.0102** (2.2386)	0.0072** (2.1013)	-0.0013* (-1.7763)	0.0099** (2.1710)	0.0071** (2.1049)					
Social_Proximity						0.7931*** (9.2037)	0.2554*** (4.0704)	-0.0184** (-2.4147)	0.7843*** (9.1250)	0.2514*** (4.0109)
Myopia				-0.2339** (-2.3061)	0.0769** (2.1619)				-0.4742*** (-9.9793)	0.2153*** (6.2118)
Size	0.1230*** (12.3185)	0.1255*** (16.6476)	-0.0049*** (-3.0144)	0.1219*** (12.1952)	0.1256*** (16.6326)	0.1302*** (31.1379)	0.1065*** (34.9748)	-0.0057*** (-8.9394)	0.1276*** (30.5113)	0.1053*** (34.5371)
Lev	-0.3116*** (-6.3163)	0.0836** (2.2444)	0.0003 (0.0352)	-0.3115*** (-6.3187)	0.0836** (2.2440)	-0.3261*** (-14.7260)	0.0317** (1.9630)	0.0094*** (2.7964)	-0.3217*** (-14.5596)	0.0337** (2.0896)
Roa	0.5146*** (3.5333)	-0.1522 (-1.3834)	-0.1132*** (-4.7547)	0.4881*** (3.3431)	-0.1508 (-1.3662)	0.6040*** (9.3004)	-0.0499 (-1.0543)	-0.0678*** (-6.8975)	0.5719*** (8.8172)	-0.0644 (-1.3624)
Growth	-0.0241 (-1.6386)	0.0270** (2.4328)	-0.0053** (-2.2225)	-0.0253* (-1.7235)	0.0271** (2.4368)	-0.0036 (-0.5187)	0.0377*** (7.4188)	-0.0078*** (-7.4180)	-0.0073 (-1.0520)	0.0360*** (7.0838)

续表

变量	(1) Exploration	(2) Exploitation	(3) Myopia	(4) Exploration	(5) Exploitation	(6) Exploration	(7) Exploitation	(8) Myopia	(9) Exploration	(10) Exploitation
TobinQ	-0.0024 (-0.3665)	-0.0089* (-1.7746)	-0.0009 (-0.8245)	-0.0026 (-0.3982)	-0.0088* (-1.7719)	-0.0072** (-2.3096)	-0.0136*** (-5.9963)	-0.0021*** (-4.3546)	-0.0082*** (-2.6274)	-0.0141*** (-6.1940)
Soe	0.0231 (1.0956)	-0.0054 (-0.3361)	0.0072** (2.0878)	0.0248 (1.1755)	-0.0054 (-0.3415)	-0.0164* (-1.7730)	-0.0236*** (-3.4901)	0.0113*** (8.0452)	-0.0111 (-1.1969)	-0.0211*** (-3.1281)
Top1	-0.3635*** (-4.6898)	-0.2584*** (-4.4146)	0.0039 (0.3083)	-0.3626*** (-4.6807)	-0.2585*** (-4.4148)	-0.2687*** (-7.4732)	-0.2445*** (-9.3379)	0.0030 (0.5515)	-0.2673*** (-7.4526)	-0.2438*** (-9.3223)
Balance	-0.0675*** (-3.5700)	0.0008 (0.0571)	0.0014 (0.4675)	-0.0672*** (-3.5541)	0.0008 (0.0558)	-0.0317*** (-3.6989)	-0.0091 (-1.4576)	0.0005 (0.3726)	-0.0315*** (-3.6816)	-0.0090 (-1.4423)
Mshare	0.3251*** (5.8124)	0.1549*** (3.6665)	-0.0346*** (-3.7867)	0.3170*** (5.6598)	0.1553*** (3.6689)	0.2905*** (12.4023)	0.1411*** (8.2692)	-0.0203*** (-5.7310)	0.2809*** (12.0115)	0.1367*** (8.0139)
Listage	-0.2740*** (-18.7851)	-0.0794*** (-7.2058)	0.0143*** (5.9808)	-0.2707*** (-18.4766)	-0.0796*** (-7.1856)	-0.2449*** (-38.6619)	-0.0786*** (-17.0360)	0.0104*** (10.8444)	-0.2399*** (-37.8653)	-0.0763*** (-16.5168)
Board	0.1407*** (2.8373)	0.1799*** (4.8044)	-0.0074 (-0.9078)	0.1389*** (2.8039)	0.1800*** (4.8057)	0.0768*** (3.4189)	0.0091 (0.5596)	0.0010 (0.2937)	0.0772*** (3.4488)	0.0094 (0.5733)

续表

变量		(1)	(2)	(3)	(4)	(5)	(6)	(7)	(8)	(9)	(10)
		Exploration	Exploitation	Myopia	Exploration	Exploitation	Exploration	Exploitation	Myopia	Exploration	Exploitation
Indep		0.0963	0.2495*	-0.0070	0.0947	0.2496*	0.1035	0.0007	-0.0038	0.1017	-0.0001
		(0.5223)	(1.7913)	(-0.2311)	(0.5138)	(1.7917)	(1.3080)	(0.0117)	(-0.3176)	(1.2885)	(-0.0025)
Dual		0.0436**	0.0268*	-0.0061*	0.0422**	0.0269*	0.0246***	0.0015	-0.0040***	0.0227***	0.0007
		(2.1908)	(1.7816)	(-1.8728)	(2.1194)	(1.7855)	(2.9299)	(0.2532)	(-3.1297)	(2.7116)	(0.1133)
Constant		0.9846***	1.7479***	0.2151***	1.0349***	1.7452***	0.8910***	2.6306***	0.2017***	0.9866***	2.6740***
		(4.0649)	(9.5558)	(5.4301)	(4.2579)	(9.5014)	(8.7580)	(35.5090)	(13.1053)	(9.6799)	(35.9703)
Observations		5848	5848	5848	5848	5848	5972	5972	5972	5972	5972
R-Squared		0.3961	0.2953	0.1356	0.3970	0.2953	0.4117	0.2838	0.1278	0.4147	0.2852
Year		Yes	Yes	Yes	Yes	Yes	Yes	Yes	Yes	Yes	Yes
Industry		Yes	Yes	Yes	Yes	Yes	Yes	Yes	Yes	Yes	Yes

注：*、** 和 *** 分别表示在 10%、5% 和 1% 的水平上显著；括号中为 t 值。

业行为的促进作用。列（8）社会邻近性对短视主义的影响系数为 -0.0184，说明社会邻近性可以弱化高管的短视主义。列（9）和列（10）中社会邻近性与高管短视主义的系数分别为 0.7843、0.2514、-0.4742 和 0.2153，再次验证了社会邻近性通过弱化高管短视主义而促进企业的战略创业行为，短视主义的高管规避风险高的探索性战略创业且偏爱回报周期短的开发性战略创业。

（三）高管过度自信中介效应的熵平衡

由于控制变量与战略创业行为之间可能存在内生性干扰，为了避免该问题对研究结果的影响，本章采用熵平衡[①]对样本进行处理。本章按照地理邻近性的高低将样本分为两组，对地理邻近性较低组的控制变量进行赋权处理，使得各变量均值与地理邻近性较高组的样本均值保持一致，使用赋权处理之后的样本重新检验本章的模型（4.1）~模型（4.3）主回归，结果如表 4.9 列（1）~列（5）所示。观察列（1）和列（2）的回归结果，地理邻近性的系数仍显著为正，分别为 0.0146 和 0.0155，说明地理邻近性可以促进企业的战略创业行为。列（3）地理邻近性系数为 0.0060，显著为正，验证了地理邻近性对于高管过度自信的强化作用。列（4）和列（5）中地理邻近性与高管过度自信的系数分别显著为 0.0138、0.0154、0.1262 和 0.0151，说明地理邻近性通过强化高管的过度自信而促进企业的战略创业行为，过度自信的高管偏好高风险的探索性战略创业，而且过于相信自己以往的决策从而大量重复开发性战略创业。同理，本章按照社会邻近性的高低将样本分为两组，对社会邻近性较低组的控制变量进行赋权处理，使得各变量均值与社会邻近性较高组的样本均值保持一致，使用赋权处理之后的样本重新检验本章模型（4.4）~模型（4.6），结果如表 4.9 列（6）~列（10）所示。观察列（6）和列（7）的

---

① 倾向得分匹配法的处理过程容易导致样本丢失，而熵平衡法通过给控制变量赋权，使得两组控制变量的均值保持一致，因此不会丢失样本。

表4.9 内生性分析（三）：高管过度自信中介效应的熵平衡

变量	(1) Exploration	(2) Exploitation	(3) Confident	(4) Exploration	(5) Exploitation	(6) Exploration	(7) Exploitation	(8) Confident	(9) Exploration	(10) Exploitation
Geographic_Proximity	0.0146** (2.4012)	0.0155*** (3.3775)	0.0060*** (3.7650)	0.0138** (2.3069)	0.0154*** (3.3577)					
Social_Proximity						0.6701*** (6.9424)	0.2457*** (3.6122)	0.7082*** (4.8138)	0.6312*** (6.5577)	0.2232*** (3.2871)
Confident				0.1262*** (8.0560)	0.0151** (2.2661)				0.0549*** (10.7848)	0.0317*** (8.8355)
Size	0.1321*** (10.8160)	0.1271*** (13.8136)	0.2289*** (14.5807)	0.1032*** (8.2079)	0.1236*** (12.8813)	0.1487*** (33.0593)	0.1084*** (34.2209)	0.0058 (0.8498)	0.1484*** (33.1026)	0.1083** (34.2415)
Lev	-0.2709*** (-4.6688)	0.0859** (1.9655)	-0.3217*** (-4.3148)	-0.2303*** (-4.0061)	0.0908** (2.0692)	-0.3130*** (-12.8343)	0.0378** (2.2013)	0.0716* (1.9261)	-0.3169*** (-13.0395)	0.0356** (2.0737)
Roa	0.4233*** (2.6005)	0.0118 (0.0964)	1.3565*** (6.4854)	0.2521 (1.5557)	-0.0087 (-0.0705)	0.4295*** (6.6281)	-0.0512 (-1.1222)	-0.1961** (-1.9852)	0.4403*** (6.8172)	-0.0450 (-0.9881)
growth	-0.0102 (-0.5735)	0.0334** (2.5001)	-0.0595*** (-2.6105)	-0.0027 (-0.1519)	0.0343** (2.5642)	0.0032 (0.4106)	0.0334*** (6.1635)	0.0462*** (3.9442)	0.0006 (0.0807)	0.0319*** (5.9037)

续表

变量	(1) Exploration	(2) Exploitation	(3) Confident	(4) Exploration	(5) Exploitation	(6) Exploration	(7) Exploitation	(8) Confident	(9) Exploration	(10) Exploitation
TobinQ	-0.0013 (-0.1752)	-0.0087 (-1.5697)	0.0209** (2.2047)	-0.0039 (-0.5393)	-0.0090 (-1.6251)	0.0016 (0.5043)	-0.0126*** (-5.4912)	0.0096* (1.9477)	0.0011 (0.3424)	-0.0129*** (-5.6374)
Soe	0.0027 (0.1058)	0.0224 (1.1516)	-0.3200*** (-9.6371)	0.0431* (1.6589)	0.0273 (1.3743)	-0.0281*** (-2.7225)	-0.0315*** (-4.3358)	0.0029 (0.1849)	-0.0282*** (-2.7475)	-0.0316*** (-4.3586)
top1	-0.4588*** (-4.6718)	-0.4167*** (-5.6329)	-0.5764*** (-4.5676)	-0.3861*** (-3.9658)	-0.4080*** (-5.4919)	-0.3365*** (-8.2686)	-0.2916*** (-10.1669)	-0.2748*** (-4.4296)	-0.3214*** (-7.9207)	-0.2828*** (-9.8800)
balance	-0.0830*** (-3.5909)	-0.0318* (-1.8253)	0.0764** (2.5723)	-0.0926*** (-4.0554)	-0.0329* (-1.8894)	-0.0462*** (-4.9715)	-0.0234*** (-3.5813)	-0.0138 (-0.9733)	-0.0454*** (-4.9070)	-0.0230*** (-3.5226)
Mshare	0.3549*** (4.8284)	0.1292** (2.3340)	-0.0882 (-0.9340)	0.3660*** (5.0447)	0.1305** (2.3580)	0.2974*** (11.7099)	0.1460*** (8.1572)	-0.0008 (-0.0211)	0.2975*** (11.7526)	0.1460*** (8.1777)
Listage	-0.2563*** (-14.0334)	-0.0897*** (-6.5220)	-0.0155 (-0.6595)	-0.2543*** (-14.1090)	-0.0895*** (-6.5052)	-0.2337*** (-34.4660)	-0.0780*** (-16.3346)	-0.0571*** (-5.5230)	-0.2306*** (-34.0909)	-0.0762*** (-15.9779)
Board	0.1232** (1.9943)	0.1698*** (3.6498)	0.4960*** (6.2484)	0.0606 (0.9860)	0.1623*** (3.4610)	0.0730*** (2.9292)	-0.0062 (-0.3537)	-0.0671* (-1.7666)	0.0767*** (3.0875)	-0.0041 (-0.2330)

续表

变量	(1)	(2)	(3)	(4)	(5)	(6)	(7)	(8)	(9)	(10)
	Exploration	Exploration	Confident	Exploration	Exploration	Exploration	Exploration	Confident	Exploration	Exploration
Indep	0.0225	0.1543*	-1.3365***	0.1912	0.1745	0.1470*	-0.0658	-0.3701***	0.1673*	-0.0540
	(0.0941)	(0.8571)	(-4.3512)	(0.8071)	(0.9658)	(1.6593)	(-1.0538)	(-2.7413)	(1.8949)	(-0.8674)
Dual	0.0169	0.0332*	0.0826***	0.0065	0.0319*	0.0125	0.0016	0.7760***	-0.0301***	-0.0230***
	(0.6848)	(1.7807)	(2.5978)	(0.2666)	(1.7114)	(1.3929)	(0.2540)	(56.7768)	(-3.0830)	(-3.3402)
Constant	1.0257***	1.8283***	8.3559***	-0.0288	1.7019***	0.6895***	2.7439***	1.9745***	0.5811***	2.6813***
	(3.3779)	(7.9938)	(21.4141)	(-0.0879)	(6.8197)	(6.1029)	(34.4662)	(11.4662)	(5.1407)	(33.6239)
Observations	15212	15212	15212	15212	15212	15278	15278	15278	15278	15278
R-squared	0.3847	0.2966	0.2996	0.4009	0.2971	0.3672	0.2578	0.2083	0.3716	0.2613
Year	Yes	Yes	Yes	Yes	Yes	Yes	Yes	Yes	Yes	Yes
Industry	Yes	Yes	Yes	Yes	Yes	Yes	Yes	Yes	Yes	Yes

注：*、**和***分别表示在10%、5%和1%的水平上显著；括号中为t值。

回归结果，社会邻近性的系数仍显著为正，分别为0.6701和0.2457，说明社会邻近性可以促进企业的战略创业行为。列（8）社会邻近性系数为0.7082，显著为正，验证了社会邻近性对于高管过度自信的强化作用。列（9）和列（10）中社会邻近性与高管过度自信的系数分别显著为0.6312、0.2232、0.0549和0.0317，说明社会邻近性通过强化高管的过度自信而促进企业的战略创业行为，过度自信的高管会加大力度进行高风险的探索性战略创业，同时相信自己以前的决策而加大开发性战略创业。

（四）高管短视主义中介效应的熵平衡

同理，本章按照地理邻近性的高低将样本分为两组，对地理邻近性较低组的控制变量进行赋权处理，使得各变量均值与地理邻近性较高组的样本均值保持一致，使用赋权处理之后的样本重新检验本章的模型（4.1）~模型（4.3）主回归，结果如表4.10列（1）~列（5）所示。观察列（1）和列（2）的回归结果，地理邻近性的系数仍显著为正，分别为0.0182和0.0142，说明地理邻近性可以促进企业的战略创业行为。列（3）地理邻近性系数为-0.0017，显著为负，验证了地理邻近性对于高管短视主义的弱化作用。列（4）和列（5）中地理邻近性与高管短视主义的系数分别显著为0.0177、0.0140、-0.2786和0.1176，说明地理邻近性通过弱化高管的短视主义而促进企业的战略创业行为，短视主义的高管规避风险高的探索性战略创业，偏好回报周期短的开发性战略创业。此外，本章按照社会邻近性的高低将样本分为两组，对社会邻近性较低组的控制变量进行赋权处理，使得各变量均值与社会邻近性较高组的样本均值保持一致，使用赋权处理之后的样本重新检验本章模型（4.4）~模型（4.6），结果如表4.10列（6）~列（10）所示。观察列（6）和列（7）的回归结果，社会邻近性的系数仍显著为正，分别为0.6749和0.2423，说明社会邻近性可以促进企业的战略创业行为。列（8）社会邻近性系数为-0.0285，显著为负，验证了社会邻近性对于高管

表4.10　内生性分析（四）：高管短视主义中介效应的熵平衡

变量	(1) Exploration	(2) Exploitation	(3) Myopia	(4) Exploration	(5) Exploitation	(6) Exploration	(7) Exploitation	(8) Myopia	(9) Exploration	(10) Exploitation
Geographic_Proximity	0.0182*** (3.2552)	0.0142*** (3.3590)	-0.0017* (-1.9119)	0.0177*** (3.1716)	0.0140*** (3.4023)					
Social_Proximity						0.6749*** (6.9592)	0.2423*** (3.5511)	-0.0285** (-2.0931)	0.6576*** (6.8046)	0.2344*** (3.4406)
Myopia				-0.2786** (-2.2760)	0.1176** (2.2260)				-0.6059*** (-10.9039)	0.2755*** (7.0317)
Size	0.1333*** (11.8207)	0.1342*** (15.6665)	-0.0045** (-2.5322)	0.1320*** (11.7048)	0.1347*** (15.7091)	0.1479*** (32.5951)	0.1095*** (34.2896)	-0.0057*** (-8.9670)	0.1444*** (31.8681)	0.1079*** (33.7632)
Lev	-0.2807*** (-5.2322)	0.0701* (1.7193)	-0.0029 (-0.3435)	-0.2815*** (-5.2513)	0.0704* (1.7275)	-0.3136*** (-12.7890)	0.0378** (2.1906)	0.0084** (2.4383)	-0.3085*** (-12.6245)	0.0401** (2.3278)
Roa	0.4018*** (2.6918)	-0.0470 (-0.4139)	-0.0956*** (-4.0670)	0.3751** (2.5075)	-0.0360 (-0.3167)	0.4390*** (6.7009)	-0.0626 (-1.3573)	-0.0582*** (-6.3189)	0.4037*** (6.1776)	-0.0786* (-1.7054)
Growth	-0.0071 (-0.4172)	0.0343*** (2.6549)	-0.0073*** (-2.7155)	-0.0091 (-0.5361)	0.0351*** (2.7156)	0.0030 (0.3956)	0.0324*** (5.9815)	-0.0081*** (-7.5018)	-0.0019 (-0.2435)	0.0302*** (5.5674)

续表

变量	(1) Exploration	(2) Exploitation	(3) Myopia	(4) Exploration	(5) Exploration	(6) Exploration	(7) Exploitation	(8) Myopia	(9) Exploration	(10) Exploitation
TobinQ	0.0020 (0.2822)	-0.0063 (-1.1797)	-0.0016 (-1.4427)	0.0015 (0.2190)	-0.0061 (-1.1452)	0.0016 (0.4969)	-0.0122*** (-5.3435)	-0.0022*** (-4.8205)	0.0003 (0.0867)	-0.0128*** (-5.6131)
Soe	0.0095 (0.3961)	0.0196 (1.0764)	0.0041 (1.0903)	0.0107 (0.4442)	0.0192 (1.0505)	-0.0282*** (-2.7215)	-0.0318*** (-4.3598)	0.0117*** (8.0050)	-0.0212** (-2.0433)	-0.0286*** (-3.9175)
Top1	-0.4296*** (-4.6839)	-0.4210*** (-6.0402)	0.0051 (0.3542)	-0.4282*** (-4.6719)	-0.4216*** (-6.0490)	-0.3503*** (-8.5624)	-0.2949*** (-10.2455)	0.0082 (1.4286)	-0.3453*** (-8.4707)	-0.2926*** (-10.1814)
Balance	-0.0736*** (-3.4153)	-0.0339** (-2.0716)	0.0031 (0.9097)	-0.0727*** (-3.3775)	-0.0343** (-2.0930)	-0.0477*** (-5.1190)	-0.0236*** (-3.6014)	0.0012 (0.8816)	-0.0470*** (-5.0621)	-0.0233*** (-3.5581)
Mshare	0.3569*** (5.1095)	0.1161** (2.1872)	-0.0440*** (-4.0000)	0.3446*** (4.9231)	0.1211** (2.2753)	0.2953*** (11.6080)	0.1469*** (8.2083)	-0.0172*** (-4.8176)	0.2849*** (11.2303)	0.1422*** (7.9494)
Listage	-0.2610*** (-15.1898)	-0.0993*** (-7.6048)	0.0127*** (4.6923)	-0.2574*** (-14.9344)	-0.1007*** (-7.6850)	-0.2336*** (-34.3002)	-0.0791*** (-16.4976)	0.0097*** (10.0839)	-0.2278*** (-33.4582)	-0.0764*** (-15.9168)
Board	0.1243** (2.1470)	0.1614*** (3.6682)	-0.0206** (-2.2564)	0.1186** (2.0476)	0.1638*** (3.7184)	0.0682*** (2.7181)	-0.0078 (-0.4399)	-0.0005 (-0.1341)	0.0679*** (2.7165)	-0.0079 (-0.4480)

续表

变量		(1)	(2)	(3)	(4)	(5)	(6)	(7)	(8)	(9)	(10)
		Exploration	Exploitation	Myopia	Exploration	Exploitation	Exploration	Exploitation	Myopia	Exploration	Exploitation
Indep		0.0086	0.1959	-0.0565	-0.0071	0.2024	0.1483*	-0.0586	-0.0169	0.1380	-0.0633
		(0.0382)	(1.1441)	(-1.5927)	(-0.0317)	(1.1813)	(1.6660)	(-0.9360)	(-1.3504)	(1.5565)	(-1.0117)
Dual		0.0206	0.0320*	-0.0093**	0.0180	0.0330*	0.0115	0.0003	-0.0030**	0.0096	-0.0006
		(0.8807)	(1.8025)	(-2.5200)	(0.7698)	(1.8601)	(1.2717)	(0.0422)	(-2.3847)	(1.0723)	(-0.0891)
Constant		0.9653***	1.7137***	0.2563***	1.0367***	1.6844***	0.7199***	2.7261***	0.1965***	0.8389***	2.7803***
		(3.4072)	(7.9592)	(5.7430)	(3.6399)	(7.7764)	(6.2982)	(33.9019)	(12.2357)	(7.3329)	(34.4685)
Observations		15212	15212	15212	15212	15212	15278	15278	15278	15278	15278
R-Squared		0.3966	0.3044	0.1441	0.3978	0.3048	0.3671	0.2584	0.1245	0.3717	0.2606
Year		Yes	Yes	Yes	Yes	Yes	Yes	Yes	Yes	Yes	Yes
Industry		Yes	Yes	Yes	Yes	Yes	Yes	Yes	Yes	Yes	Yes

注: *、 ** 和 *** 分别表示在 10%、 5% 和 1% 的水平上显著; 括号中为 t 值。

短视主义的弱化作用。列（9）和列（10）中社会邻近性与高管短视主义的系数分别显著为 0.6576、0.2344、−0.6059 和 0.2755，说明社会邻近性通过弱化高管的短视主义而促进企业的战略创业行为，短视主义的高管规避风险高的探索性战略创业，偏爱回报周期短的开发性战略创业。

第六节　本章小结

尽管创业和战略是独立发展的，但两者都致力于公司的发展和财富的创造。战略创业的基本概念是将创业思维与战略思维联系起来，而不管公司的规模、环境和资源如何。任何公司都很难在只专注于一个学科的情况下发展和保持竞争力。从战略创业的角度来看，具备可以合理调配战略资源（即培养优势）的新创企业和可以有效识别创业机会（即寻求机会）的成熟企业可以在市场上维持可持续性的竞争力。战略创业可以被构建为一个"输入—过程—输出"的战略创业 IPO 模型，其中已有大量研究探索战略创业的输出端，对于过程端，个人参与战略创业行为是资源协调过程的基础，然而，对战略创业微观基础的研究目前十分有限。微观基础视角将个人作为分析的基本层次，探索个人特质如何帮助企业实现战略创业。为此，本章努力打开组织这个"黑箱"，将高管特质分为过度自信和短视主义两个维度，探究不同个人特质的高管在邻近组织与战略创业关系之间如何发挥作用。

为了探究高管过度自信和高管短视主义在战略创业 IPO 模型中所起到的中介作用，本章以 2011～2020 年在沪市和深市上市的 A 股公司作为研究对象，使用性别、年龄、两职合一、学历和专业背景五个维度指标合成高管的过度自信指标，使用研发支出削减构建了高管的短视主义指标。研究结果表明，高管的过度自信和短视主义在邻近性与战略创业之间发挥着部分中介作用，具体而言，邻近性可以大大推动企业进行探索性战略创业和开发性战略创业，高管的过度自信同时加强探索性战略创业和开发性战略创业，高管的短视主义一方面抑制探索性战略创业，另一方面又推动开发性战略创业。上述结论在经过一系列稳健性检验和内生性检验后依旧成立。

第五章

地理邻近性、社会邻近性
影响战略创业的情景分析

第一节 问题的提出

许多研究已经讨论了战略创业这个热门话题，从理论上分析，战略创业是双重性的，表现为具体两个独立的研究课题。一部分是创业活动，另一部分是战略管理。战略创业结合这两个领域，为管理动态的不确定性提供了解决方案（Bruton et al.，2013；Demil et al.，2015）。资源少、经验少的小公司只能被迫使用积极主动的战略，在利基市场中探索机会，但这些高风险行为却很难获得竞争优势。相比之下，大公司可以利用丰富的经验和资源实现成功（Sirmon et al.，2007），但是大公司容易遭到新进入的竞争对手的攻击。

战略创业通过结合基于创业的行为和基于战略管理的行为来创造一种建设性的平衡（Chang and Wang，2013），这种结合对于创业和战略而言都是一个重大的进步。战略创业的核心概念包括与环境不确定性相协调的制度平衡和稳定性。它被认为是以探索为目的的合作开放结构和以开发为目的的标准正式结构之间的传统悖论的解决方案（Klein et al.，2013）。可以将采用战略创业的组织想象成一只睁着眼睛睡觉的狼，时刻准备着狩猎。根据理论和实践研究，许多公司打算遵循战略创业，并将其用作竞争优势的工具（Meuleman et al.，2009；Kraus et al.，2011；Dogan，2015）。

在现如今不断变化的竞争环境中，公司面临的竞争日益激烈、技术进步迅速、产品寿命缩短，机械化组织所加剧的僵化、风险厌恶和冷漠阻碍了企业的发展，被认为不是当前竞争条件下的最佳选择。因此，以变革为导向、喜欢冒险和重视持续竞争优势的战略创业越来越受欢迎。一些国际知名公司正是由于没有在恰当的时机进行合理的战略创业而退出了竞争舞台，例如专注于质量的诺基亚公司没有抓住市场机会进行战略创业而在智能手机的竞争中失利。相反，国内一些公司如华为、小米等正是由于不断地瞄准市场机会、合理调配资源而成为标杆企业。由此可见，在 VUCA 时代下，企业必须在关注市场机会的同时培养竞争优势，战略创业关系到任何企业的生存与发展。

现有研究较少考察外部环境对邻近组织与战略创业之间关系的影响。本章结合希特等（2011）构建的"输入—过程—输出"战略创业 IPO 模型，着重研究战略创业的过程处理，在前期资源输入到企业后，企业调用资源、把握时机，从而实现最终战略创业的胜利。鲜有文章关注企业在战略创业过程中外部环境不确定性所产生的影响。本书将以环境动态性和丰富性作为外部环境不确定性的代表因素，讨论其对邻近性与不同战略创业模式之间关系的调节作用。其中，环境动态性是企业所处环境中顾客、合作伙伴、竞争者、政府等各利益相关方的需求变化；环境丰富性则反映了企业所处环境对企业生存发展所需资源的支持程度，包括人才、技术、资金及各种生产要素等资源的充裕程度。

第二节　理论分析与研究假设

资源基础理论认为，对于某些重要的战略性资源，组织几乎无法实现自给自足，要想获取必须依赖于外部的邻近组织予以供应（Heide，1994）。随着竞争优势是否可以持续保持以及保持多久的疑问被社会各界人士提出，资源基础理论无法回答动态环境下的企业如何通过资源基础观来获取竞争优势、维持竞争优势的问题（Helfat and Peteraf，2003）。既然"一招鲜，吃遍天"的时代已经过去，那么企业如何在 VUCA 环境中保持竞争优势呢？为此，企业既要在现有业务领域寻求竞争优势（advantage seeking），又要识别和利用新业务领域的机会（opportunity seeking）。根据斯科特和戴维斯（Scott and Davis，2007）提出的"环境—行为"研究范式可知，企业不是孤岛，企业所处的外部环境会影响企业内部的决策制定和运营操作。由此可见，外部环境会影响企业利用邻近组织资源进行战略创业最终提升竞争优势的过程。现有研究较少考察外部环境对邻近组织与战略创业关系的影响。本书研究将以环境动态性和环境丰富性作为外部环境不确定性的代表因素，探索其对邻近组织与战略创业关系的调节作用。

一、环境动态性的调节作用

戴斯和比尔德（Dess and Beard，1984）指出，环境动态性是企业所处外部环境的变化频率。更具体地，米勒（1987）、陈国权和王晓辉（2012）将环境动态性细分为市场中机会、技术、产品、服务、需求等活动的变化。企业的战略创业会随着环境动态性的高低程度而及时调整。当外界环境变化迅速时，市场机会、产品技术、顾客需求等变化较快，企业面临极大的挑战，这时企业需要尽快进行战略调整，积极探索以应对环境突变。当外界环境变化速率较低时，这时的产品更新换代缓慢，市场较为稳定，顾客的创新需求并不急迫，企业此时要抓紧时间"休养生息"，只需要在原有竞争优势的基础上进行改进和开发，便可应对环境渐变。

扬森等（Jansen et al. , 2005）研究表明，企业在高技术动态性的外界环境下，市场上产品更新换代的速度会非常快，随之产生巨大的变革、大量的变异和持续不断的市场机会。这些变革、变异和机会是企业探索活动的源头，是企业开展探索性战略创业的原动力。探索性战略创业可以瞄准当前外部环境中涌现出的新机会，根据机会而发明创造出新的产品、新的市场和新的服务范畴，这些突破式变革打破了原有的核心能力和竞争优势，往往可以适用于技术动态性较强时。此外，如果企业所处的技术环境比较稳定，技术更新迭代速度比较缓慢，此时，企业"大刀阔斧"地进行探索性战略创业并不是明智之选，探索性战略创业在此时为企业带来的市场溢价比较低，而且过于先进的技术可能并不会得到消费者的认可。在这种情况下，企业出于风险、成本等因素的考虑，会更加依赖于开发性战略创业，只需要在原有的技术、资源基础上升级、维护，就可以获取较高的市场收益。

除了技术动态性以外，市场环境中的顾客需求动态性也是衡量环境动态性的重要指标，需求动态性代表顾客的消费偏好、消费特征以及顾客群体的变化程度。随着产品的不断更新换代以及竞争对手的不断进步，争取客户和市场份额成为关键，自由竞争市场转变为买方市场，顾客享有绝对的话语权，企业必须根据市场需求的变化调整战略创业的方向。当顾客的需求变动较大较快时，企业应该迅速响应，调用企业自有资源和邻近组织提供的资源进行探索性战略创业。虽然探索性战略创业所需要的资金量比较大，承受的风险比较高，但是此时市场上的顾客需求出现巨大缺口，一旦掌握先机便会收获巨额的超额收益。当顾客的需求个性化程度较低时，企业往往更加倾向于在原有的技术基础上进行开发性战略创业活动。此时企业只需要充分利用已有的知识、经验、技术和流程，开发性战略创业的成本和风险都偏低，并且还有规模效应，此时选择细针密缕的保守式变革活动便足以适应市场上顾客需求的渐变。

综上所述，邻近组织为企业带来资源是促进企业进行战略创业的前提条件，当企业收获邻近组织的资源后，如何利用资源去选择战略创业的类型还需要视具体的环境动态性而定。当环境动态性较强时，应该抓住市场先机，进行激进的探索性战略创业；当环境动态性较弱时，应该把握现有的竞争优势，进行保守的开发性战略创业。因此，本章提出如下假设。

H5 – 1a：环境动态性正向调节地理邻近性与探索性战略创业行为之间的关系。

H5 – 1b：环境动态性正向调节社会邻近性与探索性战略创业行为之间的关系。

H5 – 1c：环境动态性负向调节地理邻近性与开发性战略创业行为之间的关系。

H5 – 1d：环境动态性负向调节社会邻近性与开发性战略创业行为之间的关系。

本章具体的研究思路如图 5.1 所示。

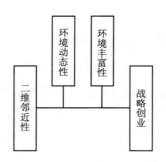

图 5.1　邻近性、环境不确定性与战略创业

二、环境丰富性的调节作用

戴斯和比尔德（1984）指出，环境丰富性被定义为支持组织发展的外部资源的充足程度和可用性。斯塔布克（Starbuck，1976）的环境丰富性概念是指环境能够支持组织持续增长的程度，这与奥德里奇（Aldrich）的环境容量概念非常相似。这两种说法都指出，组织寻求可以使其增长和稳定的环境。例如，这种增长和稳定可能允许组织产生闲置资源（Cyert and March，1963），这反过来可以在相对稀缺的时期为组织提供缓冲。在商业政策文献中，霍费尔（Hofer，1990）指出，产业或产品进化周期是"决定适当商业战略的最基本变量"。这个周期的主要变量是销售增长率，这是决定一个环境是否富裕的主要因素。快速增长的市场具有较高的环境丰富性，表明企业存在增长和扩张的机会。

　　依据外部环境的丰富程度来调整探索性战略创业和开发性战略创业是所有企业维持生存和发展的关键所在。环境丰富性越高可以为企业提供的市场机会和可用资源就越多。比如，随着智能手机时代的不断推进，顾客对于手机的要求早就不满足于接打电话和收发信息，顾客对于手机的需求变得丰富多样。当前产品已无法满足顾客需求，从而在市场上产生巨大的投资机会。探索性战略创业的行动特点之一是要及时抢占市场，从而迅速地填补市场空白。此外，环境丰富性较高时，企业从外界可获得的资源也十分丰富。一方面为企业带来前所未有的投资机会，另一方面又为企业提供了丰富的资源，此时企业可以无后顾之忧地进行迅速的探索性战略创业。面临市场巨大缺口，企业开创性地进行创新创业活动，邻近组织带来的资源和环境中提供的资源帮助企业可以及时把握住市场机会，迅速抢占市场份额。

　　环境丰富性越低可以为企业提供的市场机会就越少，企业可以使用的外部资源也越少。此时，市场上的产品和服务基本上可以满足顾客的需求，这时需要的是一种保守式的创业导向，开发性战略创业就是在市场机会较少时企业可以实施的一种行为，只需要在原有产品和服务的基础上稍微精进便可满足顾客需求。此外，环境丰富性低时外界可供企业使用的资源也比较匮乏，企业唯一可以依靠的便是邻近组织带来的资源，那么企业便不会进行探索性活动，探索性战略创业所需要的资源太多，在本就贫瘠的环境下企业不敢浪费资源去做冒险活动。相反的是，开发性战略创业活动会变得活跃起来。开发性战略创业不需要大量的资源供给，保守、稳定是这种活动的特点。企业根据邻近组织传递进来的有限的资源和技术，尽可能地在原有想法的基础上进行改进，从而既可以满足顾客微小变动的需求，又减少了不必要的资源浪费。

综上所述，环境丰富性直接影响企业的增长和扩张，当环境丰富性较高时，有着大量资源可供企业进行以大量抢占市场份额的探索性战略创业，而环境丰富性较低时，企业只得依靠邻近组织所带来的有限资源，此时企业会选择保守、稳定的策略，开发性战略创业活动在此时变得更合时宜。据此，提出如下假设。

H5－2a：环境丰富性正向调节地理邻近性与探索性战略创业行为之间的关系。

H5－2b：环境丰富性正向调节社会邻近性与探索性战略创业行为之间的关系。

H5－2c：环境丰富性负向调节地理邻近性与开发性战略创业行为之间的关系。

H5－2d：环境丰富性负向调节社会邻近性与开发性战略创业行为之间的关系。

第三节　研究设计

一、样本选择与数据来源

样本选择与数据来源同第四章第三节。

二、模型设计

为了探究环境动态性和环境丰富性对多维邻近性与战略创业之间关

系的影响，本章构建了如下交乘项回归模型。为了克服可能存在的内生性干扰，本章控制了年份和行业的固定效应，对自变量、调节变量和控制变量都进行了滞后一期处理，即本章因变量的研究区间为 2012~2020年，自变量、调节变量和控制变量的研究区间为 2011~2019 年。

$$
\begin{aligned}
\text{Exploration}_{i,t}/\text{Exploitation}_{i,t} = {} & \alpha_0 + \alpha_1 \text{Geographic\_Proximity}_{i,t-1} \\
& + \alpha_2 \text{Geographic\_Proximity}_{i,t-1} \\
& \times \text{Eu} + \sum \alpha_j \text{Control}_{i,t-1} \qquad (5.1) \\
& + \sum \text{Year} + \sum \text{Indus} + \varepsilon_{i,t-1}
\end{aligned}
$$

$$
\begin{aligned}
\text{Exploration}_{i,t}/\text{Exploitation}_{i,t} = {} & \beta_0 + \beta_1 \text{Geographic\_Proximity}_{i,t-1} \\
& + \beta_2 \text{Geographic\_Proximity}_{i,t-1} \\
& \times \text{Ef} + \sum \beta_j \text{Control}_{i,t-1} \qquad (5.2) \\
& + \sum \text{Year} + \sum \text{Indus} + \varepsilon_{i,t-1}
\end{aligned}
$$

$$
\begin{aligned}
\text{Exploration}_{i,t}/\text{Exploitation}_{i,t} = {} & \chi_0 + \chi_1 \text{Social\_Proximity}_{i,t-1} \\
& + \chi_2 \text{Social\_Proximity}_{i,t-1} \\
& \times \text{Eu} + \sum \chi_j \text{Control}_{i,t-1} \qquad (5.3) \\
& + \sum \text{Year} + \sum \text{Indus} + \varepsilon_{i,t-1}
\end{aligned}
$$

$$
\begin{aligned}
\text{Exploration}_{i,t}/\text{Exploitation}_{i,t} = {} & \delta_0 + \delta_1 \text{Social\_Proximity}_{i,t-1} \\
& + \delta_2 \text{Social\_Proximity}_{i,t-1} \\
& \times \text{Ef} + \sum \delta_j \text{Control}_{i,t-1} \qquad (5.4) \\
& + \sum \text{Year} + \sum \text{Indus} + \varepsilon_{i,t-1}
\end{aligned}
$$

其中，被解释变量为探索性战略创业（Exploration）和开发性战略创业（Exploitation），解释变量为地理邻近性（Geographic_Proximity）和社会邻近性（Social_Proximity），调节变量为环境动态性（Eu）和环境丰富性（Ef），Control 表示企业的相关控制变量。

三、变量定义

（1）自变量：如前所述。

（2）因变量：如前所述。

（3）调节变量：环境动态性（Eu）和环境丰富性（Ef）。

自从组织理论经过了理性系统阶段、自然系统阶段进入开放系统阶段以来，越来越多的学者开始关注外部环境对于组织内部行为的影响。本章根据已有文献（傅皓天等，2018；李大元，2010），从环境动态性（Eu）和环境丰富性（Ef）两个维度划分环境不确定性。环境不确定性的根源在于外部环境，而外部环境的变化必然会引起企业核心业务活动的波动，并最终导致企业销售收入的波动，环境不确定性可以用公司业绩波动来予以衡量（Ghosh and Olsen，2010；武立东等，2019）。因此，本章利用销售收入来衡量环境动态性和环境丰富性。具体而言，本章以公司第 t 年、第 t-1 年、第 t-2 年、第 t-3 年及第 t-4 年的销售收入为因变量，分别以 5、4、3、2 和 1 为自变量进行回归分析，得到模型回归系数的标准误除以公司 5 年销售额的均值即为环境动态性（Eu），而模型的回归系数除以公司 5 年销售额的均值则为环境丰富性（Ef）。

（4）控制变量：如前所述。

第四节　实证分析

一、描述性统计与相关性分析

（一）描述性统计

表 5.1 汇报了环境动态性和环境丰富性，其中环境动态性的均值和

中位数分别为 0.0583 和 0.0399，说明至少一半样本的环境动态性低于均值；环境丰富性的最小值和最大值分别为 - 0.6017 和 0.7445，说明样本的环境丰富性存在较大差异。其他变量的描述性统计结果如前文所述。

表 5.1　　　　　　　　　　　描述性统计

变量	平均值	标准差	最小值	中位数	最大值
Eu	0.0583	0.0588	0.0038	0.0399	0.4383
Ef	0.1098	0.1728	- 0.6017	0.1024	0.7445

（二）相关性分析

表 5.2 汇报了环境动态性、环境丰富性与主要变量之间的相关系数。其中，环境动态性与探索性战略创业和开发性战略创业的相关系数分别为 0.1862 和 0.3036，环境丰富性与探索性战略创业和开发性战略创业的相关系数分别为 0.1780 和 0.1867。此外，各解释变量与控制变量之间的相关系数的绝对值均小于 0.45，所以本章的模型并不存在严重的多重共线性问题。

表 5.2　　　　　　　　　核心变量的相关性分析

变量	Exploration	Exploitation	Geographic_Proximity	Social_Proximity	Eu	Ef
Exploration	1					
Exploitation	0.4011 ***	1				
Geographic_Proximity	0.0264 *	0.0001 **	1			
Social_Proximity	0.0160 ***	0.0335 ***	- 0.0035	1		
Eu	0.1862 ***	0.3036 *	- 0.0307 *	0.0185 **	1	
Ef	0.1780 ***	0.1867 ***	0.0078	- 0.0264 ***	0.2143 ***	1

注：*、**和***分别表示在10%、5%和1%的水平上显著。

二、调节效应检验

（一）环境动态性的调节效应

表 5.3 汇报了环境动态性是如何影响多维邻近与战略创业行为之间的关系。其中列（1）和列（2）分别为地理邻近性、环境动态性、探索性战略创业的回归结果和地理邻近性、环境动态性、开发性战略创业的回归结果，列（3）和列（4）分别为社会邻近性、环境动态性、探索性战略创业的回归结果和社会邻近性、环境动态性、开发性战略创业的回归结果。列（1）和列（2）的回归结果显示，Geographic_Proximity × Eu 的系数分别为 0.0876 和 −0.0472，通过了 5% 和 10% 的显著性检验，环境动态性可以正向调节地理邻近性对于探索性战略创业的促进作用，负向调节地理邻近性对开发性战略创业的促进作用。列（3）和列（4）的回归结果显示，Social_Proximity × Eu 的系数分别为 1.6790 和 −0.4551，均通过 5% 的显著性检验，验证了环境动态性可以正向加大社会邻近性对于探索性战略创业的促进作用，削弱社会邻近性对开发性战略创业的促进作用。

表 5.3   环境动态性调节效应

变量	（1） Exploration	（2） Exploitation	（3） Exploration	（4） Exploitation
Geographic_Proximity	0.0050 * (1.8099)	0.0088 * (1.8000)		
Social_Proximity			0.7566 *** (5.7657)	0.2917 *** (3.0080)
Social_Proximity × Eu			1.6790 ** (2.1414)	−0.4551 ** (−2.4186)
Eu	1.6061 *** (3.8894)	0.3971 ** (2.2274)	1.3778 *** (7.1536)	0.0596 ** (2.4184)

续表

变量	（1）	（2）	（3）	（4）
	Exploration	Exploitation	Exploration	Exploitation
Geographic_ Proximity × Eu	0. 0876 ** (2. 3296)	− 0. 0472 * （− 1. 9153）		
Size	0. 1144 *** (11. 8691)	0. 1316 *** (17. 4196)	0. 1220 *** (28. 3938)	0. 1101 *** (34. 6897)
Lev	− 0. 2492 *** （− 5. 2277）	0. 1146 *** (3. 0704)	− 0. 2649 *** （− 11. 4728）	0. 0632 *** (3. 7032)
Roa	0. 3820 *** (2. 7948)	0. 0176 (0. 1639)	0. 4954 *** (7. 7660)	− 0. 0124 （− 0. 2628）
Growth	0. 0372 ** (2. 1497)	0. 0217 (1. 5986)	0. 0475 *** (5. 6436)	0. 0336 *** (5. 4068)
TobinQ	− 0. 0029 （− 0. 4511）	− 0. 0079 （− 1. 5573）	− 0. 0084 *** （− 2. 6474）	− 0. 0147 *** （− 6. 2633）
Soe	0. 0254 (1. 2380)	0. 0043 (0. 2652)	0. 0023 (0. 2381)	− 0. 0146 ** （− 2. 0809）
Top1	− 0. 3061 *** （− 3. 9052）	− 0. 2995 *** （− 4. 8780）	− 0. 1801 *** （− 4. 7383）	− 0. 2587 *** （− 9. 2096）
Balance	− 0. 0605 *** （− 3. 1629）	− 0. 0141 （− 0. 9432）	− 0. 0226 ** （− 2. 4748）	− 0. 0122 * （− 1. 8060）
Mshare	0. 4783 *** (6. 5170)	0. 2428 *** (4. 2229)	0. 4275 *** (13. 5841)	0. 2247 *** (9. 6615)
Listage	− 0. 2862 *** （− 13. 6698）	− 0. 0903 *** （− 5. 5052）	− 0. 2968 *** （− 30. 3964）	− 0. 1038 *** （− 14. 3892）
Board	0. 0851 * (1. 7472)	0. 1897 *** (4. 9696)	0. 0750 *** (3. 1581)	0. 0276 (1. 5732)
Indep	0. 0025 (0. 0131)	0. 3655 ** (2. 4870)	0. 1957 ** (2. 3488)	0. 0901 (1. 4631)

续表

变量	(1) Exploration	(2) Exploitation	(3) Exploration	(4) Exploitation
Dual	0.0234 (1.0897)	0.0166 (0.9834)	0.0188** (1.9969)	−0.0051 (−0.7323)
Constant	1.3272*** (5.4016)	1.5760*** (8.1869)	1.1587*** (10.6652)	2.5042*** (31.1904)
Observations	15322	15322	15322	15322
R-Squared	0.4181	0.3329	0.4272	0.3196
Year	Yes	Yes	Yes	Yes
Industry	Yes	Yes	Yes	Yes

注：*、**和***分别表示在10%、5%和1%的水平上显著；括号中为t值。

（二）环境丰富性的调节效应

表5.4汇报了环境丰富性是如何影响多维邻近与战略创业行为之间的关系。其中列（1）和列（2）分别为地理邻近性、环境丰富性、探索性战略创业的回归结果和地理邻近性、环境丰富性、开发性战略创业的回归结果，列（3）和列（4）分别为社会邻近性、环境丰富性、探索性战略创业的回归结果和社会邻近性、环境丰富性、开发性战略创业的回归结果。列（1）和列（2）的回归结果显示，Geographic_Proximity × Ef 的系数分别为0.0170和−0.0426，分别通过10%和5%的显著性检验，环境丰富性可以正向调节地理邻近性对于探索性战略创业的促进作用，负向调节地理邻近性与开发性战略创业之间的促进作用。列（3）和列（4）的回归结果显示，Social_Proximity × Ef 的系数分别为0.7562和−1.0215，均通过5%和1%的显著性检验，验证了环境丰富性可以正向加大社会邻近性对于探索性战略创业的促进作用，削弱社会邻近性对开发性战略创业的促进作用。

表 5.4 环境丰富性调节效应

变量	(1) Exploration	(2) Exploitation	(3) Exploration	(4) Exploitation
Geographic_Proximity	0.0099 ** (1.9722)	0.0087 ** (2.2153)		
Social_Proximity			0.9245 *** (8.3041)	0.4127 *** (5.0416)
Social_Proximity × Ef			0.7562 ** (2.4853)	− 1.0215 *** (− 2.7284)
Ef	0.4276 *** (2.8596)	0.4501 *** (3.8611)	0.4960 *** (7.4946)	0.3892 *** (7.9994)
Geographic_ Proximity × Ef	0.0170 * (1.7050)	− 0.0426 ** (− 2.2739)		
Size	0.1139 *** (11.7732)	0.1279 *** (16.9619)	0.1181 *** (27.3482)	0.1038 *** (32.6676)
Lev	− 0.2897 *** (− 6.0541)	0.0964 *** (2.5851)	− 0.3046 *** (− 13.1612)	0.0433 ** (2.5425)
Roa	0.3777 *** (2.7483)	− 0.1191 (− 1.1116)	0.4721 *** (7.3877)	− 0.1342 *** (− 2.8568)
Growth	− 0.0608 *** (− 3.8509)	0.0056 (0.4548)	− 0.0647 *** (− 8.3075)	0.0023 (0.4026)
TobinQ	− 0.0037 (− 0.5767)	− 0.0061 (− 1.2223)	− 0.0104 *** (− 3.2883)	− 0.0133 *** (− 5.7175)
Soe	0.0442 ** (2.1506)	0.0078 (0.4875)	0.0241 ** (2.5323)	− 0.0074 (− 1.0526)
Top1	− 0.3730 *** (− 4.7535)	− 0.3211 *** (− 5.2489)	− 0.2434 *** (− 6.4281)	− 0.2703 *** (− 9.7091)
Balance	− 0.0789 *** (− 4.1182)	− 0.0190 (− 1.2731)	− 0.0433 *** (− 4.7394)	− 0.0189 *** (− 2.8099)
Mshare	0.4602 *** (6.2548)	0.2298 *** (4.0056)	0.3945 *** (12.5089)	0.2006 *** (8.6486)

变量	（1）Exploration	（2）Exploitation	（3）Exploration	（4）Exploitation
Listage	−0.2868 *** （−13.6806）	−0.0798 *** （−4.8819）	−0.3005 *** （−30.9020）	−0.0946 *** （−13.2304）
Board	0.1155 ** （2.3672）	0.1977 *** （5.1973）	0.0987 *** （4.1597）	0.0366 ** （2.0991）
Indep	0.0594 （0.3163）	0.4012 *** （2.7383）	0.2346 *** （2.8167）	0.1122 * （1.8327）
Dual	0.0355 * （1.6472）	0.0191 （1.1407）	0.0173 * （1.8426）	−0.0062 （−0.8913）
Constant	1.1731 *** （4.7855）	1.5958 *** （8.3500）	1.1153 *** （10.3049）	2.5696 *** （32.2876）
Observations	15322	15322	15322	15322
R-Squared	0.4167	0.3379	0.4281	0.3274
Year	Yes	Yes	Yes	Yes
Industry	Yes	Yes	Yes	Yes

注：* 、** 和 *** 分别表示在10% 、5% 和1% 的水平上显著；括号中为 t 值。

第五节　稳健性检验与内生性分析

一、稳健性检验

虽然本章在理论逻辑上进行了大量的论述，同时在实证层面上得到了可靠的验证结果，但是本章的回归结果仍然可能存在偏误甚至错误的可能性，因此本章再次进行了稳健性检验。

（一）环境动态性的分组检验

为了检验环境动态性是否会影响多维邻近性与战略创业行为之间的

正相关关系，本章按照环境动态性将样本企业划分为高环境动态性子样本（High_Eu）和低环境动态性子样本（Low_Eu），再次进行回归分析，结果如表5.5所示。列（1）~列（4）为地理邻近性、环境动态性与战略创业之间的回归结果，列（1）和列（2）的系数分别为0.0142和0.0046，其中列（1）的系数通过了5%的显著性检验，而列（2）的系数并未通过显著性检验，说明地理邻近性与探索性战略创业之间的正相关性主要发生在环境动态性比较高的情境下。同理，列（3）和列（4）的系数分别为0.0037和0.0089，列（3）的系数并未通过显著性检验，列（4）的系数通过了10%水平的显著性检验，说明地理邻近性与开发性战略创业之间的正相关性主要发生在环境动态性比较低的情境下。

列（5）~列（8）为社会邻近性、环境动态性与战略创业之间的回归结果，列（5）和列（6）的系数分别为0.8590和0.4708，其中列（5）的系数显著性要高于列（6）的显著性，说明社会邻近性与探索性战略创业之间的正相关性主要发生在环境动态性比较高的情境下。同理，列（7）和列（8）的系数分别为0.2014和0.4392，其中列（8）的系数显著性要高于列（7）的显著性，说明社会邻近性与开发性战略创业之间的正相关性主要发生在环境动态性比较低的情境下。

（二）环境丰富性的分组检验

为了检验环境丰富性是否会影响多维邻近性与战略创业行为之间的正相关关系，本章按照环境丰富性将样本企业划分为高环境丰富性子样本（High_Ef）和低环境丰富性子样本（Low_Ef），再次进行回归分析，结果如表5.6所示。列（1）~列（4）为地理邻近性、环境丰富性与战略创业之间的回归结果，列（1）和列（2）的系数分别为0.0138和0.0048，其中列（1）的系数通过了5%的显著性检验，而列（2）的系数并未通过显著性检验，说明地理邻近性与探索性战略创业之间的正相关性主要发生在环境丰富性比较高的情境下。同理，列（3）和列（4）的系数分别为0.0040和0.0067，列（3）的系数并未通过显著性检验，

表 5.5 环境动态性的分组检验

变量	High_Eu Exploration (1)	Low_Eu Exploration (2)	High_Eu Exploitation (3)	Low_Eu Exploitation (4)	High_Eu Exploration (5)	Low_Eu Exploration (6)	High_Eu Exploitation (7)	Low_Eu Exploitation (8)
Geographic_Proximity	0.0142** (2.2229)	0.0046 (0.7065)	0.0037 (0.6957)	0.0089* (1.7953)				
Social_Proximity					0.8590*** (6.1287)	0.4708** (2.2626)	0.2014** (1.9775)	0.4392*** (4.3260)
Size	0.1288*** (9.4812)	0.1029*** (7.4820)	0.1422*** (13.5324)	0.1241*** (11.2668)	0.1281*** (20.6401)	0.1142*** (18.9897)	0.1136*** (25.1872)	0.1057*** (23.3354)
Lev	-0.1891*** (-3.0547)	-0.3466*** (-4.5986)	0.1051** (2.1961)	0.1249** (2.0680)	-0.2475*** (-8.0684)	-0.3097*** (-8.7763)	0.0503** (2.2569)	0.0520* (1.9545)
Roa	0.2941* (1.7534)	0.5381** (2.2704)	0.0452 (0.3488)	-0.1824 (-0.9608)	0.4072*** (5.1407)	0.5614*** (5.0962)	0.0570 (0.9901)	-0.2890*** (-3.4822)
Growth	-0.0165 (-1.0790)	0.3447*** (3.8851)	0.0210* (1.7821)	0.1503** (2.1138)	-0.0144* (-1.9090)	0.4327*** (10.8517)	0.0193*** (3.5102)	0.2830*** (9.4212)
TobinQ	-0.0040 (-0.4690)	0.0001 (0.0111)	-0.0027 (-0.4029)	-0.0098 (-1.2285)	-0.0231*** (-5.4215)	0.0077 (1.5746)	-0.0181*** (-5.8420)	-0.0082** (-2.2229)

续表

变量	High_Eu Exploration (1)	Low_Eu Exploration (2)	High_Eu Exploitation (3)	Low_Eu Exploitation (4)	High_Eu Exploration (5)	Low_Eu Exploration (6)	High_Eu Exploitation (7)	Low_Eu Exploitation (8)
Soe	0.0383 (1.3534)	0.0153 (0.5056)	-0.0055 (-0.2521)	0.0232 (0.9597)	0.0124 (0.9184)	0.0146 (1.0909)	-0.0311*** (-3.1697)	0.0043 (0.4248)
Top1	-0.2656** (-2.4746)	-0.3544*** (-3.0962)	-0.3003*** (-3.6193)	-0.3012*** (-3.2839)	-0.1371** (-2.5753)	-0.2286*** (-4.2309)	-0.1958*** (-5.0610)	-0.3099*** (-7.6117)
Balance	-0.0706*** (-2.7351)	-0.0669** (-2.3683)	-0.0274 (-1.3713)	-0.0005 (-0.0210)	-0.0278** (-2.1687)	-0.0248* (-1.9134)	-0.0047 (-0.5098)	-0.0212** (-2.1784)
Mshare	0.4386*** (4.3913)	0.4802*** (4.4333)	0.1535** (1.9870)	0.3349*** (3.8589)	0.4978*** (10.9253)	0.3442*** (7.9745)	0.1648*** (4.9775)	0.2641*** (8.1206)
Listage	-0.3650*** (-12.4347)	-0.2062*** (-6.8308)	-0.0906*** (-3.9893)	-0.0884*** (-3.6568)	-0.3643*** (-26.3489)	-0.2351*** (-17.1009)	-0.1057*** (-10.5168)	-0.0980*** (-9.4640)
Board	0.0624 (0.8780)	0.1514** (2.2568)	0.1316** (2.3938)	0.2275*** (4.2310)	0.0970*** (2.8104)	0.0746** (2.2977)	0.0538** (2.1475)	0.0124 (0.5057)
Indep	-0.0723 (-0.2708)	0.0263 (0.1003)	0.0200 (0.0968)	0.6682*** (3.1744)	0.1346 (1.1020)	0.3056*** (2.7029)	0.0356 (0.4008)	0.1423* (1.6699)

续表

变量	High_Eu Exploration (1)	Low_Eu Exploration (2)	High_Eu Exploitation (3)	Low_Eu Exploitation (4)	High_Eu Exploration (5)	Low_Eu Exploration (6)	High_Eu Exploitation (7)	Low_Eu Exploitation (8)
Dual	0.0067 (0.2271)	0.0577* (1.8576)	-0.0112 (-0.4884)	0.0349 (1.4013)	0.0095 (0.7155)	0.0279** (2.1117)	-0.0002 (-0.0158)	-0.0133 (-1.3359)
Constant	1.0928*** (3.1707)	1.3215*** (3.7222)	1.6235*** (6.0915)	1.5437*** (5.4273)	0.9575*** (6.1087)	1.1545*** (7.7423)	2.4098*** (21.1569)	2.5608*** (22.7939)
P值	0.0000		0.0000		0.0327		0.0419	
Observations	7683	7639	7683	7639	7683	7639	7683	7639
R-Squared	0.4200	0.4384	0.3554	0.3349	0.4504	0.4048	0.3462	0.3044
Year	Yes	Yes	Yes	Yes	Yes	Yes	Yes	Yes
Industry	Yes	Yes	Yes	Yes	Yes	Yes	Yes	Yes

注：*、**和***分别表示在10%、5%和1%的水平上显著；括号中为 t 值。

表5.6

环境丰富性的分组检验

变量	High_Eu Exploration (1)	Low_Eu Exploration (2)	High_Eu Exploitation (3)	Low_Eu Exploitation (4)	High_Eu Exploration (5)	Low_Eu Exploration (6)	High_Eu Exploitation (7)	Low_Eu Exploitation (8)
Geographic_ Proximity	0.0138 ** (1.9693)	0.0048 (0.7805)	0.0040 (0.8065)	0.0067 ** (2.2688)				
Social_ Proximity					1.0182 *** (7.6612)	0.6407 *** (4.4713)	0.1364 (1.3276)	0.4668 *** (4.6683)
Size	0.1188 *** (8.5830)	0.1033 *** (7.5349)	0.1299 *** (12.3961)	0.1268 *** (11.5210)	0.1158 *** (19.1859)	0.1201 *** (19.1090)	0.1034 *** (23.9020)	0.1056 *** (22.3336)
Lev	−0.3037 *** (−3.9087)	−0.2960 *** (−4.8257)	0.0304 (0.5158)	0.1472 *** (2.9907)	−0.2823 *** (−7.7057)	−0.3151 *** (−10.5674)	−0.0145 (−0.5537)	0.0864 *** (3.8489)
Roa	0.2236 (0.9572)	0.4266 ** (2.4577)	−0.4876 *** (−2.7557)	0.1065 (0.7647)	0.4295 *** (4.4173)	0.4335 *** (5.0604)	−0.2668 *** (−3.8248)	−0.0398 (−0.6178)
Growth	−0.0583 *** (−3.4068)	0.0242 (0.7609)	0.0157 (1.2138)	0.0298 (1.1681)	−0.0515 *** (−6.1502)	−0.0036 (−0.2341)	0.0132 ** (2.1901)	0.0353 *** (3.0209)
TobinQ	0.0040 (0.4134)	−0.0154 * (−1.7291)	0.0016 (0.2155)	−0.0132 * (−1.8425)	−0.0022 (−0.4697)	−0.0244 *** (−5.5456)	−0.0156 *** (−4.6092)	−0.0150 *** (−4.5338)

续表

变量	High_Eu Exploration (1)	Low_Eu Exploration (2)	High_Eu Exploitation (3)	Low_Eu Exploitation (4)	High_Eu Exploitation (5)	Low_Eu Exploitation (6)	High_Eu Exploitation (7)	Low_Eu Exploitation (8)
Soe	0.0222 (0.7134)	0.0557** (1.9899)	-0.0066 (-0.2814)	0.0114 (0.5060)	0.0136 (0.9849)	0.0176 (1.3370)	-0.0192* (-1.9379)	-0.0081 (-0.8144)
Top1	-0.4818*** (-4.2005)	-0.1881* (-1.7250)	-0.4778*** (-5.4996)	-0.1467* (-1.6759)	-0.3047*** (-5.6398)	-0.1055** (-1.9717)	-0.4004*** (-10.3301)	-0.1004** (-2.4932)
Balance	-0.1073*** (-3.7769)	-0.0392 (-1.4951)	-0.0587*** (-2.7262)	0.0245 (1.1645)	-0.0597*** (-4.6408)	-0.0074 (-0.5676)	-0.0509*** (-5.5179)	0.0196** (1.9986)
Mshare	0.4759*** (4.8596)	0.4098*** (3.5623)	0.1747** (2.3553)	0.2970*** (3.2163)	0.4195*** (10.2828)	0.3257*** (6.4789)	0.1904*** (6.5068)	0.2064*** (5.4575)
Listage	-0.3130*** (-10.9158)	-0.2270*** (-7.1490)	-0.0714*** (-3.2894)	-0.0787*** (-3.0891)	-0.3151*** (-23.7829)	-0.2619*** (-18.0852)	-0.1036*** (-10.9001)	-0.0700*** (-6.4267)
Board	0.1910*** (2.5907)	0.0378 (0.5728)	0.2331*** (4.1736)	0.1457*** (2.7492)	0.1459*** (4.2526)	0.0407 (1.2402)	0.0517** (2.1009)	0.0068 (0.2771)
Indep	0.4675* (1.7493)	-0.4335 (-1.6238)	0.6688*** (3.3037)	0.0938 (0.4378)	0.2090* (1.7876)	0.2438** (2.0562)	-0.0062 (-0.0740)	0.2062** (2.3123)

续表

变量	High_Eu	Low_Eu	High_Eu	Low_Eu	High_Eu	Low_Eu	High_Eu	Low_Eu
	Exploration	Exploration	Exploitation	Exploitation	Exploration	Exploration	Exploitation	Exploitation
	(1)	(2)	(3)	(4)	(5)	(6)	(7)	(8)
Dual	-0.0176	0.0766**	0.0029	0.0270	0.0186	0.0186	-0.0018	-0.0060
	(-0.5600)	(2.5735)	(0.1212)	(1.1300)	(1.4401)	(1.3594)	(-0.1942)	(-0.5830)
Constant	0.8325**	1.6468***	1.4455***	1.8394***	1.1696***	1.1200***	2.8159***	2.3879***
	(2.2769)	(4.8955)	(5.2194)	(6.8128)	(7.5865)	(7.2710)	(25.4661)	(20.6047)
P值	0.0000		0.0000		0.0487		0.0000	
Observations	7275	8047	7275	8047	7275	8047	7275	8047
R-Squared	0.4344	0.3905	0.3427	0.3245	0.4157	0.3963	0.3048	0.3098
Year	Yes	Yes	Yes	Yes	Yes	Yes	Yes	Yes
Industry	Yes	Yes	Yes	Yes	Yes	Yes	Yes	Yes

注：*、**和***分别表示在10%、5%和1%的水平上显著；括号中为t值。

列（4）的系数通过了 5% 水平的显著性检验，说明地理邻近性与开发性战略创业之间的正相关性主要发生在环境丰富性比较低的情境下。

列（5）~列（8）为社会邻近性、环境丰富性与战略创业之间的回归结果，列（5）和列（6）的系数分别为 1.0182 和 0.6407，其中列（5）的系数显著性等于列（6）的显著性，但是列（5）的系数高于列（6）的系数，说明社会邻近性与探索性战略创业之间的正相关性主要发生在环境丰富性比较高的情境下。同理，列（7）和列（8）的系数分别为 0.1364 和 0.4668，其中列（8）的系数通过了 1% 的显著性检验，而列（7）的系数未通过显著性检验，说明社会邻近性与开发性战略创业之间的正相关性主要发生在环境丰富性比较低的情境下。

二、内生性分析

（一）Heckman 两阶段

针对样本选择偏差可能造成的内生性问题，本章进行了 Heckman 两阶段处理，具体的回归结果如表 5.7 所示。首先，本章根据地理邻近性和社会邻近性的中位数划分出虚拟的地理邻近性和虚拟的社会邻近性。其次，本章利用虚拟的地理邻近性和虚拟的社会邻近性进行第一阶段回归，生成 Imr_Geographic 和 Imr_Social。最后，将 Imr_Geographic 和 Imr_Social 作为控制变量再次进行交互项回归检验。列（1）、列（2）中 Geographic_Proximity × Eu 的回归系数分别为 0.0819 和 −0.0562，均通过了 10% 的显著性检验，列（3）和列（4）中 Geographic_Proximity × Ef 的回归系数分别为 0.0174 和 −0.0440，列（5）~列（8）的交互项系数分别为 1.5075、−0.3365、0.7118、−0.9876，均通过了不同程度的显著性检验。Heckman 两阶段的交互回归结果再次验证了环境动态性会正向调节邻近性与探索性战略创业之间的正相关性，负向调节邻近性与开发性战略创业之间的关系。

表5.7 内生性分析（一）：Heckman 两阶段

变量	(1) Exploration	(2) Exploitation	(3) Exploration	(4) Exploitation	(5) Exploration	(6) Exploitation	(7) Exploration	(8) Exploitation
Geographic_Proximity	0.0056* (1.8028)	0.0097** (1.9893)	0.0101** (2.0028)	0.0092** (2.3391)				
Social_Proximity					0.7436*** (5.6691)	0.2827*** (2.9162)	0.9022*** (8.0955)	0.3957*** (4.8288)
Eu	1.5833*** (3.8261)	0.4365** (2.0469)			1.3686*** (7.1102)	0.0532*** (3.3739)		
Ef			0.4295*** (2.8702)	0.4560*** (3.9105)			0.4861*** (7.3430)	0.3817*** (7.8421)
Geographic_Proximity × Eu	0.0819* (1.9372)	-0.0562* (-1.7844)						
Geographic_Proximity × Ef			0.0174* (1.7219)	-0.0440** (-2.3476)				
Social_Proximity × Eu					1.5075** (2.0252)	-0.3365* (-1.7096)		
Social_Proximity × Ef							0.7118** (2.0982)	-0.9876*** (-2.6383)
Imr_Geographic	0.6710 (0.9014)	1.1153* (1.9131)	0.4016 (0.5412)	1.0604* (1.8335)				

续表

变量	(1) Exploration	(2) Exploitation	(3) Exploration	(4) Exploitation	(5) Exploration	(6) Exploration	(7) Exploration	(8) Exploration
Imr_Social					-1.2429*** (-4.8648)	-0.8594*** (-4.5514)	-0.9576*** (-3.7477)	-0.7309*** (-3.8905)
Size	0.1484*** (3.8215)	0.1879*** (6.1801)	0.1342*** (3.4577)	0.1816*** (6.0021)	0.0243 (1.1851)	0.0426*** (2.8086)	0.0431** (2.1005)	0.0465*** (3.0822)
Lev	-0.1860** (-2.1832)	0.2207*** (3.3076)	-0.2522*** (-2.9694)	0.1969*** (2.9753)	-0.2314*** (-9.6068)	0.0864*** (4.8534)	-0.2785*** (-11.5260)	0.0632*** (3.5575)
Roa	0.0601 (0.1574)	-0.5162* (-1.7264)	0.1863 (0.4915)	-0.6235** (-2.1113)	0.0005 (0.0042)	-0.3546*** (-3.9964)	0.0940 (0.7877)	-0.4228*** (-4.8160)
Growth	0.0822 (1.5615)	0.0961** (2.3301)	-0.0341 (-0.6599)	0.0759* (1.8845)	0.0639*** (7.0497)	0.0449*** (6.7129)	-0.0521*** (-6.1416)	0.0119* (1.9134)
TobinQ	0.0061 (0.5136)	0.0071 (0.7639)	0.0017 (0.1410)	0.0081 (0.8746)	-0.0120*** (-3.6822)	-0.0172*** (-7.1350)	-0.0132*** (-4.0655)	-0.0154*** (-6.4632)
Soe	-0.1233 (-0.7414)	-0.2430* (-1.8659)	-0.0447 (-0.2697)	-0.2272* (-1.7591)	-0.0505*** (-3.4994)	-0.0511*** (-4.7943)	-0.0166 (-1.1513)	-0.0384*** (-3.6210)
Top1	-0.4231*** (-2.7908)	-0.4940*** (-4.1605)	-0.4433*** (-2.9235)	-0.5065*** (-4.2856)	-0.2984*** (-6.6164)	-0.3405*** (-10.2147)	-0.3348*** (-7.4354)	-0.3401*** (-10.2717)
Balance	-0.0690*** (-3.2347)	-0.0283* (-1.6930)	-0.0841*** (-3.9309)	-0.0326* (-1.9540)	-0.0645*** (-5.1377)	-0.0411*** (-4.4355)	-0.0755*** (-6.0209)	-0.0435*** (-4.7137)

续表

变量	(1)	(2)	(3)	(4)	(5)	(6)	(7)	(8)
	Exploration	Exploitation	Exploration	Exploitation	Exploration	Exploitation	Exploration	Exploitation
Mshare	0.5355***	0.3364***	0.4947***	0.3190***	0.5428***	0.3044***	0.4837***	0.2687***
	(5.5474)	(4.4492)	(5.1167)	(4.2342)	(13.7836)	(10.4596)	(12.2446)	(9.2492)
Listage	-0.3083***	-0.1273***	-0.3001***	-0.1152***	-0.3460***	-0.1378***	-0.3387***	-0.1237***
	(-9.5288)	(-5.0249)	(-9.2499)	(-4.5569)	(-24.6246)	(-13.2738)	(-24.0485)	(-11.9506)
Board	0.1484*	0.2948***	0.1534*	0.2976***	-0.4938***	-0.3657***	-0.3396***	-0.2979***
	(1.7368)	(4.4059)	(1.7982)	(4.4772)	(-4.1391)	(-4.1474)	(-2.8456)	(-3.3954)
Indep	0.1781	0.6574***	0.1648	0.6792***	-0.7227***	-0.5449***	-0.4734**	-0.4282***
	(0.6583)	(3.1036)	(0.6092)	(3.2215)	(-3.5024)	(-3.5734)	(-2.2929)	(-2.8206)
Dual	0.0052	-0.0137	0.0246	-0.0096	0.0225**	-0.0025	0.0202**	-0.0040
	(0.1761)	(-0.5922)	(0.8333)	(-0.4182)	(2.3850)	(-0.3623)	(2.1421)	(-0.5722)
Constant	-0.0729	-0.7495	0.3345	-0.6158	6.4313***	6.1500***	5.1766***	5.6697***
	(-0.0464)	(-0.6089)	(0.2134)	(-0.5041)	(5.9044)	(7.6395)	(4.7532)	(7.0802)
Observations	15322	15322	15322	15322	15322	15322	15322	15322
R-Squared	0.4168	0.3332	0.4154	0.3381	0.4280	0.3204	0.4286	0.3280
Year	Yes	Yes	Yes	Yes	Yes	Yes	Yes	Yes
Industry	Yes	Yes	Yes	Yes	Yes	Yes	Yes	Yes

注：*、**和***分别表示在10%、5%和1%的水平上显著；括号中为t值。

（二）地理邻近性的倾向得分匹配

为了尽可能减少由于样本选择以及极端值所引致的内生性问题，本章使用倾向得分匹配法重新处理样本。首先，本章将地理邻近性最高的五分之一作为实验组，其余划为对照组，按照控制变量类型，选取为协变量，进行一比一倾向匹配，匹配后得到5876个样本，使用匹配后的样本重新验证交互项模型，回归结果如表5.8所示。Geographic_Proximity × Eu 和 Geographic_Proximity × Ef 的回归系数分别为 0.0589、−0.1172、0.0083、−0.0880，均通过了显著性检验，这说明在排除样本选择和极端值的干扰后，环境动态性和环境丰富性依旧可以扩大地理邻近性与探索性战略创业之间的正相关性，缩小地理邻近性与开发性战略创业之间的正相关性。

表5.8　　内生性分析（二）：地理邻近性的倾向得分匹配

变量	（1）Exploration	（2）Exploitation	（3）Exploration	（4）Exploitation
Geographic_Proximity	0.0117 * (1.9217)	0.0264 *** (2.6431)	0.0139 * (1.8440)	0.0231 *** (3.0580)
Eu	0.8952 * (1.8444)	0.8193 ** (2.0946)		
Ef			0.2750 * (1.8807)	0.7444 *** (2.6835)
Geographic_Proximity × Eu	0.0589 * (1.9319)	− 0.1172 * （ − 1.8085）		
Geographic_Proximity × Ef			0.0083 * (1.9162)	− 0.0880 ** （ − 2.1970）
Size	0.1480 *** (8.9086)	0.1602 *** (12.2101)	0.1456 *** (8.7388)	0.1567 *** (11.9379)

续表

变量	（1）	（2）	（3）	（4）
	Exploration	Exploitation	Exploration	Exploitation
Lev	−0.3568 ***	−0.0183	−0.3802 ***	−0.0281
	（−4.2692）	（−0.2775）	（−4.5628）	（−0.4289）
Roa	0.5239 **	0.0074	0.5173 **	−0.0859
	（2.2431）	（0.0402）	（2.2342）	（−0.4713）
Growth	−0.0022	0.0154	−0.0552 **	0.0008
	（−0.0792）	（0.7145）	（−2.3255）	（0.0435）
TobinQ	0.0037	−0.0046	0.0042	−0.0018
	（0.3357）	（−0.5274）	（0.3848）	（−0.2103）
Soe	0.0389	0.0627 **	0.0551	0.0706 **
	（1.0801）	（2.2073）	（1.5362）	（2.4971）
Top1	−0.5464 ***	−0.6225 ***	−0.5907 ***	−0.6323 ***
	（−3.9081）	（−5.6379）	（−4.2281）	（−5.7462）
Balance	−0.1221 ***	−0.0575 **	−0.1358 ***	−0.0624 **
	（−3.6514）	（−2.1790）	（−4.0524）	（−2.3647）
Mshare	0.4971 ***	0.3096 ***	0.4877 ***	0.3008 ***
	（4.2135）	（3.3227）	（4.1351）	（3.2374）
Listage	−0.3098 ***	−0.0745 **	−0.3061 ***	−0.0680 **
	（−8.4539）	（−2.5763）	（−8.3467）	（−2.3525）
Board	0.0053	0.1266 *	0.0253	0.1359 **
	（0.0635）	（1.9135）	（0.3024）	（2.0592）
Indep	−0.0431	0.2123	−0.0031	0.2273
	（−0.1437）	（0.8971）	（−0.0104）	（0.9656）
Dual	0.0495	0.0040	0.0559	0.0012
	（1.4376）	（0.1453）	（1.6270）	（0.0456）
Constant	0.9736 **	1.1367 ***	0.9117 **	1.1761 ***
	（2.3383）	（3.4572）	（2.2176）	（3.6325）

续表

变量	（1）	（2）	（3）	（4）
	Exploration	Exploitation	Exploration	Exploitation
Observations	5876	5876	5876	5876
R-Squared	0.4447	0.3476	0.4459	0.3523
Year	Yes	Yes	Yes	Yes
Industry	Yes	Yes	Yes	Yes
R2_A	0.424	0.323	0.425	0.328
F	21.06	14.01	21.16	14.30

注：*、** 和 *** 分别表示在10%、5%和1%的水平上显著；括号中为t值。

（三）社会邻近性的倾向得分匹配

为了尽可能减少由于样本选择以及极端值所引致的内生性问题，本章使用倾向得分匹配法重新处理样本。首先，本章将社会邻近性最高的五分之一作为实验组，其余划为对照组，按照控制变量类型，选取为协变量，进行一比一倾向匹配，匹配后得到5942个样本，使用匹配后的样本重新验证交互项模型，回归结果如表5.9所示。Social_Proximity × Eu 和 Social_Proximity × Ef 的回归系数分别为1.2877、−0.0973、1.7022、−1.6274，通过了显著性检验，这说明在排除样本选择和极端值的干扰后，环境动态性和环境丰富性依旧可以扩大社会邻近性与探索性战略创业之间的正相关性，缩小社会邻近性与开发性战略创业之间的正相关性。

表5.9　　　　内生性分析（三）：社会邻近性的倾向得分匹配

变量	（1）	（2）	（3）	（4）
	Exploration	Exploitation	Exploration	Exploitation
Social_Proximity	0.9390 ***	0.0160 **	1.1296 ***	0.1880 **
	(3.5467)	(20.0799)	(4.8811)	(1.0804)
Eu	0.8728 **	0.0357 **		
	(2.1327)	(2.1156)		

续表

变量	(1)	(2)	(3)	(4)
	Exploration	Exploitation	Exploration	Exploitation
Social_Proximity × Eu	1. 2877 * (1. 8433)	− 0. 0973 ** (− 2. 0439)		
Ef			0. 6306 *** (4. 6047)	0. 4851 *** (4. 7101)
Social_Proximity × Ef			1. 7022 * (1. 7165)	− 1. 6274 ** (− 2. 1822)
Size	0. 1208 *** (18. 6942)	0. 1100 *** (22. 5577)	0. 1187 *** (18. 3837)	0. 1054 *** (21. 6966)
Lev	− 0. 2749 *** (− 7. 0980)	0. 0885 *** (3. 0273)	− 0. 3222 *** (− 8. 3211)	0. 0665 ** (2. 2854)
Roa	0. 5134 *** (4. 6775)	− 0. 0200 (− 0. 2413)	0. 4518 *** (4. 1062)	− 0. 1508 * (− 1. 8226)
Growth	0. 0385 *** (2. 7407)	0. 0343 *** (3. 2367)	− 0. 0618 *** (− 4. 7481)	0. 0027 (0. 2750)
TobinQ	− 0. 0082 (− 1. 4686)	− 0. 0150 *** (− 3. 5737)	− 0. 0088 (− 1. 5979)	− 0. 0132 *** (− 3. 1908)
Soe	0. 0011 (0. 0754)	− 0. 0077 (− 0. 6825)	0. 0222 (1. 4927)	− 0. 0001 (− 0. 0095)
Top1	− 0. 2837 *** (− 4. 7642)	− 0. 2517 *** (− 5. 6021)	− 0. 3686 *** (− 6. 2513)	− 0. 2701 *** (− 6. 0918)
Balance	− 0. 0345 ** (− 2. 3452)	− 0. 0069 (− 0. 6211)	− 0. 0568 *** (− 3. 8742)	− 0. 0141 (− 1. 2775)
Mshare	0. 4283 *** (7. 3122)	0. 2364 *** (5. 3481)	0. 3911 *** (6. 6757)	0. 2081 *** (4. 7226)
Listage	− 0. 2602 *** (− 16. 6480)	− 0. 0913 *** (− 7. 7387)	− 0. 2600 *** (− 16. 7147)	− 0. 0823 *** (− 7. 0345)

续表

变量	(1)	(2)	(3)	(4)
	Exploration	Exploitation	Exploration	Exploitation
Board	0.0437	−0.0465 *	0.0688 *	−0.0368
	(1.1828)	(−1.6693)	(1.8665)	(−1.3259)
Indep	−0.0129	−0.1283	0.0193	−0.1102
	(−0.1004)	(−1.3287)	(0.1507)	(−1.1475)
Dual	0.0336 **	0.0134	0.0300 *	0.0110
	(2.1091)	(1.1121)	(1.8871)	(0.9171)
Constant	1.3208 ***	2.6703 ***	1.2492 ***	2.6939 ***
	(7.7792)	(20.8429)	(7.4316)	(21.3097)
Observations	5942	5942	5942	5942
R-Squared	0.3988	0.3349	0.4018	0.3426
Year	Yes	Yes	Yes	Yes
Industry	Yes	Yes	Yes	Yes
R2_A	0.395	0.330	0.398	0.338
F	98.90	75.06	100.1	77.68

注：*、** 和 *** 分别表示在10%、5%和1%的水平上显著；括号中为 t 值。

（四）熵平衡

由于控制变量与战略创业行为之间可能存在内生性干扰，为了避免该问题对研究结果的影响，本章采用熵平衡①对样本进行处理。本章按照地理邻近性的高低将样本分为两组，对地理邻近性较低组的控制变量进行赋权处理，使得各变量均值与地理邻近性较高组的样本均值保持一致，使用赋权处理之后的样本重新检验交互项回归，结果如表5.10所示。观察列（1）~列（4）的回归结果，在控制各变量的差异之后，Geographic_Proximity × Eu 和 Geographic_Proximity × Ef 的系数仍显著为正，说明环境动态性

---

① 倾向得分匹配法的处理过程容易导致样本丢失，而熵平衡法通过给控制变量赋权，使得两组控制变量的均值保持一致，因此不会丢失样本。

表5.10　内生性分析（四）：熵平衡

变量	(1) Exploration	(2) Exploitation	(3) Exploration	(4) Exploitation	(5) Exploration	(6) Exploitation	(7) Exploration	(8) Exploitation
Geographic_Proximity	0.0082** (2.2642)	0.0113** (2.2603)	0.0118** (2.1276)	0.0114*** (2.6851)				
Social_Proximity					0.8670*** (6.0085)	0.3311*** (3.0453)	0.9561*** (7.7440)	0.3693*** (4.0080)
Eu	1.4627*** (3.1101)	0.4917* (1.7663)			1.1925*** (4.7929)	0.1069* (1.7967)		
Ef			0.4712*** (2.6011)	0.5448*** (4.4413)			0.4862*** (6.0805)	0.3521*** (6.1239)
Geographic_Proximity × Eu	0.0658** (1.9096)	-0.0618** (-21.2599)						
Geographic_Proximity × Ef			0.0228* (1.7882)	-0.0580*** (-2.9943)				
Social_Proximity × Eu					0.3906** (2.2108)	-0.5453* (-1.7039)		
Social_Proximity × Ef							0.7190** (2.1839)	-0.7315* (-1.6730)

续表

变量	(1) Exploration	(2) Exploitation	(3) Exploration	(4) Exploitation	(5) Exploration	(6) Exploitation	(7) Exploration	(8) Exploitation
Size	0.1144 *** (10.5810)	0.1319 *** (15.4060)	0.1138 *** (10.4633)	0.1282 *** (15.0203)	0.1179 *** (25.4389)	0.1098 *** (30.0332)	0.1153 *** (24.5547)	0.1041 *** (28.3633)
Lev	-0.2280 *** (-4.4567)	0.1038 ** (2.5489)	-0.2723 *** (-5.2614)	0.0817 * (1.9995)	-0.2799 *** (-10.9821)	0.0627 *** (3.3335)	-0.3210 *** (-12.5462)	0.0415 ** (2.2178)
Roa	0.3546 ** (2.4099)	0.0633 (0.5486)	0.3447 ** (2.3242)	-0.0783 (-0.6705)	0.5206 *** (7.3578)	-0.0420 (-0.8557)	0.4804 *** (6.7718)	-0.1782 *** (-3.6306)
Growth	0.0409 ** (2.3035)	0.0189 (1.4326)	-0.0610 *** (-3.7763)	0.0026 (0.2274)	0.0473 *** (5.0286)	0.0339 *** (5.2948)	-0.0642 *** (-7.2905)	0.0049 (0.8145)
TobinQ	-0.0037 (-0.4958)	-0.0088 (-1.6263)	-0.0047 (-0.6301)	-0.0065 (-1.2299)	-0.0054 (-1.4712)	-0.0140 *** (-5.6183)	-0.0063 * (-1.7280)	-0.0124 *** (-5.0321)
Soe	0.0217 (1.0598)	0.0069 (0.4251)	0.0410 ** (2.0009)	0.0112 (0.6848)	-0.0041 (-0.4096)	-0.0164 ** (-2.1924)	0.0173 * (1.7194)	-0.0092 (-1.2446)
Top1	-0.3288 *** (-4.0051)	-0.3133 *** (-4.7971)	-0.3901 *** (-4.7452)	-0.3318 *** (-5.0765)	-0.1719 *** (-4.3198)	-0.2812 *** (-9.2785)	-0.2344 *** (-5.9419)	-0.2899 *** (-9.6559)
Balance	-0.0625 *** (-3.2963)	-0.0220 (-1.4324)	-0.0784 *** (-4.1399)	-0.0259 * (-1.6820)	-0.0235 ** (-2.5067)	-0.0182 ** (-2.5540)	-0.0441 *** (-4.7144)	-0.0245 *** (-3.4577)

续表

变量	(1)	(2)	(3)	(4)	(5)	(6)	(7)	(8)
	Exploration	Exploitation	Exploration	Exploitation	Exploration	Exploitation	Exploration	Exploitation
Mshare	0.4403***	0.2554***	0.4225***	0.2437***	0.4279***	0.2389***	0.3911***	0.2126***
	(5.6343)	(4.3787)	(5.4453)	(4.2149)	(13.0082)	(10.1852)	(11.9559)	(9.1096)
Listage	-0.2996***	-0.0810***	-0.2981***	-0.0698***	-0.2851***	-0.0995***	-0.2900***	-0.0910***
	(-13.4321)	(-4.6545)	(-13.5062)	(-4.0620)	(-26.5957)	(-12.2973)	(-27.0993)	(-11.3508)
Board	0.0976**	0.1948***	0.1242**	0.2026***	0.0647**	0.0389*	0.0922***	0.0489**
	(1.9951)	(4.7621)	(2.5424)	(4.9722)	(2.4267)	(1.9078)	(3.4576)	(2.4192)
Indep	0.0219	0.3390**	0.0769	0.3759***	0.2292**	0.1116	0.2796***	0.1394**
	(0.1136)	(2.3892)	(0.4030)	(2.6737)	(2.4623)	(1.6098)	(3.0106)	(2.0231)
Dual	0.0231	0.0153	0.0361	0.0175	0.0176*	-0.0042	0.0159	-0.0054
	(0.9769)	(0.8719)	(1.5236)	(1.0029)	(1.7790)	(-0.5839)	(1.6109)	(-0.7523)
Constant	1.2638***	1.5287***	1.1233***	1.5432***	1.2183***	2.4876***	1.1509***	2.5509***
	(4.9144)	(7.5119)	(4.3664)	(7.6443)	(10.2652)	(27.2609)	(9.7137)	(28.0679)
Observations	15322	15322	15322	15322	15322	15322	15322	15322
R-Squared	0.4241	0.3265	0.4238	0.3322	0.4147	0.3260	0.4159	0.3332
Year	Yes	Yes	Yes	Yes	Yes	Yes	Yes	Yes
Industry	Yes	Yes	Yes	Yes	Yes	Yes	Yes	Yes

注：*、**和***分别表示在10%、5%和1%的水平上显著；括号中为t值。

和环境丰富性可以增强地理邻近性对战略创业行为的促进作用。同理，本章按照社会邻近性的高低将样本分为两组，对社会邻近性较低组的控制变量进行赋权处理，使得各变量均值与社会邻近性较高组的样本均值保持一致，使用赋权处理之后的样本重新检验主回归，结果如表 5.10 列（5）~ 列（8）所示。Social_Proximity × Eu 和 Social_Proximity × Ef 的回归结果显著为正，再次说明环境动态性和环境丰富性可以加大邻近性对探索性战略创业的促进作用，减少邻近性对开发性战略创业的促进作用。

第六节　本章小结

作为组织理论研究中最重要的概念之一，环境不确定性常常用来解释环境对组织的影响。组织理论学者在心理学和经济学对不确定性定义的基础上，提出了环境不确定性的三种定义。首先是状态的不确定性，即无法预测环境中某种特定成分的变化（Pennings，1981）。其次是效果的不确定性，即无法预测环境的变化会对组织造成什么样的影响。最后是响应的不确定性，即无法预测组织在实施响应措施后可能面对的经济后果（Schmidt and Cummings，1976）。综上可知，环境不确定性是一个多维的概念，包含了事物多方面的特征与属性，是组织外部环境各要素的变化程度与不可预见性（Manolis et al.，1997）。面对环境的不确定性，创业对于企业发展至关重要，其核心作用在于它有能力识别和发现在意料之外的环境中出现的新的市场机会。然而，机会发现本身不足以建立企业的竞争优势，这需要管理、利用和协调建立组织竞争优势所需的资源。因此，一种在发现机会的同时强调战略管理以追求优势创造的能力对组织来说至关重要。战略创业可以帮助企业在不确定的环境中维持现有竞争优势并打造未来竞争优势，企业需要做的是根据环境不确定性来选择是进行探索性战略创业还是开发性战略创业，因为不同的战略创业类型适配的环境状态是不一样的。

为了探究不同外界情境下，邻近组织与战略创业之间的关系是否会受到影响。本章结合希特等（2011）构建的战略创业 IPO 模型，着重研究战略创业的过程处理，观察企业在不同环境不确定性维度下邻近组织与战略创业之间的关系有何不同。具体而言，本书将以环境动态性和丰富性作为外部环境不确定性的代表因素，讨论其对邻近性与探索性战略创业模式之间关系以及邻近性与开发性战略创业模式之间关系的调节作用。本章以 2011～2020 年在沪市和深市上市的 A 股公司作为研究对象，环境不确定性的根源在于外部环境，而外部环境的变化必然会引起企业核心业务活动的波动，并最终导致企业销售收入的波动，因此环境不确定性可以用公司业绩波动来予以衡量（Ghosh and Olsen，2010）。因此，本章利用销售收入来衡量环境动态性和环境丰富性。研究结果表明，环境动态性和环境丰富性对于探索性战略创业和开发性战略创业的调节作用是不同的，具体而言，环境动态性可以正向调节邻近性与探索性战略创业之间的关系，负向调节邻近性与开发性战略创业之间的关系；环境丰富性可以正向调节邻近性与探索性战略创业之间的关系，负向调节邻近性与开发性战略创业之间的关系。上述结论在经过一系列稳健性检验和内生性检验后依旧成立。

第六章

战略创业行为与多重绩效

第一节　问题的提出

创造竞争优势和价值是战略管理的核心。安德鲁斯（Andrews，1971）将企业战略定义为一种组织决策模式，这种决策模式旨在实现一系列对公司利益相关者重要的目标。希特等（2011）将战略管理定义为：企业获得竞争优势和超额回报所需的一整套承诺、决策和行动。马卡多克和科夫（Makadok and Coff，2002）将重点放在结果上，提出战略管理的目的是积极影响公司创造利润的能力。战略管理学者一直致力于解释企业间的绩效差异（Ireland et al.，2003）。其中，竞争定位是影响竞争优势与价值创造的主要因素之一（Ketchen et al.，2007）。此外，学习如何获取、分配和利用公司的特殊资源对于实现竞争优势和创造价值同样至关重要（Sirmon et al.，2007）。开办一家新的公司、建立一个新的组织、创造一项新的市场经济活动等，这些都可被视作创业活动（Davidsson，2005）。在此基础上，谢恩和文卡塔拉曼（2000）更加宽泛地定义创业活动：创业活动是指如何发现、评估和利用那些可以提供商品和服务的机会。综合前人所述，爱尔兰等（2001）将研究重点放在创业行为的经济后果上，认为创业活动是一种具有特定背景的社会过程，个人和团队通过汇集独特的资源来开发市场机会，创造财富。创造财富的前提是要创造价值，价值创造是指获得超过与该收购相关的总成本的租金的行为（Bamford，2005），创业者通过利用新的机会和开辟新的市场来创造价值。

如前所述，战略管理和创业活动涉及创造价值和财富。创业行为有助于公司创造价值和财富，主要是通过利用市场上的机会；战略管理有助于创造价值和财富，主要是通过形成竞争优势，这是一个公司在市场上得以生存的基础。因此，创业行为包括识别和利用机会，战略管理包括创造和维持一个或多个竞争优势。希特等（2002）和爱尔兰等（2009）认为，关注优势的战略研究和关注机会的创业研究应该融合成一体。他们的理由是：在创业过程中，企业必须进行资源整合，并构建新的能力以确保自身的生存与发展。同时，企业要想构建竞争优势，必须在自己的战略管理实践中体现创业精神（Zahra et al.，2008）。以往研究大多关注战略创业对于股东财富的积极影响，忽略了战略创业对于多个利益相关者的经济后果（Schendel and Hitt，2007）。本章结合希特等（2011）的战略创业 IPO 模型后发现，企业战略创业的输出端并不仅仅局限在企业绩效的改善，同时还可以为企业家甚至整个社会带来益处，具体的，本章将输出端划分为管理层绩效、企业绩效、环境绩效，实证检验战略创业的经济后果。

第二节　理论分析与研究假设

一、战略创业与管理层绩效

战略创业会产生几个层面的经济后果，具体而言，最终的结果要么是成立一家新的风险投资公司，要么是通过为客户创造价值而取得竞争性的成功。随着时间的推移，这两个结果其实都是为了那些持有公司股权的人创造价值。为业主创造财富通常被解释为"金融财富"，这是一个首要目标。剩余控制权与剩余索取权的分离及信息不对称是委托代理问题产生的根源，委托人为了追求自身利益最大化可能忽视甚至损害委托人的利益。为此，寻求有效的治理机制降低委托代理成本是公司治理的一个重要话题。完备的激励机制可以使委托人和代理人的目标保持一致，从而缓解委托代理冲突。为了保证高级管理者与股东的价值取向保持一致，很多企业将高管的薪酬机制与企业价值挂钩，这样高管在为股东创造价值的同时也可以提高自身价值。

高级管理者在引导企业进行战略创业时会收获很多价值。例如，他们在发展独立业务和为客户创造价值的过程中获得满足感和自我实现，这种满足感来自发展自己的想法，来自更多地掌控自己的命运，来自对自己参与的项目的成功负有的最终责任。高级管理者在创新和发展企业时也在不断学习，因此，他们建立了自己的个人知识储备。巴伦和亨利（Baron and Henry，2010）认为，企业家通过持续的深思熟虑的实践获得的认知资源的增强，强烈影响了他们随后的创业成功。根据巴伦和亨利的说法，深思熟虑的练习需要紧张、持续和高度集中的努力来提高当前的表现。在采取这些行动时，企业家的知识存量和其他认知资源（如知觉敏锐度、记忆力）得到增强，帮助他们更准确地认识、评估和利用商业机会。战略创业为高级管理者带来的内在价值会发生在新创企业和成熟企业中。

战略创业为高管带来的不仅是内在价值的提升，还会为高管带来经济财务方面的绩效改善。曾格和马歇尔（Zenger and Marshall，2000）、斯塔伊科维奇和卢瑟斯（Stajkovic and Luthans，2001）、库拉特科等（2005）的相关研究集中于战略创业为高级管理者带来的经济绩效。他们发现：（1）超过30%的受访企业对高级管理者的补偿不同于其他职员；（2）超过一半的受访者认为，高级管理人员在带领企业成功战略创业后应该享有基于投资回报的可变奖金；（3）内部股权是没有正式激励计划的企业的主要障碍，对于实施战略创业的企业而言，固定性的激励计划才是最显著的障碍；（4）应该给予那些具有战略创业精神的高级管理者以灵活的激励机制，显性激励方面给予更多的股权和股权等价物，隐性激励方面给予更多的奖金和晋升职位。

战略创业为企业带来竞争优势和超额利润，高级管理层的价值与企业的价值是融为一体的。无论是高级管理人员内在价值的提升，还是外在价值的提升，最直观的表现就是高级管理人员的薪酬水平随着战略创业的不断深入而随之提升。由此，本章提出以下假设。

H6 - 1a：探索性战略创业对管理层绩效有显著的正向影响。

H6 - 1b：开发性战略创业对管理层绩效有显著的正向影响。

二、战略创业与企业绩效

企业的探索性战略创业通常涉及突破、变革、搜索、变异、冒险、试验、实验、发现、发明、创新、首次、考察、探索、试错、涉足、尝试等活动，其目标是帮助企业找到全新的市场机遇，通过"破坏性"和"颠覆性"的改造，最终促进了企业未来的竞争优势和经济绩效。企业通过探索性战略创业发现了当前市场的缺口，并立即进行资源编排和资源调配，从供给侧满足了市场需求，创造了新产品、新服务，从而获取大量的市场占有率和竞争优势。随着科技的进步，产品的更新换代越来越快，顾客的产品需求也日益复杂，为了适应产品的不确定性，企业必须快速响应。面临全新的市场机遇，探索性战略创业带领企业探索不曾涉猎过的知识，主动地利用新知识来弥补组织与市场的缺口。一方面，通过探索性战略创业得到的新知识可以改善制作工艺、提高生产效率、降低物流周期、压缩企业成本等；另一方面，企业开展探索性战略创业，推出新产品、新服务，从供给侧为顾客提供产品、服务，引导顾客的消费趋势，从而收获占据更大的市场份额、收获更多的营业额。由此可见，探索性战略创业帮助企业压缩成本、提高营业收入，所以探索性战略创业提高了企业的绩效。

综上所述，探索性战略创业带领企业脱离现有的市场环境而踏进一个全新的市场环境，利用新知识而改进生产工艺、创造新的产品与服务，从而节约成本、提高营业收入，最终实现企业绩效的增值。因此，基于上述分析，本章提出以下假设。

H6-2a：探索性战略创业对企业绩效有显著的正向影响。

开发性战略创业通常涉及改进、改良、改造、精细、优化、效率、实施、巩固、老客户、利用、开发等行为，通过在原有产品和服务的基础上进行小幅度精进来适应变化不大的市场环境。开发性战略创业是不断地重复使用先前已经熟知的产品技术、营销手段和管理模式，适当地对固有知识进行重组或创新，从而发挥出固有知识的最高效益。这种重复实施的开发性战略创业不仅能够降低企业在市场上的失败概率，而且可以帮助企业时刻保持积极响应的状态。一方面，企业通过实施开发性战略创业，不断地在原有技术上进行改进、组合，企业熟能生巧后，运营效率、生产效率都得以大幅度提升，从而促进了企业绩效的提高。另一方面，开发性战略创业所需要的投入成本比较小，不需要大刀阔斧地开发新市场，只是在原有市场上前进一小步，这种延伸能够大大降低企业的失败概率。虽然开发性战略创业并不能给企业的长期经济绩效和竞争优势带来贡献，但开发性战略创业能够给企业带来产品或服务的拓展，丰富企业的产品类型，最大化满足市场消费者的需求，应对市场的微变，获取短期的经济效益。

综上所述，开发性战略创业是企业在原有的市场基础上进行的扩展，在原有产品和服务基础上的改良，不断重复固有的知识，熟能生巧后提高企业的运营效率、生产效率，而且开发性战略创业风险低，投入少，从而可以提升企业绩效。因此，基于以上分析，本章提出以下假设。

H6-2b：开发性战略创业对企业绩效有显著的正向影响。

三、战略创业与环境绩效

各国企业在推动经济增长的同时正面临着环境恶化带来的诸多挑战，经济效率和环境保护之间如何实现"共赢"已经成为一个全球性的问题，利益相关者期待企业实施更多的环保行为，这为环境绩效提供了战略机遇。可以引导企业进行环境保护的外部政策有很多，具体包括对企业污染环境的行为进行收费以及对企业保护环境的行为进行补贴。然而，外部政策具有强制性且会损害社会的总福利，并不是引导企业进行环境保护的长久之计。因此，应该从企业内部的战略决策制定入手，企业自发地进行环境保护行为。目前，被社会各界广泛认可的观点是：探索性战略创业抓住市场机遇可以创造出环境友好型的新产品、新技术和新服务，从而获取新的市场份额和环境绩效；而开发性战略创业强调在原有技术、产品、工艺、系统的基础上进行更新，有效提高了原材料和相关能源的使用效率，进而提高了环境绩效。

环境绩效的概念是一个多维的结构，主动型环境绩效和被动型环境绩效。具体而言，主动型环境绩效是企业超越法律法规而做出的环保行为，包括发展环境友好型产品、环境友好型服务以及污染防治等。被动型环境绩效是企业不违反危险废料和化学物品排放的显性法规，只是一种合规行为。探索性战略创业和开发性战略创业决定了企业搜寻知识的边界，探索活动是在公司外部的知识搜索，而开发活动则是在公司内部的知识搜索。与之类似的，学者将开发性战略创业定位为对现有产品的细微调整变化，将探索性战略创业定位为创造全新产品或者现有产品的重大改善。例如，苹果改进了 iPhone 产品线的界面系统、电池寿命和屏幕分辨率，这些改进被归类为开发性战略创业。公司创造出现有苹果产品线之外的全新产品（如 2001 年的 iPod、2007 年的 iPhone、2010 年的 iPad、2016 年的苹果电动车项目）则被认为是探索性战略创业。探索和开发的显著特征对环境绩效有不同的影响。

当一个公司需要提高对环境动态性的适应能力时，它更倾向于进行探索性战略创业活动，而当一个公司想要增加其日常经营的稳定性时，它更倾向于进行开发性战略创业活动。企业的探索性战略创业有助于审视和应对外部环境，开发性战略创业有助于提高企业的内部工作效率。对环境绩效的需求通常来自外部的利益相关者，而不是内部的利益相关者。因此，探索性战略创业帮助公司轻松应对环境变化问题，以收获更高的主动性环境绩效。开发性战略创业的公司对环境的变化并不敏感，只能够集中精力应对当前的环境问题。强调探索性战略创业的公司往往有更灵活的组织结构，而强调开发性战略创业的公司往往有更多的组织惯性。组织结构的灵活性有助于对不断变化的环境问题做出适当的反应，当一家公司进行高水平的探索性战略创业时，它会主动对环境变化做出反应。相比之下，当一个公司由于组织稳定性而具有高水平的开发性战略创业时，它可以有效地应对当前的环境问题。

综上所述，探索性战略创业会帮助企业更多关注未来的环境问题，创造出全新的产品，开辟出全新的市场，从而主动积极地改善环境绩效，而开发性战略创业帮助企业更多地关注当下环境问题，通过节约能源、提高能源利用率的方式改善环境绩效。因此本章提出以下假设。

H6 – 3a：探索性战略创业对环境绩效有显著的正向影响。

H6 – 3b：开发性战略创业对环境绩效有显著的正向影响。

本章的具体研究思路如图 6.1 所示。

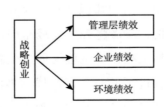

图 6.1　战略创业与多重绩效

第三节　研究设计

一、样本选择与数据来源

样本选择与数据来源同第四章第三节。

二、模型设计

为了探究战略创业行为对管理层绩效、企业绩效、环境绩效的影响，本章构建了如下回归模型。为了克服可能存在的内生性干扰，本章控制了年份和行业的固定效应，对自变量和控制变量都进行了滞后一期处理，即本章因变量的研究区间为 2012～2020 年，自变量和控制变量的研究区间为 2011～2019 年。

$$SAL_{i,t} = \alpha_0 + \alpha_1 Exploration_{i,t-1}/Exploitation_{i,t-1} + \sum \alpha_j Control_{i,t-1}$$
$$+ \sum Year + \sum Indus + \varepsilon_{i,t-1} \tag{6.1}$$

$$EVA_{i,t} = \alpha_0 + \alpha_1 Exploration_{i,t-1}/Exploitation_{i,t-1} + \sum \alpha_j Control_{i,t-1}$$
$$+ \sum Year + \sum Indus + \varepsilon_{i,t-1} \tag{6.2}$$

$$ENV_{i,t} = \alpha_0 + \alpha_1 Exploration_{i,t-1}/Exploitation_{i,t-1} + \sum \alpha_j Control_{i,t-1}$$
$$+ \sum Year + \sum Indus + \varepsilon_{i,t-1} \tag{6.3}$$

其中，被解释变量分别为管理层绩效（SAL）、企业绩效（EVA）、环境绩效（ENV），解释变量为探索性战略创业（Exploration）和开发性战略创业（Exploitation），Control 表示企业的相关控制变量。

三、变量定义

（1）自变量：探索性战略创业与开发性战略创业，如前所述。

（2）因变量：管理层绩效、企业绩效和环境绩效。

a. 管理层绩效。

本章的管理层绩效（SAL）是企业高管在经济层面上的劳动所得，使用所有董事、监事和高管的薪酬总和作为代理指标，具体度量方法如下所示：

$$SAL = \ln(DirectorSalary + SupervisorSalary + ManagerSalary) \quad (6.4)$$

其中，SAL 为管理层绩效，DirectorSalary 为所有董事的薪酬之和，SupervisorSalary 为所有监事的薪酬之和，ManagerSalary 为所有高级经理的薪酬之和，为了统一量纲，本章对管理层薪酬数据进行了对数化处理。

b. 企业绩效。

本章的企业绩效（EVA）指从税后净营业利润中扣除包括股权和债务的全部投入资本成本后的所得，是一种新型的价值分析工具和业绩评价指标。EVA 指标弥补了传统业绩指标无法准确反映公司为股东创造的价值的缺陷，是一种体现股东财富最大化的财务指标。具体的度量方法如下所示：

$$EVA = NOPAT - Assets \times WACC \quad (6.5)$$

其中，EVA 为企业绩效，NOPAT 为企业的税后经营利润，Assets 为企业的资本总金额，WACC 为企业的加权平均资本成本。

c. 环境绩效。

本章的环境绩效（ENV）是指企业为了保护生态环境所付出的实际行动，比如节约能源、减少排放、废水废气废料再利用等活动。不同于常见的经济指标，ENV 指标首先针对企业的废气减排、废水减排、粉尘烟尘治理、固废利用与处置、噪声和光污染辐射治理、清洁生产实施等细分项目的治理情况进行打分评价①，然后计算出总分的算数平均值，具体的度量方法如下所示：

$$ENV = 1/6\,(WasteGas + WasteWater + SootDust + SolidWaste$$
$$+ NoiseLightRad + ClearProdImplement) \qquad (6.6)$$

其中，ENV 为环境绩效，WasteGas 为废气减排治理情况，WasteWater 为废水减排治理情况，SootDust 为粉尘烟尘治理情况，SolidWaste 为固废利用与处置情况，NoiseLightRad 为噪声和光污染辐射等治理情况，ClearProdImplement 为清洁生产实施情况。

（3）控制变量：如前所述。

第四节　实证分析

一、描述性统计与相关性分析

（一）描述性统计

表6.1汇报了管理层绩效、企业绩效和环境绩效的描述性统计，其中管理层绩效的均值和中位数非常接近，分别为15.2799和15.2455，说明管理层绩效数据较均匀地分布在中位数左右。企业绩效的最小值和最大值分别为 -0.4432 和0.3006，二者存在较大差距，这比较符合我国企业经济发展参差不齐的现状。环境绩效的中位数为0，均值为0.2833，说明超过一半企业的环境绩效是大于均值的。其他变量的描述性统计结果如前文所述。

---

① 0 = 无描述；1 = 定性描述；2 = 定量描述。

表 6.1 描述性统计

变量	平均值	标准差	最小值	中位数	最大值
SAL	15.2799	0.7615	13.3708	15.2455	17.4306
EVA	0.0581	0.099	− 0.4432	0.0607	0.3006
ENV	0.2833	0.4087	0	0	1.6667

（二）相关性分析

表 6.2 汇报了本章主要变量的相关性统计结果。其中战略创业与管理层绩效、企业绩效、环境绩效的相关性系数均显著为正，初步证实了战略创业对于经济绩效的推动作用，此外其他变量之间的相关性系数均小于 0.55，说明变量之间不存在多重共线性。

表 6.2 相关性分析

变量	SAL	EVA	ENV	Exploration	Exploitation
SAL	1				
EVA	0.2082 ***	1			
ENV	0.1941 ***	0.0618 ***	1		
Exploration	0.3160 ***	0.1815 ***	0.0698 ***	1	
Exploitation	0.3103 ***	0.0703 ***	0.1311 ***	0.5011 ***	1

注：*** 在 1% 的水平上显著。

二、主回归检验

表 6.3 汇报了战略创业行为对于经济绩效的影响，其中列（1）和列（2）分别为探索性战略创业、开发性战略创业与管理层绩效之间的回归结果，列（3）和列（4）分别为探索性战略创业、开发性战略创业与企业绩效之间的回归结果，列（5）和列（6）分别为探索性战略创业、开发性战略创业与环境绩效之间的回归结果。观察回归结果可知，列（1）~列（6）的回归系数分别为 0.1984、0.1464、0.0038、0.0018、0.0056 和 0.0377，且均通过显著性检验，说明战略创业确实可以提高管理层绩效、

企业绩效和环境绩效。

表 6.3 战略创业行为与多重绩效

变量	(1) SAL	(2) SAL	(3) EVA	(4) EVA	(5) ENV	(6) ENV
Exploration	0. 1984 *** (25. 8955)		0. 0038 *** (9. 2202)		0. 0056 ** (2. 1395)	
Exploitation		0. 1464 *** (13. 6686)		0. 0018 *** (3. 0785)		0. 0377 *** (5. 5624)
Size	0. 3094 *** (69. 3835)	0. 3209 *** (70. 9436)	0. 0036 *** (15. 2197)	0. 0039 *** (16. 4994)	0. 1076 *** (38. 1471)	0. 1029 *** (36. 3289)
Lev	− 0. 1597 *** (− 6. 7593)	− 0. 2295 *** (− 9. 6721)	0. 0334 *** (26. 1455)	0. 0321 *** (25. 2404)	− 0. 0422 *** (− 2. 7798)	− 0. 0416 *** (− 2. 7577)
Roa	1. 4467 *** (22. 0355)	1. 5527 *** (23. 4474)	1. 3613 *** (391. 8373)	1. 3630 *** (392. 3490)	0. 1412 *** (3. 3654)	0. 1400 *** (3. 3442)
Growth	− 0. 0618 *** (− 8. 1486)	− 0. 0677 *** (− 8. 8230)	0. 0021 *** (5. 0676)	0. 0020 *** (4. 8885)	− 0. 0336 *** (− 6. 9285)	− 0. 0351 *** (− 7. 2297)
TobinQ	0. 0347 *** (10. 5245)	0. 0358 *** (10. 7306)	− 0. 0019 *** (− 10. 9166)	− 0. 0019 *** (− 10. 8023)	0. 0093 *** (4. 4817)	0. 0098 *** (4. 7176)
Soe	− 0. 0753 *** (− 7. 5967)	− 0. 0749 *** (− 7. 4821)	− 0. 0006 (− 1. 0464)	− 0. 0006 (− 1. 0616)	0. 0476 *** (7. 5056)	0. 0486 *** (7. 6736)
Top1	− 0. 2939 *** (− 7. 5956)	− 0. 3095 *** (− 7. 9086)	0. 0040 * (1. 8832)	0. 0034 (1. 5863)	0. 0994 *** (4. 0026)	0. 1101 *** (4. 4349)
Balance	0. 0462 *** (5. 0716)	0. 0423 *** (4. 6001)	0. 0003 (0. 5252)	0. 0002 (0. 3598)	0. 0048 (0. 8239)	0. 0055 (0. 9533)
Mshare	− 0. 0427 * (− 1. 7122)	− 0. 0073 (− 0. 2885)	− 0. 0021 (− 1. 5572)	− 0. 0013 (− 0. 9759)	− 0. 0524 *** (− 3. 2963)	− 0. 0588 *** (− 3. 7086)
Listage	− 0. 0218 *** (− 3. 1545)	− 0. 0575 *** (− 8. 4509)	0. 0002 (0. 5130)	− 0. 0006 (− 1. 5685)	− 0. 0058 (− 1. 3091)	− 0. 0017 (− 0. 3915)
Board	0. 3544 *** (14. 8114)	0. 3697 *** (15. 3000)	0. 0015 (1. 1473)	0. 0018 (1. 3606)	0. 0952 *** (6. 2218)	0. 0942 *** (6. 1623)

续表

变量	（1） SAL	（2） SAL	（3） EVA	（4） EVA	（5） ENV	（6） ENV
Indep	0.0169 （0.1995）	0.0463 （0.5413）	− 0.0020 （− 0.4324）	− 0.0015 （− 0.3330）	− 0.0066 （− 0.1224）	− 0.0061 （− 0.1126）
Dual	− 0.0444 *** （− 4.9915）	− 0.0403 *** （− 4.4854）	0.0009 * （1.8636）	0.0010 ** （2.0275）	− 0.0203 *** （− 3.5689）	− 0.0207 *** （− 3.6388）
Constant	6.6734 *** （62.5673）	6.4359 *** （57.8200）	− 0.1071 *** （− 18.6814）	− 0.1088 *** （− 18.3426）	− 2.4634 *** （− 36.1263）	− 2.5669 *** （− 36.4743）
Observations	15322	15322	15322	15322	15322	15322
R-Squared	0.4527	0.4413	0.8890	0.8887	0.2480	0.2490
Year	Yes	Yes	Yes	Yes	Yes	Yes
Industry	Yes	Yes	Yes	Yes	Yes	Yes

注：*、** 和 *** 分别表示在 10%、5% 和 1% 的水平上显著；括号中为 t 值。

第五节　稳健性检验与内生性分析

一、稳健性检验

虽然本章在理论逻辑上进行了大量的论述，同时在实证层面上得到了可靠的验证结果，但是本章的回归结果仍然可能存在偏误甚至错误的可能性，因此本章再次进行了稳健性检验。

（一）管理层绩效的稳健性检验

考虑到使用全体董事、监事、高级管理人员的薪酬总额作为代理指标的方式可能出现偏误，本章重新更换了管理层绩效的度量方式，使用前三名董事的薪酬之和与前三名高管的薪酬之和作为管理层绩效的代理指标①，重新验证本章的回归模型（6.1），具体的回归结果如表 6.4 所示。具体而言，列（1）和列（2）是探索性战略创业对前三名董事薪酬之和与前三名高管薪酬之和的影响，列（3）和列（4）是开发性战略创业对前三名董事薪酬之和与前三名高管薪酬之和的影响，回归系数分别为 0.1625、0.1645、0.1101、0.1006，均通过 1% 水平的显著性检验，说明探索性战略创业行为和开发性战略创业行为确实可以提高管理层绩效。

表 6.4   稳健性检验（一）：更换管理层绩效的度量方法

变量	（1） Top3_Dir_Sal	（2） Top3_Man_Sal	（3） Top3_Dir_Sal	（4） Top3_Man_Sal
Exploration	0.1625 *** （18.4777）	0.1645 *** （21.3227）		
Exploitation			0.1101 *** （8.9808）	0.1006 *** （9.3542）
Size	0.2652 *** （51.6817）	0.2641 *** （58.7913）	0.2756 *** （53.1830）	0.2758 *** （60.6658）
Lev	−0.1885 *** （−6.9443）	−0.1831 *** （−7.6914）	−0.2458 *** （−9.0548）	−0.2407 *** （−10.0864）
Roa	1.5726 *** （20.8811）	1.5564 *** （23.5288）	1.6586 *** （21.9374）	1.6443 *** （24.7065）
Growth	−0.0467 *** （−5.3483）	−0.0542 *** （−7.0941）	−0.0511 *** （−5.8138）	−0.0583 *** （−7.5645）
TobinQ	0.0288 *** （7.5593）	0.0486 *** （14.6371）	0.0297 *** （7.7429）	0.0492 *** （14.6781）
Soe	−0.3063 *** （−26.9082）	−0.1148 *** （−11.5040）	−0.3063 *** （−26.7426）	−0.1150 *** （−11.4290）
Top1	−0.3460 *** （−7.7725）	−0.0262 （−0.6723）	−0.3619 *** （−8.0792）	−0.0439 （−1.1159）

---

① 限于数据的可得性，本书只搜集到前三名董事与前三名高管的薪酬数据，暂无前三名监事的薪酬数据。

续表

变量	（1）	（2）	（3）	（4）
	Top3_Dir_Sal	Top3_Man_Sal	Top3_Dir_Sal	Top3_Man_Sal
Balance	0. 0265 ** （2. 5429）	0. 0840 *** （9. 1491）	0. 0231 ** （2. 2015）	0. 0806 *** （8. 7160）
Mshare	− 0. 0413 （− 1. 4500）	− 0. 2269 *** （− 9. 0284）	− 0. 0110 （− 0. 3839）	− 0. 1950 *** （− 7. 7109）
Listage	− 0. 0285 *** （− 3. 5984）	0. 0045 （0. 6483）	− 0. 0583 *** （− 7. 5228）	− 0. 0265 *** （− 3. 8793）
Board	0. 3114 *** （11. 3298）	0. 0650 *** （2. 6958）	0. 3245 *** （11. 7452）	0. 0779 *** （3. 2087）
Indep	− 0. 5528 *** （− 5. 6778）	− 0. 0962 （− 1. 1285）	− 0. 5274 *** （− 5. 3864）	− 0. 0721 （− 0. 8399）
Dual	− 0. 0016 （− 0. 1593）	0. 0482 *** （5. 3825）	0. 0016 （0. 1547）	0. 0516 *** （5. 7216）
Constant	7. 1140 *** （57. 9436）	7. 3187 *** （68. 0902）	6. 9478 *** （54. 4551）	7. 1780 *** （64. 1542）
Observations	15322	15322	15322	15322
R-Squared	0. 3382	0. 3964	0. 3306	0. 3868
Year	Yes	Yes	Yes	Yes
Industry	Yes	Yes	Yes	Yes

注： * 、 ** 和 *** 分别表示在 10% 、5% 和 1% 的水平上显著；括号中为 t 值。

（二）企业绩效的稳健性检验

考虑到使用单一的 EVA 作为企业绩效的代理指标可能存在一定的偏误，本章基于 EVA 的计算方法，进一步计算了 EVA 率、总资产 EVA 率和净资产 EVA 率，重新验证本章的回归模型（6.2），回归结果如表 6.5所示。具体而言，列（1）、列（2）和列（3）描述的是探索性战略创业对企业绩效的影响，列（4）、列（5）和列（6）描述的是开发性战略创业对企业绩效的影响，回归系数分别为 0. 0037、0. 0018、0. 0088、0. 0017、0. 0014、0. 0059，所有结果均通过了 1% 水平的显著性检验，说明更换企业绩效的度量方法后，战略创业行为依然可以改善企业绩效。

表 6.5　　　　稳健性检验（二）：更换企业绩效的度量方法

变量	（1）EVA率	（2）总资产EVA率	（3）净资产EVA率	（4）EVA率	（5）总资产EVA率	（6）净资产EVA率
Exploration	0.0037 *** (8.9243)	0.0018 *** (9.1350)	0.0088 *** (8.4844)			
Exploitation				0.0017 *** (2.8767)	0.0014 *** (5.1013)	0.0059 *** (4.0937)
Size	0.0035 *** (14.8718)	0.0016 *** (13.8144)	0.0066 *** (11.2231)	0.0039 *** (16.1377)	0.0017 *** (14.5611)	0.0072 *** (12.0964)
Lev	0.0346 *** (26.9598)	0.0345 *** (55.8821)	−0.0250 *** (−7.8377)	0.0334 *** (26.0939)	0.0339 *** (55.0953)	−0.0280 *** (−8.8178)
Roa	1.3613 *** (389.8573)	0.9725 *** (578.1717)	1.8153 *** (209.1149)	1.3630 *** (390.3830)	0.9734 *** (578.8870)	1.8194 *** (209.6698)
Growth	0.0020 *** (4.8796)	0.0004 * (1.9594)	0.0060 *** (5.7274)	0.0020 *** (4.7124)	0.0003 * (1.6766)	0.0057 *** (5.4908)
TobinQ	−0.0017 *** (−9.7139)	−0.0001 (−0.9556)	−0.0027 *** (−6.3994)	−0.0017 *** (−9.6100)	−0.0001 (−0.7832)	−0.0027 *** (−6.2547)
Soe	−0.0006 (−1.1111)	−0.0001 (−0.4538)	−0.0042 *** (−3.0932)	−0.0006 (−1.1281)	−0.0001 (−0.4247)	−0.0042 *** (−3.0771)
Top1	0.0040 * (1.8635)	−0.0007 (−0.6916)	0.0003 (0.0651)	0.0033 (1.5688)	−0.0009 (−0.8350)	−0.0006 (−0.1151)
Balance	0.0003 (0.5328)	−0.0002 (−0.7355)	−0.0001 (−0.0454)	0.0002 (0.3704)	−0.0002 (−0.8524)	−0.0002 (−0.1689)
Mshare	−0.0020 (−1.4888)	0.0002 (0.3181)	−0.0160 *** (−4.7345)	−0.0013 (−0.9210)	0.0005 (0.7929)	−0.0144 *** (−4.2658)
Listage	0.0002 (0.5310)	−0.0004 ** (−2.3985)	0.0023 ** (2.4533)	−0.0005 (−1.4968)	−0.0007 *** (−4.2629)	0.0007 (0.7595)

续表

变量	(1) EVA 率	(2) 总资产 EVA 率	(3) 净资产 EVA 率	(4) EVA 率	(5) 总资产 EVA 率	(6) 净资产 EVA 率
Board	0.0015 (1.1421)	0.0001 (0.1529)	0.0003 (0.0807)	0.0018 (1.3495)	0.0002 (0.3475)	0.0009 (0.2672)
Indep	−0.0018 (−0.3943)	−0.0053** (−2.3726)	−0.0085 (−0.7378)	−0.0014 (−0.2983)	−0.0051** (−2.2696)	−0.0074 (−0.6445)
Dual	0.0009* (1.8427)	0.0004 (1.5073)	0.0002 (0.2010)	0.0010** (2.0022)	0.0004* (1.6564)	0.0004 (0.3450)
Constant	−0.1611*** (−27.9566)	−0.0949*** (−34.1927)	−0.2563*** (−17.8969)	−0.1625*** (−27.2761)	−0.0972*** (−33.8727)	−0.2650*** (−17.8915)
Observations	15322	15322	15322	15322	15322	15322
R-Squared	0.8879	0.9445	0.7115	0.8876	0.9443	0.7109
Year	Yes	Yes	Yes	Yes	Yes	Yes
Industry	Yes	Yes	Yes	Yes	Yes	Yes

注: *、** 和 *** 分别表示在10%、5%和1%的水平上显著；括号中为 t 值。

（三）环境绩效的稳健性检验

考虑到将环境绩效的细分项目加总取算数平均值的办法可能产生一定的偏差，本章将环境绩效的细分项目逐一与战略创业行为进行本章模型（6.3）的检验，表6.6列（1）～列（6）分别为探索性战略创业与废气减排、废水减排、粉尘烟尘治理、固废利用与处置、噪声和光污染辐射治理、清洁生产实施之间的回归结果，列（7）～列（12）分别为开发性战略创业与废气减排、废水减排、粉尘烟尘治理、固废利用与处置、噪声和光污染辐射治理、清洁生产实施之间的回归结果，绝大多数的系数均显著为正，再次说明战略创业行为对环境绩效的促进作用。

（四）战略创业的稳健性检验

考虑到战略创业行为使用单一度量方法可能产生的偏颇，本章更换战略创业行为的度量方法，使用探索性战略创业倾向（Dum_Exploration）

表 6.6　稳健性检验（三）：更换环境绩效的度量方法

变量	(1) WasteGas	(2) WasteWater	(3) SootDust	(4) SolidWaste	(5) NoiseLightRad	(6) ClearProdImplement	(7) WasteGas	(8) WasteWater	(9) SootDust	(10) SolidWaste	(11) NoiseLightRad	(12) ClearProdImplement
Exploration	0.0109 (1.3540)	0.0006 (0.0743)	0.0520 *** (7.9310)	0.0008 (0.1093)	0.0103 * (1.8939)	0.0171 *** (3.2259)						
Exploitation							0.0471 *** (4.2220)	0.0470 *** (4.2741)	0.0243 *** (2.6731)	0.0580 *** (5.6238)	0.0271 *** (3.5978)	0.0241 *** (3.2836)
Size	0.1681 *** (36.2223)	0.1238 *** (27.0765)	0.0928 *** (24.5183)	0.1419 *** (33.0845)	0.0641 *** (20.4454)	0.0580 *** (18.9720)	0.1616 *** (34.6900)	0.1189 *** (25.9062)	0.0830 *** (21.8266)	0.1356 *** (31.5145)	0.0627 *** (19.9001)	0.0577 *** (18.8248)
Lev	-0.0587 ** (-2.3515)	-0.0792 *** (-3.2193)	-0.0165 (-0.8130)	-0.0536 ** (-2.3237)	-0.0270 (-1.5975)	-0.0095 (-0.5797)	-0.0567 ** (-2.2834)	-0.0809 *** (-3.3096)	-0.0002 (-0.0117)	-0.0553 ** (-2.4097)	-0.0312 * (-1.8617)	-0.0159 (-0.9753)
Roa	0.0890 (1.2885)	0.2594 *** (3.8153)	0.1234 ** (2.1930)	0.1427 ** (2.2375)	0.1771 *** (3.7969)	0.0871 * (1.9168)	0.0855 (1.2406)	0.2617 *** (3.8563)	0.0985 * (1.7508)	0.1447 ** (2.2742)	0.1834 *** (3.9385)	0.0966 ** (2.1299)
Growth	-0.0492 *** (-6.1614)	-0.0444 *** (-5.6476)	-0.0341 *** (-5.2394)	-0.0391 *** (-5.3025)	-0.0189 *** (-3.5121)	-0.0177 *** (-3.3673)	-0.0510 *** (-6.3892)	-0.0462 *** (-5.8738)	-0.0352 *** (-5.3998)	-0.0414 *** (-5.6048)	-0.0200 *** (-3.6965)	-0.0186 *** (-3.5292)
TobinQ	0.0183 *** (5.3811)	0.0100 *** (2.9651)	-0.0008 (-0.2835)	0.0177 *** (5.6135)	0.0058 ** (2.5246)	0.0045 * (1.9928)	0.0190 *** (5.5625)	0.0105 *** (3.1374)	-0.0003 (-0.1049)	0.0184 *** (5.8430)	0.0061 *** (2.6531)	0.0047 ** (2.0968)

续表

变量		(1) WasteGas	(2) WasteWater	(3) SootDust	(4) SolidWaste	(5) NoiseLightRad	(6) ClearProd Implement	(7) WasteGas	(8) WasteWater	(9) SootDust	(10) SolidWaste	(11) NoiseLightRad	(12) ClearProd Implement
Soe		0.0741*** (7.1023)	0.0698*** (6.7907)	0.0610*** (7.1688)	0.0430*** (4.4625)	0.0109 (1.5499)	0.0257*** (3.7365)	0.0755*** (7.2352)	0.0709*** (6.9049)	0.0625*** (7.3432)	0.0445*** (4.6163)	0.0114 (1.6189)	0.0259*** (3.7771)
Top1		0.1215*** (2.9758)	0.0776* (1.9299)	0.1711*** (5.1410)	0.0348 (0.9218)	0.1080*** (3.9120)	0.0885*** (3.2912)	0.1360*** (3.3286)	0.0890** (2.2122)	0.1910*** (5.7242)	0.0493 (1.3051)	0.1119*** (4.0518)	0.0899*** (3.3401)
Balance		-0.0005 (-0.0554)	-0.0011 (-0.1141)	0.0070 (0.8998)	-0.0083 (-0.9392)	0.0132** (2.0333)	0.0158** (2.5074)	0.0005 (0.0550)	-0.0004 (-0.0402)	0.0090 (1.1540)	-0.0074 (-0.8372)	0.0133** (2.0483)	0.0156** (2.4816)
Mshare		-0.0691*** (-2.6426)	-0.1337*** (-5.1938)	-0.0260 (-1.2181)	0.0386 (1.5973)	-0.0521** (-2.9490)	-0.0666*** (-3.8729)	-0.0782*** (-2.9968)	-0.1396*** (-5.4357)	-0.0435** (-2.0413)	0.0309 (1.2830)	-0.0528*** (-2.9924)	-0.0650*** (-3.7869)
Listage		-0.0213*** (-2.9436)	-0.0028 (-0.3990)	0.0052 (0.8825)	-0.0192*** (-2.8707)	-0.0047 (-0.9635)	0.0093* (1.9579)	-0.0153** (-2.1721)	0.0005 (0.0748)	0.0189*** (3.2861)	-0.0147** (-2.2577)	-0.0051 (-1.0591)	0.0072 (1.5561)
Board		0.1815*** (7.2079)	0.1118*** (4.5096)	0.0735*** (3.5820)	0.1048*** (4.5041)	0.0511*** (3.0013)	0.0525*** (3.1711)	0.1799*** (7.1501)	0.1112*** (4.4875)	0.0689*** (3.3530)	0.1039*** (4.4698)	0.0515*** (3.0298)	0.0536*** (3.2361)
Indep		0.1325 (1.4838)	0.0078 (0.0887)	-0.0686 (-0.9421)	-0.0194 (-0.2349)	-0.0613 (-1.0168)	-0.0336 (-0.5713)	0.1327 (1.4871)	0.0093 (0.1057)	-0.0735 (-1.0091)	-0.0177 (-0.2147)	-0.0594 (-0.9846)	-0.0310 (-0.5269)

续表

变量	(1) WasteGas	(2) WasteWater	(3) SootDust	(4) SolidWaste	(5) NoiseLight Rad	(6) ClearProd Implement	(7) WasteGas	(8) WasteWater	(9) SootDust	(10) SolidWaste	(11) NoiseLight Rad	(12) ClearProd Implement
Dual	-0.0248***	-0.0316***	-0.0138*	-0.0275***	-0.0122*	-0.0119*	-0.0254***	-0.0319***	-0.0152**	-0.0279***	-0.0122*	-0.0116*
	(-2.6568)	(-3.4327)	(-1.8098)	(-3.1884)	(-1.9387)	(-1.9274)	(-2.7195)	(-3.4658)	(-1.9979)	(-3.2365)	(-1.9264)	(-1.8838)
Constant	-3.9897***	-2.7467***	-2.0279***	-3.1772***	-1.5472***	-1.3590***	-4.1217***	-2.8703***	-2.1283***	-3.3308***	-1.6117***	-1.4108***
	(-35.5650)	(-24.8625)	(-22.1763)	(-30.6521)	(-20.4109)	(-18.4075)	(-35.5896)	(-25.1679)	(-22.5103)	(-31.1372)	(-20.5919)	(-18.5038)
Observations	15322	15322	15322	15322	15322	15322	15322	15322	15322	15322	15322	15322
R-Squared	0.2150	0.1993	0.1416	0.1550	0.0906	0.1117	0.2156	0.1999	0.1395	0.1561	0.0910	0.1117
Year	Yes	Yes	Yes	Yes	Yes	Yes	Yes	Yes	Yes	Yes	Yes	Yes
Industry	Yes	Yes	Yes	Yes	Yes	Yes	Yes	Yes	Yes	Yes	Yes	Yes

注：*、**和***分别表示在10%、5%和1%的水平上显著；括号中为t值。

和开发性战略创业倾向（Dum_Exploitation）作为新的自变量。具体的，如果焦点企业的战略创业高于当年总体样本的战略创业中位数则赋值为1，否则为0，重新验证本章的回归模型（6.1）~模型（6.3），结果如表6.7所示。探索性战略创业倾向与管理层绩效、企业绩效、环境绩效的回归系数分别为0.1602、0.0025、0.0058，均通过了显著性检验，开发性战略创业倾向与管理层绩效、企业绩效、环境绩效的回归系数分别为0.0719、0.0018、0.0222，均通过了1%水平的显著性检验，稳健性的结果说明战略创业行为可以显著提高管理层绩效、企业绩效和环境绩效。

表6.7　　　　稳健性检验（四）：更换战略创业的度量方法

变量	（1）	（2）	（3）	（4）	（5）	（6）
	SAL	EVA	ENV	SAL	EVA	ENV
Dum_ Exploration	0.1602 *** (18.9218)	0.0025 *** (5.5289)	0.0058 ** (2.0828)			
Dum_ Exploitation				0.0719 *** (9.0181)	0.0018 *** (4.1949)	0.0222 *** (4.4183)
Size	0.3215 *** (72.4962)	0.0039 *** (16.6291)	0.1074 *** (38.5645)	0.3297 *** (74.0380)	0.0040 *** (16.8997)	0.1048 *** (37.6790)
Lev	−0.1861 *** (−7.8399)	0.0327 *** (25.6639)	−0.0418 *** (−2.7564)	−0.2261 *** (−9.5067)	0.0321 *** (25.2634)	−0.0406 *** (−2.6893)
Roa	1.4859 *** (22.4953)	1.3621 *** (391.8500)	0.1406 *** (3.3531)	1.5466 *** (23.3032)	1.3629 *** (392.3810)	0.1387 *** (3.3114)
Growth	−0.0631 *** (−8.2735)	0.0021 *** (5.0134)	−0.0336 *** (−6.9186)	−0.0655 *** (−8.5190)	0.0020 *** (4.8420)	−0.0348 *** (−7.1598)
TobinQ	0.0321 *** (9.6786)	−0.0019 *** (−11.0867)	0.0094 *** (4.5172)	0.0346 *** (10.3532)	−0.0019 *** (−10.8136)	0.0096 *** (4.6197)
Soe	−0.0781 *** (−7.8256)	−0.0006 (−1.1416)	0.0477 *** (7.5194)	−0.0765 *** (−7.6205)	−0.0006 (−1.0551)	0.0483 *** (7.6225)
Top1	−0.3122 *** (−8.0176)	0.0034 (1.6335)	0.0997 *** (4.0176)	−0.3300 *** (−8.4252)	0.0033 (1.5588)	0.1052 *** (4.2432)

变量	(1)	(2)	(3)	(4)	(5)	(6)
	SAL	EVA	ENV	SAL	EVA	ENV
Balance	0.0435 ***	0.0002	0.0049	0.0410 ***	0.0002	0.0051
	(4.7460)	(0.3926)	(0.8349)	(4.4424)	(0.3335)	(0.8793)
Mshare	−0.0198	−0.0016	−0.0527 ***	0.0018	−0.0013	−0.0570 ***
	(−0.7900)	(−1.1803)	(−3.3227)	(0.0697)	(−0.9772)	(−3.5953)
Listage	−0.0395 ***	−0.0003	−0.0055	−0.0642 ***	−0.0006	−0.0032
	(−5.7316)	(−0.7023)	(−1.2643)	(−9.4604)	(−1.6227)	(−0.7431)
Board	0.3641 ***	0.0017	0.0950 ***	0.3697 ***	0.0018	0.0941 ***
	(15.1191)	(1.3188)	(6.2106)	(15.2645)	(1.3449)	(6.1549)
Indep	0.0194	−0.0019	−0.0064	0.0419	−0.0016	−0.0076
	(0.2277)	(−0.4111)	(−0.1182)	(0.4888)	(−0.3495)	(−0.1405)
Dual	−0.0437 ***	0.0009 *	−0.0203 ***	−0.0403 ***	0.0010 **	−0.0206 ***
	(−4.8831)	(1.9272)	(−3.5669)	(−4.4793)	(2.0149)	(−3.6292)
Constant	7.0230 ***	−0.1010 ***	−2.4747 ***	6.9282 ***	−0.1014 ***	−2.4346 ***
	(65.1971)	(−17.5577)	(−36.1564)	(63.8801)	(−17.5992)	(−35.5538)
Observations	15322	15322	15322	15322	15322	15322
R-Squared	0.4454	0.8888	0.2480	0.4388	0.8888	0.2486
Year	Yes	Yes	Yes	Yes	Yes	Yes
Industry	Yes	Yes	Yes	Yes	Yes	Yes
R2_A	0.444	0.889	0.247	0.438	0.889	0.247
F	419.3	4807	171.7	408.2	4805	172.2

注：*、** 和 *** 分别表示在10%、5%和1%的水平上显著；括号中为 t 值。

二、内生性分析

（一）倾向得分匹配

为了尽可能减少由于样本选择以及极端值所引致的内生性问题，本章使用倾向得分匹配法重新处理样本。本章将探索性战略创业最高的五分之一作为实验组，其余划为对照组，按照控制变量类型，选取为协变量，进行一比一倾向匹配，匹配后得到6008①个样本，使用匹配后的样本重新检验本章模型（6.1）~模型（6.3），回归结果如表6.8的列（1）~列（3）所示。探索性战略创业与管理层绩效、企业绩效、环境绩效的回归系数分别为0.2126，0.0041和0.0059，均通过了1%水平的显著性检验，这说明在排除样本选择和极端值的干扰后，探索性战略创业对于经济绩效的促进效应依然成立。同理，本章以开发性战略创业最高的五分之一作为实验组，剩余样本作为对照组，得到的5910②个样本再次检验本章的回归模型（6.1）~模型（6.3），回归结果显示开发性战略创业的系数均显著为正，分别为0.1221、0.0016和0.0460，再次说明开发性战略创业行为对于经济绩效的促进作用。

表 6.8 **内生性分析（一）：倾向得分匹配**

变量	(1) SAL	(2) EVA	(3) ENV	(4) SAL	(5) EVA	(6) ENV
Exploration	0.2126 *** (21.6165)	0.0041 *** (6.5118)	0.0059 *** (2.9962)			
Exploitation				0.1221 *** (9.5196)	0.0016 ** (2.0603)	0.0460 *** (5.9153)
Size	0.3050 *** (43.9916)	0.0051 *** (11.5370)	0.1004 *** (24.1268)	0.3266 *** (47.0103)	0.0040 *** (10.0401)	0.0979 *** (23.3939)
Lev	−0.1845 *** (−5.2104)	0.0193 *** (8.3794)	−0.0201 (−0.9292)	−0.2816 *** (−7.5828)	0.0252 *** (11.5560)	−0.0374 * (−1.6481)
Roa	1.1157 *** (11.2098)	1.3288 *** (206.7595)	0.0796 (1.3093)	1.6976 *** (16.1161)	1.3480 *** (222.1053)	0.1549 ** (2.4198)

---

① 此处以探索性战略创业的最高五分之一作为实验组进行一比一倾向得分匹配，理论上可以保留下原样本（15322）的2/5，但存在样本无法成功匹配的情况，最终成功匹配的样本共计6008个。

② 此处以开发性战略创业的最高五分之一作为实验组进行一比一倾向得分匹配，理论上可以保留下原样本（15322）的2/5，但存在样本无法成功匹配的情况，最终成功匹配的样本共计5910个。

变量	（1）	（2）	（3）	（4）	（5）	（6）
	SAL	EVA	ENV	SAL	EVA	ENV
Growth	-0.0456***	0.0029***	-0.0233***	-0.0816***	0.0019***	-0.0268***
	（-4.0689）	（3.8399）	（-3.3775）	（-6.6893）	（2.6062）	（-3.5703）
TobinQ	0.0227***	-0.0023***	0.0103***	0.0202***	-0.0025***	0.0101***
	（4.9510）	（-8.0456）	（3.7259）	（4.0218）	（-8.7633）	（3.3586）
Soe	-0.0999***	-0.0011	0.0407***	-0.0709***	-0.0016*	0.0687***
	（-6.2202）	（-1.0610）	（4.1543）	（-4.4754）	（-1.6712）	（7.1420）
Top1	-0.1973***	0.0083**	0.1311***	-0.5006***	0.0108***	0.0827**
	（-3.1949）	（2.0498）	（3.4734）	（-8.1114）	（2.9594）	（2.1956）
Balance	0.0654***	0.0008	0.0077	0.0156	0.0011	0.0031
	（4.4776）	（0.8635）	（0.8634）	（1.0301）	（1.2382）	（0.3426）
Mshare	-0.1135***	0.0025	-0.0751***	0.0315	-0.0004	-0.0369
	（-2.6743）	（0.8924）	（-2.8970）	（0.7120）	（-0.1390）	（-1.3773）
Listage	-0.0110	0.0014*	-0.0080	-0.0684***	0.0001	0.0005
	（-0.9603）	（1.8811）	（-1.1544）	（-6.0821）	（0.1402）	（0.0736）
Board	0.3512***	-0.0014	0.0796***	0.3551***	0.0014	0.0840***
	（9.0362）	（-0.5415）	（3.3836）	（9.0501）	（0.5907）	（3.5187）
Indep	0.0451	-0.0020	-0.0622	-0.1824	0.0024	0.0714
	（0.3213）	（-0.2143）	（-0.7258）	（-1.3130）	（0.2990）	（0.8416）
Dual	-0.0511***	0.0017*	-0.0121	-0.0458***	0.0014	-0.0082
	（-3.5380）	（1.7532）	（-1.3737）	（-3.0544）	（1.6162）	（-0.8991）
Constant	6.6698***	-0.1317***	-2.2299***	6.7298***	-0.1048***	-2.4925***
	（39.6507）	（-12.0916）	（-21.7643）	（39.9853）	（-10.6625）	（-24.3707）
Observations	6008	6008	6008	6008	6008	6008
R-Squared	0.5172	0.8555	0.2518	0.5023	0.8654	0.2596
Year	Yes	Yes	Yes	Yes	Yes	Yes
Industry	Yes	Yes	Yes	Yes	Yes	Yes

注：*、**和***分别表示在10%、5%和1%的水平上显著；括号中为t值。

（二）熵平衡

由于控制变量与经济绩效之间可能存在内生性干扰，为了避免该问题对研究结果的影响，本章采用熵平衡①对样本进行处理。本章按照探索性战略创业行为的高低将样本分为两组，对探索性战略创业行为较低组的控制变量进行赋权处理，使得各变量均值与探索性战略创业行为较高组的样本均值保持一致，使用赋权处理之后的样本重新检验本章的回归模型（6.1）~模型（6.3），结果如表6.9列（1）、列（2）和列（3）所示。观察列（1）~列（3）的回归结果，在控制各变量的差异之后，探索性战略创业的各个系数仍显著为正，说明探索性战略创业可以提升管理层绩效、企业绩效和环境绩效。同理，本章按照开发性战略创业的高低将样本分为两组，对开发性战略创业较低组的控制变量进行赋权处理，使得各变量均值与开发性战略创业较高组的样本均值保持一致，使用赋权处理之后的样本重新检验主回归，结果如表6.9列（4）、列（5）和列（6）所示。观察列（4）~列（6）的回归结果，在控制各变量的差异之后，开发性战略创业的系数仍显著为正，说明开发性战略创业确实可以提升管理层绩效、企业绩效和环境绩效。

表6.9　　　　　　　内生性分析（二）：熵平衡

变量	(1)	(2)	(3)	(4)	(5)	(6)
	SAL	EVA	ENV	SAL	EVA	ENV
Exploration	0.1971 *** (20.2146)	0.0037 *** (8.4924)	0.0007 ** (2.1206)			
Exploitation				0.1464 *** (11.7176)	0.0014 ** (2.3824)	0.0454 *** (6.1501)
Size	0.3008 *** (50.2380)	0.0026 *** (10.5917)	0.1089 *** (27.1776)	0.3134 *** (48.6438)	0.0033 *** (11.4569)	0.1082 *** (30.9165)

---

① 倾向得分匹配法的处理过程容易导致样本丢失，而熵平衡法通过给控制变量赋权，使得两组控制变量的均值保持一致，因此不会丢失样本。

变量	(1)	(2)	(3)	(4)	(5)	(6)
	SAL	EVA	ENV	SAL	EVA	ENV
Lev	−0.0617 **	0.0520 ***	−0.0404 **	−0.2087 ***	0.0448 ***	−0.0603 ***
	(−1.9989)	(26.1033)	(−2.2108)	(−7.2695)	(20.9061)	(−3.7139)
Roa	1.7731 ***	1.3399 ***	0.2382 ***	1.7933 ***	1.3779 ***	0.2009 ***
	(19.7543)	(222.0300)	(4.7459)	(20.6337)	(211.3833)	(4.4289)
Growth	−0.0790 ***	0.0013 **	−0.0367 ***	−0.0866 ***	0.0012 **	−0.0408 ***
	(−6.4652)	(2.3021)	(−7.6283)	(−6.1534)	(2.1441)	(−9.1403)
TobinQ	0.0341 ***	−0.0008 ***	0.0044 *	0.0478 ***	−0.0010 ***	0.0111 ***
	(7.6040)	(−2.8750)	(1.6587)	(11.0407)	(−3.0810)	(5.0054)
Soe	−0.0735 ***	−0.0009 *	0.0543 ***	−0.0857 ***	−0.0006	0.0487 ***
	(−5.7833)	(−1.7398)	(6.6816)	(−6.4917)	(−1.0457)	(6.5614)
Top1	−0.2782 ***	0.0030	0.1111 ***	−0.3772 ***	0.0012	0.0918 ***
	(−5.4296)	(1.4905)	(3.5459)	(−7.3396)	(0.5549)	(3.1265)
Balance	0.0357 ***	0.0003	0.0167 **	0.0225 *	−0.0001	0.0002
	(2.9185)	(0.6033)	(2.2515)	(1.7251)	(−0.1784)	(0.0384)
Mshare	−0.0465	−0.0003	−0.0440 **	−0.0379	−0.0004	−0.0619 ***
	(−1.6231)	(−0.3011)	(−2.4998)	(−1.4312)	(−0.3776)	(−3.9824)
Listage	−0.0217 **	−0.0003	−0.0047	−0.0558 ***	−0.0005	−0.0042
	(−2.1903)	(−0.9648)	(−0.7695)	(−5.5571)	(−1.3890)	(−0.8924)
Board	0.3198 ***	0.0018	0.0726 ***	0.3813 ***	0.0018	0.1069 ***
	(9.7484)	(1.5359)	(3.6958)	(11.6197)	(1.3220)	(5.8678)
Indep	−0.1012	−0.0006	−0.0844	0.1114	−0.0051	−0.0087
	(−0.9312)	(−0.1425)	(−1.2967)	(1.0586)	(−1.1939)	(−0.1408)
Dual	−0.0346 ***	0.0011 ***	−0.0190 ***	−0.0342 ***	0.0012 ***	−0.0176 ***
	(−3.0572)	(2.6809)	(−2.9255)	(−3.0472)	(2.5910)	(−2.9945)
Constant	6.8997 ***	−0.0916 ***	−2.4552 ***	6.5661 ***	−0.0967 ***	−2.7293 ***
	(47.9606)	(−16.3451)	(−28.3960)	(45.5645)	(−15.2084)	(−33.4116)

变量	(1)	(2)	(3)	(4)	(5)	(6)
	SAL	EVA	ENV	SAL	EVA	ENV
Observations	15322	15322	15322	15322	15322	15322
R-Squared	0.4510	0.9029	0.2612	0.4380	0.8940	0.2618
Year	Yes	Yes	Yes	Yes	Yes	Yes
Industry	Yes	Yes	Yes	Yes	Yes	Yes

注：*、** 和 *** 分别表示在 10%、5% 和 1% 的水平上显著；括号中为 t 值。

第六节　本章小结

在不确定的环境下，创业对于企业发展至关重要，其核心作用在于它有能力识别和发现在意料之外的环境中出现的新的市场机会。然而，机会发现本身不足以建立企业的竞争优势，这需要管理、利用和协调建立组织竞争优势所需的资源。因此，一种在发现机会的同时强调战略管理以追求优势创造的能力对组织来说至关重要。战略创业被解释为识别和利用机会，同时产生和保持竞争优势。战略创业是战略和创业的整合，通过这种整合，战略创业既涵盖了与探索战略相关的机会追求行为，又涵盖了与从当前组织能力中开发竞争优势的开发战略相关的优势追求行为。简单地说，战略创业包括探索活动和开发活动。尽管有很多学者认为战略创业对于企业组织而言可以提高竞争优势、收获超额利润，但是战略创业的经济价值其实并不仅仅局限于企业绩效的改善。本章结合希特等（2011）构建的战略创业 IPO 模型后发现，企业战略创业的输出端并不仅仅局限在企业绩效的改善，同时还可以为企业家甚至整个社会带来益处，具体的，本章将输出端划分为管理层绩效、企业绩效、环境绩效，实证检验战略创业的经济后果。

本章以 2011～2020 年在沪市和深市上市的 A 股公司作为研究对象，

使用所有董事、监事和高管的薪酬总和作为管理层绩效的代理指标，使用税后净营业利润中扣除包括股权和债务的全部投入资本成本后的所得作为企业绩效的代理指标，使用节约能源、减少排放、废水废气废料再利用等活动的打分数据作为环境绩效的代理指标，实证检验探索性战略创业与开发性战略创业对焦点企业多重绩效的影响。研究结果表明，无论是探索性战略创业还是开发性战略创业，都可以显著提高管理层绩效、企业绩效和环境绩效，这种经济价值在经过更换因变量、更换自变量、倾向得分匹配、熵平衡等稳健性检验和内生性检验后依旧成立。

第七章

结论与展望

本书以邻近动力学理论、地理经济学理论、社会网络理论、资源基础理论，战略创业理论为主要的理论基础，利用希特等（2011）构建的"输入—过程—输出"战略创业模型将地理邻近、社会邻近、高管特质、环境不确定性、多重绩效的相关研究整合到同一研究框架，研究地理邻近与社会邻近对企业战略创业的影响机制，分别构建了以高管特质（过度自信和短视主义）为中介的理论模型和以环境不确定性（环境动态性和环境丰富性）为调节的理论模型，主要回答了以下四个问题：（1）地理邻近性、社会邻近性对于战略创业的影响究竟是促进还是抑制？（2）高管特质如何在邻近性与战略创业之间发挥中介作用？（3）环境不确定性如何在邻近性与战略创业之间发挥调节作用？（4）战略创业对管理层绩效、企业绩效和环境绩效的影响如何？为了回答上述研究问题，本书分析推演出可检验的理论假设，然后根据具体的研究问题设计出合理的实证方案。本章将基于前文的假设和实证结果，总结和讨论主要的研究结论，并进一步阐述本书研究的理论贡献和管理启示。最后，本章还将指出本书研究存在的不足之处和未来可以完善的研究方向。

第一节　研究结论

首先，本书的第一个研究问题聚焦于战略创业 IPO 模型的"输入"端。资源基础理论认为，对于某些重要的战略性资源，组织几乎无法实现自给自足，要想获取必须依赖外部其他组织予以供应（Heide，1994）。企业开展探索性战略创业和开发性战略创业都需要大量的资源供应，但是处在瞬息万变的商业环境中，企业经常面临信息缺乏、知识陈旧、资金不足等挑战，单打独斗无法开展战略创业。一方面，邻近组织是企业最可靠的同盟者，可以为企业带来知识、信息、资金等战略性资源，进而为企业的战略创业活动提供了支持。另一方面，过度的邻近又可能造成空间锁定和冗余资源。因此，第一个研究问题主要探究邻近性对于战略创业的影响究竟是促进还是抑制。具体得到以下结论：第一，地理邻近布局形成的人才集群具有知识溢出效应，可以帮助显性知识在地理邻近的企业之间快速传播。此外，地理邻近可以加快硬性信息的流通速度，同时避免信息失真。第二，社会邻近性可以降低经济主体间隐性知识转移与吸收的难度，还可以为企业提供无法在公开渠道获取到的软性信息。第三，地理邻近性带来的显性知识和硬性信息、社会邻近性带来的隐性知识和软性信息都可以促进企业实施战略创业。这种促进作用在经过更换因变量、更换自变量、更换回归方法、Bootstrap 回归等稳健性检验和 heckman 两阶段、倾向得分匹配、熵平衡等内生性检验后依旧成立。

其次，本书的第二个研究问题聚焦于战略创业 IPO 模型中的"过程"端。对于"过程"端，战略创业是资源协调过程的基础，从而导致创造财富和其他利益（Hitt et al.，2011）。微观基础视角将个人作为分析的基本层次（Felin and Foss，2005），探索个人特质如何帮助企业实现战略创业（Barney and Felin，2013；Simsek et al.，2017）。在众多的高管特质当中，学者们普遍认可的一个观点是，过度自信的高管偏好风险行为，而短视主义的高管却规避风险行为 (Levinthal and March，1993)。邻近组织为企业带来资源后，必定要由高管进行资源分配和资源利用，在这个处理过程中，高管的个人特质会产生很大的影响，决定企业利用这些资源是开展探索性活动还是开发性活动。因此，本书的第二个研究问题是探究高管特质如何在邻近性与战略创业（探索性和开发性）之间发挥中介作用。具体结论如下：第一，地理邻近和社会邻近都可以为企业输入大量的资源，本就过度自信的高管在面对这些资源时会更加自信，相信自己的能力可以使用好这些资源，而短视主义的高管在面对大量资源输入时，也会适当考虑长期投资项目，原本担心和保守的心态都会得到一定的缓解。第二，过度自信的高管相信自己有能力准确地评估情况和环境，从而偏好高风险的探索性战略创业。此外，过度自信的高管相信自己以往的经验，也会更多地复制以往的行动，在以前的基础上简单改进，也会更多地采取开发性战略创业。第三，具有短视主义特质的高管更多考虑如何快速地利用资源提升短期收益，从而规避回报周期长、风险高的探索性战略创业，偏好回报周期短、风险低的开发性战略创业。上述结论在经过一系列稳健性检验和内生性检验后依旧成立。

再次，本书的第三个研究问题依旧聚焦于战略创业 IPO 模型中的"过程"端。与上一个研究问题不同之处在于，第三个研究问题主要关注战略创业"过程"中外部环境不确定性的影响。根据斯科特和戴维斯（2007）提出的"环境—行为"研究范式可知，企业不是孤岛，企业所处的外部环境会影响企业内部的决策制定和运营操作。外部环境的不确定性会影响企业利用邻近组织资源进行战略创业的过程，本书研究将以环境动态性和环境丰富性作为外部环境不确定性的代表因素。环境动态性是企业所处外部环境的变化频率，外部环境中的变革、变异和机会是企业探索活动的源头，是企业开展探索性战略创业的原动力。环境丰富性被定义为支持组织发展的外部资源的充足程度和可用性，既可以为企业带来前所未有的投资机会，又可以为企业提供丰富的资源。因此，第三个研究问题探究的是环境不确定性如何在邻近性与战略创业之间发挥调节作用。研究结论如下：第一，环境动态性正向调节邻近性与探索性战略创业之间的关系，负向调节邻近性与开发性战略创业之间的关系。环境动态性较强时，应该抓住市场新机，进行激进的探索性战略创业；当环境动态性较弱时，应该把握现有的竞争优势，进行保守的开发性战略创业。第二，环境丰富性正向调节邻近性与探索性战略创业行为之间的关系，负向调节邻近性与开发性战略创业行为之间的关系。当环境丰富性较高时，有着大量资源可供企业进行抢占市场份额的探索性战略创业，而环境丰富性较低时，企业只得依靠邻近组织所带来的有限资源，此时企业会选择保守、稳定的策略，开发性战略创业活动所需资源少而在此时变得更合时宜。上述结论在经过一系列稳健性检验和内生性检验后依旧成立。

最后，本书的第四个研究问题聚焦于战略创业 IPO 模型中的"输出"端。战略管理和创业活动涉及创造价值和财富。创业行为有助于公司创造价值和财富，主要是通过利用市场上的机会；战略管理有助于创造价值和财富的努力，主要是通过形成竞争优势。希特等（2002）和爱尔兰等（2009）认为，关注优势的战略研究和关注机会的创业研究应该融为一体形成战略创业。战略创业理论强调，在创业过程中，企业必须进行资源整合，并构建新的能力以确保自身的生存与发展。同时，企业要想构建竞争优势，必须在自己的战略管理实践中体现创业精神（Zahra et al.，2008）。以往研究大多关注战略创业对于股东财富的积极影响，忽略了战略创业对于多个利益相关者的经济后果（Schendel and Hitt，2007）。因此，本书的第四个研究问题是探究战略创业对管理层绩效、企业绩效和环境绩效的影响。具体结论如下：第一，高级管理人员的薪酬水平随着战略创业的不断深入会随之提升。一方面，高管在引领企业战略创业的过程中提升了自我能力和市场价值；另一方面，高管在成功实施了战略创业之后会得到很多的隐性激励和显性激励。第二，战略创业行为可以大大提升企业绩效。探索性战略创业，推出新产品、新服务，从而占据更大的市场份额、收获更多的营业额。开发性战略创业不断重复固有的知识，熟能生巧后提高企业的运营效率、生产效率，从而可以提升企业绩效。第三，战略创业行为可以极大地改善环境。探索性战略创业抓住市场机遇可以创造出环境友好型的新产品、新技术和新服务，从而获取新的市场份额和环境绩效；而开发性战略创业强调在原有技术、产品、工艺、系统的基础上进行更新，有效提高了原材料和相关能源的使用效率，进而提高了环境绩效。上述结论在经过一系列稳健性检验和内生性检验后依旧成立。

第二节　管理启示

第一，企业要具有同盟意识，地理空间上的"友邻"和社会关系上的"友邻"都要兼顾到。单个企业的资源、能力都是有限的，要想获得可持续性的竞争优势，企业必须寻找合适的同盟者。企业不是孤岛，每一个企业都围绕着很多的邻近组织，一些邻近组织往往会发展成企业最可靠的同盟伙伴，为企业带来知识、信息、资金等战略性资源。最直观的邻近组织应该就是在地理空间上邻近的组织，也是大众心中对于"邻邦"最初的理解。诚然，远亲不如近邻，知识与信息在街道之间流动要比跨越山川河流容易得多，地理邻近组织可以迅速响应，为企业带来所需的战略资源，当企业创业时，地理邻近组织也最容易成为一个好帮手。所以，企业一定要处理好与地理邻近组织的关系。然而，随着信息时代的迅猛发展，网络视频、电话通信、电子邮件等数字化科技正在一次次地冲击空间距离所能引致的经济价值。很多社会关系邻近的组织也不受限于空间距离，合作关系亲密的企业可能注册地是不同的省份，甚至是不同的国家。社会邻近组织之间凭借强关系得以维系，强关系又为企业带来珍贵的不公开披露的软性信息和不易被模仿学习的隐性知识。因此，企业也要兼顾到社会邻近组织。地理邻近组织与社会邻近组织的协同效应可以帮助企业保持竞争优势。

　　第二，企业要认识到开展战略创业的必要性，伺机选择探索性战略创业和开发性战略创业。易变性、复杂性、模糊性成为了当今时代的"主旋律"，如何在不确定性环境中维持生存与可持续发展是每一个企业必须解决的难题，企业既需要保持竞争优势，又需要识别市场机会，越来越多的企业意识到缺少创业导向的单一战略管理和缺乏战略导向的单一创业活动都无法适应瞬息万变的市场环境。战略创业通过结合基于创业的行为和基于战略管理的行为来创造一种建设性的平衡，这种结合对于创业和战略而言都是一个重大的进步。战略创业是一种同时兼具探索性（寻找机会）和开发性（寻找优势）的双元活动。具体而言，战略创业的探索性是指识别和挖掘新的机会，主要关注企业未来的经济绩效，而战略创业的开发性是指扩展和深化企业现有的竞争优势，主要关注企业当下的经济绩效，探索性活动与开发性活动共同发挥作用，最终推动企业实现基业长青。战略创业行为固然可以提高企业的竞争优势，但是要伺机去选择探索性战略创业和开发性战略创业。战略创业的探索性和开发性要结合企业具体的资源情况、管理团队情况以及外界环境情况。当具体的战略创业活动与具体的实际情况完美适配，管理者、企业、社会都会有所收获。

　　第三，企业及其管理者需要认识到利用邻近组织共同开展战略创业的合理性。在企业的日常经营过程中，很多企业家已经意识到可以兼顾优势和机会的战略创业是企业保持基业长青的有效途径之一，但他们却常常苦恼于没有足够的资源来支持企业的战略创业。任何一个企业的发展都不应该将目光局限于企业内部，还应该尽可能地向外面看，参与到大环境中。在同一经营环境中，充斥着顾客、供应商、现存的同行以及潜在的竞争者和潜在的替代品。企业应该联合与自己邻近的供应商和顾客，同时防范同行以及其他的潜在风险。邻近组织往往最容易发展成企业的盟友。当企业内部缺乏资源时，最有效的途径就是向邻近组织寻求帮助。邻近组织与企业之间既可以是空间地理层面的邻近，也可以是社会网络层面的邻近。将外部的组织纳入企业的行为决策当中，可以大大增加企业的选择权，具有一定的合理性。地理邻近组织、社会邻近组织与企业开展合作，资源共享、信息共享、知识共享，谋求共同发展。三方形成良性合作关系，任何一方都不用再担心由于资源不足而无法开展业务。因此，企业及其管理者需要认识到利用邻近组织共同开展战略创业的合理性，坚定实施战略创业的信念。

第四，企业及其管理者需要重新评估高管和环境对于邻近性与战略创业之间关系的重要作用。邻近组织与战略创业之间的关系并不是一成不变的，也是会受到内外部公司环境的影响的。对于过程端，由高阶梯队理论可知，高管参与战略创业行为是资源协调过程的基础，由"环境—行为"研究范式可知，企业所处的外部环境也会影响企业内部的资源协调，从而导致创造财富和其他利益的输出。固然邻近组织可以为企业的战略创业提供必备的资源，但是企业及其管理者也需要认真结合企业的内外部实际情况去决定资源的调配使用。一方面，不同性格特质的高管面对资源的处理态度以及使用方式都是不同的，过度自信的高管面对大量资源会更加自信，从而会进行一些风险较高的探索活动，而高管的短视主义在面对大量资源的时候会得到一定程度的缓解，高管不用再过分担心资源不充足，短视主义的高管更加偏好投资周期短的开发性战略创业。另一方面，外部环境的不确定性也影响着邻近性与战略创业之间的关系，管理者要时刻关注环境动态变化以及环境的资源丰富程度，探索性战略创业偏好动荡且丰富的环境，而开发性战略创业则更加偏好安稳和简单的环境。因此，任何的战略决策都要视具体情况而定，不可盲目地一味做同样的决策，企业应该择时确定探索性活动和开发性活动。

第三节　研究局限与未来展望

第一，在度量地理邻近性和社会邻近性时，本书手工查阅年报而确定出焦点企业代码以及关联企业的股票代码。其中，受到关键词检索的技术限制，本书将关联企业局限为与焦点企业有过供销关系的客户和供应商，即焦点企业的上下游企业。上下游企业与焦点企业日常经营过程中会经常性地沟通交流以及传递信息和知识，是十分重要的同盟伙伴，因此本书手工搜集上下游企业与焦点企业之间的地理邻近性和社会邻近性是有一定合理性的。但是，除了上下游企业，我们根据波特五力模型可以得知，影响企业战略决策的外部力量分别为同行业内现有竞争者的竞争能力、潜在竞争者进入的能力、替代品的替代能力、供应商的讨价还价能力与顾客的议价能力。除了潜在的竞争者和替代品我们无法在年报中搜寻到数据，同行业现有竞争者对于焦点企业是十分重要的。未来的研究应该将关联企业扩大到客户、供应商和同行竞争者。此外，本书的地理邻近性和社会邻近性都是使用算数平均值，并没有细致地将客户、供应商区分开，也没有关注到邻近性的大小差异，未来可以将邻近性指标细化到客户邻近、供应商邻近，同时根据邻近性的大小进行赋权，使用加权平均值代替算数平均值。

第二，在度量探索性战略创业和开发性战略创业时，本书发现目前并没有很恰当的财务数据可以作为战略创业的代理指标，文本分析法可以用来弥补财务数据在度量组织或个体的信念、意图、想法等方面的不足，通过测量年报文本中某一话题出现的频率可以反映出该话题受关注的程度和重要程度。这种数据获取方法既具有财务数据的时间序列属性，又弥补了问卷数据在样本量上不够普及的弊端，对于理论构建和构念转化都具有一定的学术价值。但是，文本分析法在度量变量时也是存在一些不足之处的，举例说明，我们可以使用专利产品数量、R&D 的投入金额来衡量企业的创新程度，可以根据企业是否投资新项目、是否成立新公司来衡量企业的创业程度，可以发现这种使用财务数据度量指标的特点是在这个行为已经完成时的一种记录，需要存在既成事实。文本分析法更多的是在关注企业的意识形态和行为导向，企业在拥有这种战略创业的意识和导向后到真正落实拥有既定事实还需要一段"路"要走。既然战略创业是一种有战略指导的创业行为，那么未来可以尝试使用战略性投资金额作为替代度量方式，或者在进行大数据实证检验前，小范围地进行一些质性研究。

第三，在探究战略创业 IPO 模型的"输入"端时，本书根据资源基础理论发现，对于某些重要的战略性资源，组织几乎无法实现自给自足，要想开展探索性战略创业和开发性战略创业就必须有外部组织提供资源，邻近组织是企业最可靠的同盟者，可以为企业带来知识、信息、资金等战略性资源。空间上的邻近和社会上的邻近是最具代表性的两种邻近组织，地理邻近组织可以实实在在地为企业带来显性知识和硬性信息，社会邻近组织可以通过网络关系为企业带来更为重要的隐性知识和软性信息，本书以两种邻近性为出发点，分别探究这两种邻近性对于探索性战略创业和开发性战略创业的促进作用。但是，任何一种邻近性都不是单独发挥作用的，企业同时处在地理空间和社会空间中，当地理空间上彼此邻近时可以时常进行面对面交流，当地理空间距离较远时，社会邻近性又可以发挥作用，具有亲密关系的彼此可以通过网络方式进行交流。因此，地理邻近性和社会邻近性本质上是相辅相成的关系，二者对于企业战略创业的影响也不会是完全割裂开的，未来可以探究地理邻近与社会邻近之间的交互作用，讨论二者共同发挥积极作用。

第四，在探究战略创业 IPO 模型的"过程"端时，本书考虑公司的内外部环境对战略资源的处理过程都会产生影响，具体而言，内部环境的影响本书主要考虑公司高管是企业战略创业的第一行为人，邻近组织的资源进入企业内部后是由高管决定如何分配使用的，因此高管的个人特质是十分重要的。外部环境的影响本书主要考虑的是外界环境的不确定性，虽然邻近组织可以为企业的战略创业提供必要的资源支撑，但是企业也不得不考虑外界环境的变化，审时度势地实施战略创业活动。虽然从内外部环境分别分析战略创业 IPO 模型中"过程"端这一逻辑设计具有一定的合理性，但是本书过于关注企业的内外部特征而忽略了产业特征。邻近性与战略创业之间的关系可能与一个产业的生命周期相关，在行业刚起步阶段，市场空间大，邻近的企业都可以生存发展得很好，而当一个产业处于衰退期时，很可能会发生"一荣俱荣，一损俱损"的情况，此时越是邻近可能对于企业的战略创业越不利。因此，未来研究邻近性与战略创业之间关系时，除了企业本身的特征，还要考虑产业的生命周期特征，将行业具体划分成朝阳产业、成熟产业、夕阳产业等。

参 考 文 献

［1］陈国权，王晓辉．组织学习与组织绩效：环境动态性的调节作用［J］．研究与发展管理，2012，24（1）：52－59.

［2］陈文婕，曾德明．低碳技术合作创新网络中的多维邻近性演化［J］．科研管理，2019，40（3）：30－40.

［3］陈娱，许珺．考虑地理距离的复杂网络社区挖掘算法［J］．地球信息科学学报，2013，15（3）：338－344.

［4］程小可，宛晴，高升好．大客户地理邻近性与企业技术创新［J］．管理科学，2020，33（6）：70－84.

［5］程新生，李海萍．治理人监督与战略绩效信息偏误的情境依赖［J］．管理科学学报，2011（10）：1－10.

［6］戴维奇．"战略创业"与"公司创业"是同一个构念吗？——兼论中国背景下战略创业未来研究的三个方向［J］．科学学与科学技术管理，2015，36（9）：11－20.

［7］董保宝，向阳．战略创业研究脉络梳理与模型构建［J］．外国经济与管理，2012，34（7）：25－34.

［8］傅皓天，于斌，王凯．环境不确定性，冗余资源与公司战略变革［J］．科学学与科学技术管理，2018，39（3）：92－105.

［9］高长元，张晓星，张树臣．多维邻近性对跨界联盟协同创新的影响研究——基于人工智能合作专利的数据分析［J］．科学学与科学技术管理，2021，42（5）：100－117.

［10］龚辉锋，茅宁．咨询董事，监督董事与董事会治理有效性［J］．管理科学学报，2014（2）：81－94.

［11］黄海昕，李玲，高翰．网络嵌入视角下连锁董事网络与战略创业行为——吸收能力的调节作用［J］．科学学与科学技术管理，2019，40（12）：121－140．

［12］霍苗，李凯，李世杰．根植性、路径依赖性与产业集群发展［J］．科学学与科学技术管理，2011，32（11）：105－111．

［13］李大元．公司环境不确定性研究及其新进展［J］．管理评论，2010，22（11）：81－87．

［14］李琳．区域经济协同发展：动态评估、驱动机制及模式选择［M］．北京：社会科学文献出版社，2016．

［15］李树彬，吴建军，高自友．基于复杂网络的交通拥堵与传播动力学分析［J］．物理学报，2011，60（5）：1－9．

［16］李彦，付文宇，王鹏．高铁服务供给对城市群经济高质量发展的影响——基于多重中介效应的检验［J］．经济与管理研究，2020，41（9）：62－77．

［17］刘凤朝，肖站旗，马荣康．多维邻近性对技术交易网络的动态影响研究［J］．科学学研究，2018，36（12）：2205－2214．

［18］刘晓燕，李金鹏，单晓红，等．多维邻近性对集成电路产业专利技术交易的影响［J］．科学学研究，2020，38（5）：834－842，960．

［19］吕国庆，曾刚，顾娜娜．基于地理邻近与社会邻近的创新网络动态演化分析——以我国装备制造业为例［J］．中国软科学，2014（5）：97－106．

［20］宋晶，陈劲．创业者社会网络、组织合法性与创业企业资源拼凑［J］．科学学研究，2019，37（1）：86－94．

［21］唐清泉，罗党论，王莉．上市公司独立董事辞职行为研究——基于前景理论的分析［J］．南开管理评论，2006（1）：74－83．

［22］田利辉，王可第．"罪魁祸首"还是"替罪羊"？——中国式融资融券与管理层短视［J］．经济评论，2019（1）：106－120．

［23］王海花，赵鹏瑾，周位纱，等．地理邻近性与众创空间成长

[J]．科学学研究，2022，40（1）：160 – 171．

[24] 吴义爽．行为基础观，行为转型与战略创业主导的中国集群升级 [J]．经济学家，2013（2）：50 – 57．

[25] 武立东，王凯，黄海昕．组织外部环境不确定性的研究述评 [J]．管理学报，2012，9（11）：1712 – 1717．

[26] 夏丽娟，谢富纪，王海花．制度邻近，邻近与产学协同创新绩效——基于产学联合专利数据的研究 [J]．科学学研究，2017，35（5）：782 – 791．

[27] 肖红军，阳镇，凌鸿程．"鞭长莫及"还是"遥相呼应"：监管距离与企业社会责任 [J]．财贸经济，2021，42（10）：116 – 131．

[28] 杨博旭，王玉荣，李兴光．多维邻近与合作创新 [J]．科学学研究，2019，37（1）：154 – 164．

[29] 余明桂，李文贵，潘红波．管理者过度自信与企业风险承担 [J]．金融研究，2013（1）：149 – 163．

[30] 余谦，白梦平，覃一冬．多维邻近性能促进中国新能源汽车企业的合作创新吗？[J]．研究与发展管理，2018，30（6）：67 – 74．

[31] 原东良，周建．地理距离对独立董事履职有效性的影响——基于监督和咨询职能的双重视角 [J]．经济与管理研究，2021，2（42）：122 – 144．

[32] 曾庆生，周波，张程，等．年报语调与内部人交易："表里如一"还是"口是心非"？[J]．管理世界，2018，34（9）：143 – 160．

[33] 翟运开．企业间合作创新的知识转移及其实现研究 [J]．工业技术经济，2007，26（3）：43 – 46．

[34] 张璐，王岩，苏敬勤，等．资源基础理论：发展脉络、知识框架与展望 [J]．南开管理评论，2023（4）：246 – 256．

[35] 赵炎，王琦，郑向杰．网络邻近性、地理邻近性对知识转移绩效的影响 [J]．科研管理，2016，37（1）：128 – 136．

[36] Abramovsky L，Simpson H. Geographic proximity and firm-university innovation linkages：Evidence from Great Britain [J]．Journal of Economic

Geography, 2011, 11 (6): 949 – 977.

[37] Acs Z J, Sanders M W J L. Knowledge spillover entrepreneurship in an endogenous growth model [J]. Small Business Economics, 2013, 41 (4): 775 – 795.

[38] Agarwal R, Audretsch D, Sarkar M B. Knowledge spillovers and strategic entrepreneurship [J]. Strategic Entrepreneurship Journal, 2010, 4 (4): 271 – 283.

[39] Agarwal R, Audretsch D, Sarkar M B. The process of creative construction: Knowledge spillovers, entrepreneurship, and economic growth [J]. Strategic Entrepreneurship Journal, 2007, 1 (3 – 4): 263 – 286.

[40] Ahmad M, Hall S G. Economic growth and convergence: Do institutional proximity and spillovers matter? [J]. Journal of Policy Modeling, 2017, 39 (6): 1065 – 1085.

[41] Almobaireek W N, Alshumaimeri A A, Manolova T S. Building entrepreneurial inter-firm networks in an emerging economy: The role of cognitive legitimacy [J]. International Entrepreneurship and Management Journal, 2016, 12 (1): 87 – 114.

[42] Amit R, Han X. Value creation through novel resource configurations in a digitally enabled world [J]. Strategic Entrepreneurship Journal, 2017, 11 (3): 228 – 242.

[43] Anderson B S, Eshima Y. The influence of firm age and intangible resources on the relationship between entrepreneurial orientation and firm growth among Japanese SMEs [J]. Journal of Business Venturing, 2013, 28 (3): 413 – 429.

[44] Andrews K R. The concept of corporate strategy, Richard D [M]. Homewood, IL: Irwin, 1971.

[45] Augier M, Teece D J. Dynamic capabilities and the role of managers in business strategy and economic performance [J]. Organization Science,

2009 (20): 410 - 421.

[46] Augier M, Teece D J. Strategy as evolution with design: The foundations of dynamic capabilities and the role of managers in the economic system [J]. Organization Studies, 2008, 29 (8 - 9): 1187 - 1208.

[47] Baginski S, Demers E, Wang C. Contemporaneous verification of language: Evidence from management earnings forecasts [J]. Review of Accounting Studies, 2016, 21 (1): 165 - 197.

[48] Bagler G. Analysis of the airport network of India as a complex weighted network [J]. Elsevier, 2008, 387 (12): 2972 - 2980.

[49] Balland P A, Boschma R, Ferenken K. Proximity and innovation: From statics to dynamics [J]. Regional Studies, 2015, 49 (5): 907 - 920.

[50] Balland P A. Proximity and the evolution of collaboration networks: Evidence from research and development projects within the global navigation satellite system (gnss) industry [J]. Regional Studies, 2012, 46 (6): 741 - 756.

[51] Bamford C E. Creating value [M] //The Blackwell encyclopedia of management: Entrepreneurship. Oxford, UK: Blackwell Publishers, 2005.

[52] Barney J B. Firm resources and sustained competitive advantage [J]. Journal of Management, 1991, 17 (1): 99 - 120.

[53] Barney J B. Resource-based theories of competitive advantage: A ten-year retrospective on the resource-based view [J]. Journal of Management, 2001, 27 (6): 643 - 650.

[54] Barney J, Felin T. What are microfoundations? [J]. Academy of Management Perspectives, 2013 (27): 138 - 155.

[55] Baron R A, Henry R A. How entrepreneurs acquire the capacity to excel: Insights from research on expert performance [J]. Strategic Entrepreneurship Journal, 2010, 4 (1): 49 - 65.

[56] Barringer B R, Bluedorn A C. The relationship between corporate entrepreneurship and strategic management [J]. Strategic Management Jour-

nal, 1999, 20 (5): 421 −444.

[57] Benartzi S, Thaler R H. Myopic loss aversion and the equity premium puzzle [J]. The Quarterly Journal of Economics, 1995, 110 (1): 73 −92.

[58] Bi R, Davidson R M X, Kam B. Developing organizational agility through it and supply chain capability [J]. Journal of Global Information Management, 2013, 21 (4): 38 −55.

[59] Bjørnskov C, Foss N. How strategic entrepreneurship and the institutional context drive economic growth [J]. Strategic Entrepreneurship Journal, 2013, 7 (1): 50 −69.

[60] Blanc H, Sierra C. The internationalisation of R&D by multinationals: A trade-off between external and internal proximity [J]. Cambridge Journal of Economics, 1999 (2): 187 −206.

[61] Block J E. The shibboleth of productivity: The exhaustion of industrial-age strategies in post-industrial society [J]. Review of Radical Political Economics, 1985, 17 (1 −2): 157 −185.

[62] Bollaert H, Petit V. Beyond the dark side of executive psychology: Current research and new directions [J]. European Management Journal, 2010, 28 (5): 362 −376.

[63] Borgatti S P, Cross R. A relational view of information seeking and learning in social networks [J]. Management Science, 2003, 49 (4): 432 −445.

[64] Boschma R, Frenken K. The spatial evolution of innovation networks: A proximity perspective [M] //The Handbook of Evolutionary Economic Geography. Edward Elgar Publishing, 2010.

[65] Boschma R. Proximity and innovation: A critical assessment [J]. Regional Studies, 2005, 39 (1): 61 −74.

[66] Bradshaw M. Multiple proximities: Culture and geography in the transport logistics of newsprint manufactured in Australia [J]. Environment

and Planning A, 33 (10): 1717 – 1739.

[67] Breschi S, Lissoni F. Mobility of skilled workers and co-invention networks: An anatomy of localized knowledge flows [J]. Journal of Economic Geography, 2009 (9): 439 – 468.

[68] Broekel T, Boschma R. Knowledge networks in the Dutch aviation industry: The proximity paradox [J]. Journal of Economic Geography, 2012, 12 (2): 409 – 433.

[69] Brown J S, Duguid P. Organizational learning and communities of practice: Toward a unified view of working, learning, and innovation [J]. Organization Science, 1991, 2 (1): 40 – 57.

[70] Bruton G D, Filatotchev I, Si S, et al. Entrepreneurship and strategy in emerging economies [J]. Strategic Entrepreneurship Journal, 2013, 7 (3): 169 – 180.

[71] Bruyat C, Julien P A. Defining the field of research in entrepreneurship [J]. Journal of Business Venturing, 2001, 16 (2): 165 – 180.

[72] Burgelman R A. Intraorganizational ecology of strategy making and organizational adaptation: Theory and field research [J]. Organization Science, 1991, 2 (3): 239 – 262.

[73] Cai Y, Sevilir M. Board connections and Manda transactions [J]. Journal of Financial Economics, 2012, 103 (2): 327 – 349.

[74] Cameron K S, Quinn R E, Booksx I. Diagnosing and changing organizational culture: Based on the competing values framework [J]. Personnel Psychology, 2010, 59 (3): 755 – 757.

[75] Campbell T C, Gallmeyer M, Johnson S A, et al. CEO optimism and forced turnover [J]. Journal of Financial Economics, 2011, 101 (3): 695 – 712.

[76] Capaldo A, Messeni Petruzzelli A. Origins of knowledge and innovation in R&D alliances: A contingency approach [J]. Technology Analysis &

Strategic Management, 2015, 27 (4): 461 – 483.

[77] Capone F, Zampi V. Proximity and centrality in inter-organisational collaborations for innovation: A study on an aerospace cluster in Italy [J]. Management Decision, 2019, 58 (2): 239 – 254.

[78] Carayannis E G, Sindakis S, Walter C. Business model innovation as lever of organizational sustainability [J]. Journal of Technology Transfer, 2015, 40 (1): 85 – 104.

[79] Cassiman B, Valentini G. Open innovation: Are inbound and outbound knowledge flows really complementary? [J]. Strategic Management Journal, 2015, 37 (6): 1034 – 1046.

[80] Chang H J, Wang H B. A case study on the model of strategic entrepreneurship [J]. International Journal of Organizational Innovation (Online), 2013, 5 (4): 30 – 44.

[81] Chen X, Cheng Q, Lo A K, Wang X. CEO contractual protection and managerial short-terism [J]. The Accounting Review, 2015, 90 (5): 1871 – 1906.

[82] Coenen L, Moodysson J, Asheim B T. Nodes, networks and proximities: On the knowledge dynamics of the medicon valley biotech cluster [J]. European Planning Studies, 2004, 12 (7): 1003 – 1018.

[83] Cohen W M, Levinthal D A. Absorptive capacity: A new perspective on learning and innovation [J]. Administrative Science Quarterly, 1990, 35 (1): 128 – 152.

[84] Coleman J S. Social capital in the creation of human capital [J]. American Journal of Sociology, 1998, 94: 95 – 120.

[85] Cooper A C, Markman G D, Niss G. The evolution of the field of entrepreneurship [J]. Entrepreneurshipas Strategy, 2000: 115 – 133.

[86] Corbett A, Covin J G, O'Connor G C. Corporate entrepreneurship: State-of-the-art research and a future research agenda [J]. Journal of Product

Innovation Management, 2013, 30 (5): 812 – 820.

[87] Cuypers I R P, Ertug G, Heugens P P, et al. The making of a construct: Lessons from 30 years of the Kogut and Singh cultural distance index [J]. Journal of International Business Studies, 2018, 49 (9): 1138 – 1153.

[88] Cyert R M, March J G. A behavioral theory of the Firm [M]. Social Science Electronic Publishing, 1963.

[89] Davidsson P. Researching entrepreneurship [M]. New York: Springer, 2005.

[90] De Carolis D M. Competencies and imitability in the pharmaceutical industry: An analysis of their relationship with firm performance [J]. Journal of Management, 2003 (29): 27 – 50.

[91] Demil B, Lecocq X, Ricart J E, et al. Introduction to the SEJ special issue on business models: Business models within the domain of strategic entrepreneurship [J]. Strategic Entrepreneurship Journal, 2015, 9 (1): 1 – 11.

[92] Dess G G, Beard D W. Dimensions of organizational task environments [J]. Administrative Science Quarterly, 1984, 29 (1): 52 – 73.

[93] Dess G G, Ireland R D, Zahra S A. Emerging issues in corporate entrepreneurship [J]. Journal of Management, 2003, 29 (3): 351 – 378.

[94] Dess G G, Lumpkin G T. The role of entrepreneurial orientation in stimulating effective corporate entrepreneurship [J]. Academy of Management Perspectives, 2005, 19 (1): 147 – 156.

[95] Dogan N. The intersection of entrepreneurship and strategic management: Strategic entrepreneurship [J]. Procedia-Social and Behavioral Sciences, 2015, 195: 1288 – 1294.

[96] Dushnitsky G, Shapira Z. Entrepreneurial finance meets organizational reality: Comparing investment practices and performance of corporate and independent venture capitalists [J]. Strategic Management Journal, 2010, 31 (9): 990 – 1017.

［97］ Eisenhardt K M, Martin J A. Dynamic Capabilities: What are they? [J]. Strategic Management Journal, 2000, 21 (10 – 11): 1105 – 1121.

［98］ Eisenhardt K, Brown S, Neck H. Entrepreneurship as strategy: Competing on the entrepreneurial edge [M]. Sage Publications, 2000.

［99］ El-Khatib R, Fogel K, Jandik T. CEO network centrality and merger performance [J]. Journal of Financial Economics, 2015, 116 (2): 349 – 382.

［100］ Engelen A, Kube H, Schmidt S. Entrepreneurial orientation in turbulent environments: The moderating role of absorptive capacity [J]. Research Policy, 2014, 43 (8): 1353 – 1369.

［101］ Ertimur Y, Ferri F, Maber D A. Reputation penalties for poor monitoring of executive pay: Evidence from option backdating [J]. Journal of Financial Economics, 2012, 104 (1): 118 – 144.

［102］ Expert P, Evans T S, Blondel V D, et al. Uncovering space-independent communities in spatial networks [J]. Proceedings of the National Academy of Sciences, 2011, 108 (19): 7663 – 7668.

［103］ Fan H, Xu J, Gao S. Modeling the dynamics of urban and ecological binary space for regional coordination: A case of Fuzhou coastal areas in southeast China [J]. Habitat International, 2018, 72: 48 – 56.

［104］ Felin T, Foss N J. Strategic organization: A field in search of micro-foundations [J]. Strategic Organization, 2005, 3 (4): 441 – 455.

［105］ Fernández-Villaverde J, Mandelman F, Yu Y, et al. The "Matthew effect" and market concentration: Search complementarities and monopsony power [J]. Journal of Monetary Economics, 2021, 121: 62 – 90.

［106］ Filippi M, Torre A. Local organisations and institutions. How can geographical proximity be activated by collective projects? [J]. International Journal of Technology Management, 2003, 26 (2 – 4): 386 – 400.

［107］ Floyd S W, Lane P J. Strategizing throughout the organization: Managing role conflict in strategic renewal [J]. Academy of Management Review, 2000, 25 (1): 154 – 177.

[108] Floyd S W, Wooldridge B. Handbookof Middle Management Strategy Process Research [M]. Edward Elgar Publishing, 2017.

[109] Forbes D P, Frances J M. Cognition and corporate governance: Understanding boards of directors as strategic decision-making groups [J]. Academy of Management Review, 1999, 24 (3): 489 – 505.

[110] Freeman R, Fairchild G, Venkataraman S. What is strategic management? [J]. Social Science Electronic Publishing, 2010, 20 (7): 838 – 846.

[111] Gancarczyk M, Gancarczyk J. Proactive international strategies of cluster SMEs [J]. European Management Journal, 2018, 36 (1): 59 – 70.

[112] Geldes C, Felzensztein C, Turkina E, et al. How does proximity affect interfirm marketing cooperation? A study of an agribusiness cluster [J]. Journal of Business Research, 2015, 68 (2): 263 – 272.

[113] Geldes C, Heredia J, Felzensztein C, et al. Proximity as determinant of business cooperation for technological and non-technological innovations: A study of an agribusiness cluster [J]. Journal of Business & Industrial Marketing, 2017, 32 (1): 167 – 178.

[114] Ghosh D, Olsen L. Environmental uncertainty and managers' use of discretionary accruals [J]. Accounting, Organizations and Society, 2009, 34 (2): 188 – 205.

[115] Gibson C B, Birkinshaw J. The antecedents, consequences, and mediating role of organizational ambidexterity [J]. Academy of Management Journal, 2004, 47 (2): 209 – 226.

[116] Gill J, Butler R J. Managing instability in cross-cultural alliances [J]. Long Range Planning, 2003, 36 (6): 543 – 563.

[117] Gittelman M, Kogut B. Does good science lead to valuable knowledge? Biotechnology firms and the evolutionary logic of citation patterns [J]. Management Science, 2003, 49 (4): 366 – 382.

［118］ Glaser L, Fourné S P L, Elfring T. Achieving strategic renewal: The multi-level influences of top and middle managers' boundary-spanning ［J］. Small Business Economics, 2015, 45 （2）: 305 – 327.

［119］ Goel A M, Thakor A V. Overconfidence, CEO selection, and corporate governance ［J］. The Journal of Finance, 2008, 63 （6）: 2737 – 2784.

［120］ Granovetter M. Economic action and social structure: The problem of embeddedness ［J］. American Journal of Sociology, 1985, 91 （3）: 481 – 510.

［121］ Greunz L. Geographically and technologically mediated knowledge spillovers between European regions ［J］. The Annals of Regional Science, 2003, 37 （4）: 657 – 680.

［122］ Grimm C M, Lee H, Smith K G. Strategy as action: Competitive dynamics and competitive advantage ［M］. Oxford University Press on Demand, 2006.

［123］ Gripsrud G, Grønhaug K. Structure and strategy in grocery retailing: A sociometric approach ［J］. The Journal of Industrial Economics, 1985, 33 （3）: 339 – 347.

［124］ Guan J C, Yan Y. Technological proximity and recombinative innovation in the alternative energy field ［J］. Research Policy, 2016, 45 （7）: 1460 – 1473.

［125］ Guo D. Flow mapping and multivariate visualization of large spatial interaction data ［J］. IEEE Transactions on Visualization and Computer Graphics, 2009, 15 （6）: 1041 – 1048.

［126］ Guo Y, Dong B. Railway and trade in modern China: Evidence from the 1930s ［J］. China Economic Review, 2021, 69: 101661.

［127］ Gupta M A, Hothi B S, Gupta S L. Corporate: Independent directors in the board ［J］. BVIMR Management Edge, 2014, 7 （1）: 60 – 70.

［128］ Hambrick D C, Mason P A. Upper echelons: The organization as a reflection of its top managers ［J］. Academy of Management Review, 1984,

9 (2): 193 – 206.

[129] Hambrick D C. Upper echelons theory: An update [J]. Academy of Management Review, 2007, 32 (2): 334 – 343.

[130] Hayes R H, Abernathy W J. Managing our way to economic decline [J]. Harvard Business Review, 1980, 58 (4): 64 – 77.

[131] He Z L, Wong P K. Exploration vs. exploitation: An empirical test of the ambidexterity hypothesis [J]. Organization Science, 2004, 15 (4): 481 – 494.

[132] Hedberg B. How organizations learn and unlearn [M]. New York: Oxford University Press, 1981.

[133] Heide J B. Interorganizational governance in marketing channels [J]. Journal of Marketing, 1994, 58 (1): 71 – 85.

[134] Helfat C E, Peteraf M A. The dynamic resource-based view: Capability lifecycles [J]. Strategic Management Journal, 2003, 24 (10): 997 – 1010.

[135] Heyden M L M, Wilden R, Wise C. Navigating crisis from the backseat? How top managers can support radical change initiatives by middle managers [J]. Industrial Marketing Management, 2020, 88: 305 – 313.

[136] Hidalgo C A, Klinger B, Barabási A L, et al. The product space conditions the development of nations [J]. Science, 2007, 317 (5837): 482 – 487.

[137] Hiller N J, Hambrick D C. Conceptualizing executive hubris: The role of (hyper-) core self-evaluations in strategic decision-making [J]. Strategic Management Journal, 2005, 26 (4): 297 – 319.

[138] Hitt M A, Ireland R D, Camp S M, et al. Strategic entrepreneurship: Entrepreneurial strategies for wealth creation [J]. Strategic Management Journal, 2001, 22 (6 – 7): 479 – 491.

[139] Hitt M A, Ireland R D, Hoskisson R E. Strategic management:

Concepts and cases: Competitiveness and globalization (9th ed.) [M]. Oxford, UK: Blackwell Publishers, 2005.

[140] Hitt M A, Ireland R D, Sirmon D G, et al. Strategic entrepreneurship: Creating value for individuals, organizations, and society [J]. Academy of Management Perspectives, 2011, 25 (2): 57 – 75.

[141] Hitt M A, Lee H U, Yucel E. The importance of social capital to the management of multinational enterprises: Relational networks among Asian and Western firms [J]. Asia Pacific Journal of Management, 2002, 19 (2): 353 – 372.

[142] Hofer C W. Toward a contingency theory of business strategy [J]. Academy of Management Journal, 1975, 18 (4): 784 – 810.

[143] Hofstede G. The cultural relativity of organizational practices and theories [J]. Journal of International Business Studies, 1983, 14 (2): 75 – 89.

[144] Hong W, Su Y S. The effect of institutional proximity in non-local university-industry collaborations: An analysis based on Chinese patent data [J]. Research Policy, 2013, 42 (2): 454 – 464.

[145] Hornsby J S, Kuratko D F, Zahra S A. Middle managers' perception of the internal environment for corporate entrepreneurship: Assessing a measurement scale [J]. Journal of Business Venturing, 2002, 17 (3): 253 – 273.

[146] Horst S O, Murschetz P C. Strategic media entrepreneurship: Theory development and problematization [J]. Journal of Media Management and Entrepreneurship, 2019, 1 (1): 1 – 26.

[147] Howells J R L. Tacit knowledge, innovation and economic geography [J]. Urban Studies, 2002, 39 (5 – 6): 871 – 884.

[148] Hrebiniak L G, Joyce W F. The strategic importance of managing myopia [J]. Sloan Management Review, 1986, 28 (1): 5 – 14.

[149] Hu M B, Jiang R, Wu Y H, et al. Urban traffic from the per-

spective of dual graph ［J］. The European Physical Journal B, 2008, 63 (1): 127 – 133.

［150］Huber F. Do clusters really matter for innovation practices in Information Technology? Questioning the significance of technological knowledge spillovers ［J］. Journal of Economic Geography, 2012, 12 (1): 107 – 126.

［151］Huber G P. Organizational learning: The contributing processes and the literatures ［J］. Organization Science, 1991, 2 (1): 88 – 115.

［152］Hyon R, Kleinbaum A M, Parkinson C. Social network proximity predicts similar trajectories of psychological states: Evidence from multi-voxel spatiotemporal dynamics ［J］. NeuroImage, 2020, 216: 116492.

［153］Ibarra H. Network centrality, power, and innovation involvement: Determinants of technical and administrative roles ［J］. Academy of Management Journal, 1993, 36 (3): 471 – 501.

［154］IJzerman H, Semin G R. The thermometer of social relations: Mapping social proximity on temperature ［J］. Psychological Science, 2009, 20 (10): 1214 – 1220.

［155］Ireland R D, Covin J G, Kuratko D F. Conceptualizing corporate entrepreneurship strategy ［J］. Entrepreneurship Theory and Practice, 2009, 33 (1): 19 – 46.

［156］Ireland R D, Hitt M A, Camp S M, et al. Integrating entrepreneurship and strategic management actions to create firm wealth ［J］. Academy of Management Perspectives, 2001, 15 (1): 49 – 63.

［157］Ireland R D, Hitt M A, Sirmon D G. A model of strategic entrepreneurship: The construct and its dimensions ［J］. Journal of Management, 2003, 29 (6): 963 – 989.

［158］Ireland R D, Webb J W. Crossing the great divide of strategic entrepreneurship: Transitioning between exploration and exploitation ［J］. Business Horizons, 2009, 52 (5): 469 – 479.

[159] Ireland R D, Webb J W. Strategic entrepreneurship: Creating competitive advantage through streams of innovation [J]. Business Horizons, 2007, 50 (1): 49 −59.

[160] Ishii J, Xuan Y. Acquirer-target social ties and merger outcomes [J]. Journal of Financial Economics, 2014, 112 (3): 344 −363.

[161] Jackson S E, Brett J F, Sessa V I, et al. Some differences make a difference: Individual dissimilarity and group heterogeneity as correlates of recruitment, promotions, and turnover [J]. Journal of Applied Psychology, 1991, 76 (5): 675 −689.

[162] Jaffe A B. Technological opportunity and spillovers of R&D: Evidence from firms' patents, profits and market value [J]. The American Economic Review, 1986, 76 (5): 984 −1001.

[163] Jansen J J P, Bosch F A J, Volberda H W. Managing potential and realized absorptive capacity: How do organizational antecedents matter? [J]. Academy of Management Journal, 2005, 48 (6): 999 −1015.

[164] Jensen K, Kim J M, Yi H. The geography of US auditors: information quality and monitoring costs by local versus non-local auditors [J]. Review of Quantitative Finance and Accounting, 2015, 44 (3): 513 −549.

[165] Jiang X, Liu H, Fey C, et al. Entrepreneurial orientation, network resource acquisition, and firm performance: A network approach [J]. Journal of Business Research, 2018, 87: 46 −57.

[166] Jiang Y, Chen C C. Integrating knowledge activities for team innovation: Effects of transformational leadership [J]. Journal of Management, 2018, 44 (5): 1819 −1847.

[167] Kansikas J, Laakkonen A, Sarpo V, et al. Entrepreneurial leadership and familiness as resources for strategic entrepreneurship [J]. International Journal of Entrepreneurial Behavior & Research, 2012, 18 (2): 141 −158.

[168] Karra N, Phillips N, Tracey P. Building the born global firm:

Developing entrepreneurial capabilities for international new venture success [J]. Long Range Planning, 2008, 41 (4): 440 – 458.

[169] Kaygalak I, Reid N. Innovation and knowledge spillovers in Turkey: The role of geographic and organizational proximity [J]. Regional Science Policy & Practice, 2016, 8 (1 – 2): 45 – 60.

[170] Ke R, Li M, Ling Z, et al. Social connections within executive teams and management forecasts [J]. Management Science, 2019, 65 (1): 439 – 457.

[171] Keller W. Geographic localization of international technology diffusion [J]. American Economic Review, 2002, 92 (1): 120 – 142.

[172] Kellermanns F W, Walter J, Lechner C, et al. The lack of consensus about strategic consensus: Advancing theory and research [J]. Journal of Management, 2005, 31 (5): 719 – 737.

[173] Ketchen D J, Ireland R D, Snow C C. Strategic entrepreneurship, collaborative innovation, and wealth creation [J]. Strategic Entrepreneurship Journal, 2007, 1 (3 – 4): 371 – 385.

[174] Kirat T, Lung Y. Innovation and proximity: Territories as loci of collective learning processes [J]. European Urban and Regional Studies, 1999, 6 (1): 27 – 38.

[175] Klein P G, Mahoney J T, McGahan A M, et al. Capabilities and strategic entrepreneurship in public organizations [J]. Strategic Entrepreneurship Journal, 2013, 7 (1): 70 – 91.

[176] Knoben J, Oerlemans L A G. Proximity and inter-organizational collaboration: A literature review [J]. International Journal of Management Reviews, 2006, 8 (2): 71 – 89.

[177] Knyazeva A, Knyazeva D, Masulis R. Effects of local director markets on corporate boards [J]. SSRN Electronic Journal, 2011.

[178] Kor Y Y, Mahoney J T, Michael S C. Resources, capabilities

and entrepreneurial perceptions [J]. Journal of Management Studies, 2007, 44 (7): 1187 – 1212.

[179] Kraus S, Kauranen I, Reschke C H. Identification of domains for a new conceptual model of strategic entrepreneurship using the configuration approach [J]. Management Research Review, 2011, 34 (1): 58 – 74.

[180] Kreiser P M. Entrepreneurial orientation and organizational learning: The impact of network range and network closure [J]. Entrepreneurship Theory and Practice, 2011, 35 (5): 1025 – 1050.

[181] Kuratko D F, Audretsch D B. Clarifying the domains of corporate entrepreneurship [J]. International Entrepreneurship and Management Journal, 2013, 9 (3): 323 – 335.

[182] Kuratko D F, Audretsch D B. Strategic entrepreneurship: Exploring different perspectives of an emerging concept [J]. Entrepreneurship Theory and Practice, 2009, 33 (1): 1 – 17.

[183] Kuratko D F, Ireland R D, Covin J G, et al. A model of middle-level managers' entrepreneurial behavior [J]. Entrepreneurship Theory and Practice, 2005, 29 (6): 699 – 716.

[184] Kuratko D F, Morris M H. Corporate entrepreneurship: A critical challenge for educators and researchers [J]. Entrepreneurship Education and Pedagogy, 2018, 1 (1): 42 – 60.

[185] Kuratko D F. Middle managers: The lynchpins in the corporate entrepreneurship process [M] //Handbook of Middle Management Strategy Process Research. Edward Elgar Publishing, 2017.

[186] Kyrgidou L P, Hughes M. Strategic entrepreneurship: Origins, core elements and research directions [J]. European Business Review, 2010, 22 (1): 43 – 63.

[187] Laverty K J. Economic "short-termism": The debate, the unresolved issues, and the implications for management practice and research [J].

Academy of Management Review, 1996, 21 (3): 825 - 860.

[188] Lee J, Kim S. Exploring the role of social networks in affective organizational commitment: Network centrality, strength of ties, and structural holes [J]. The American Review of Public Administration, 2011, 41 (2): 205 - 223.

[189] Lenartowicz T, Roth K. A framework for culture assessment [J]. Journal of International Business Studies, 1999, 30 (4): 781 - 798.

[190] Levinthal D A, March J G. The myopia of learning [J]. Strategic Management Journal, 1993, 14 (S2): 95 - 112.

[191] Levitt B, March J G. Organizational learning [J]. Annual Review of Sociology, 1988, 14 (1): 319 - 338.

[192] Levitt T. Marketing myopia [J]. Harvard Business Review, 1960, 38 (4): 45 - 56.

[193] Li W, Cai X. Statistical analysis of airport network of China [J]. Physical Review E, 2004, 69 (2): 1 - 6.

[194] Liao Y C, Phan P H. Internal capabilities, external structural holes network positions, and knowledge creation [J]. The Journal of Technology Transfer, 2016, 41 (5): 1148 - 1167.

[195] Liberti J M, Petersen M A. Information: Hard and soft [J]. Review of Corporate Finance Studies, 2019, 8 (1): 1 - 41.

[196] Lim D S K, Morse E A, Mitchell R K, et al. Institutional environment and entrepreneurial cognitions: A comparative business systems perspective [J]. Entrepreneurship Theory and Practice, 2010, 34 (3): 491 - 516.

[197] Lin Y, Hu S, Chen M. Managerial optimism and corporate investment: Some empirical evidence from Taiwan [J]. Pacific-Basin Finance Journal, 2005, 13 (5): 523 - 546.

[198] Lubatkin M H, Simsek Z, Ling Y, et al. Ambidexterity and performance in small-to medium-sized firms: The pivotal role of top management

team behavioral integration [J]. Journal of Management, 2006, 32 (5):
646 – 672.

[199] Luke B, Kearins K, Verreynne M L. Developing a conceptual framework of strategic entrepreneurship [J]. International Journal of Entrepreneurial Behavior & Research, 2011, 17 (3): 314 – 337.

[200] Lumpkin G T, Dess G G. Clarifying the entrepreneurial orientation construct and linking it to performance [J]. Academy of Management Review, 1996, 21 (1): 135 – 172.

[201] Lumpkin G T, Steier L, Wright M. Strategic entrepreneurship in family business [J]. Strategic Entrepreneurship Journal, 2011, 5 (4): 285 – 306.

[202] Ma C. Dissipative structure theory in the coordinated development of regional economy [J]. Journal of Interdisciplinary Mathematics, 2018, 21 (5): 1217 – 1220.

[203] Magretta J. Why business models matter [J]. Harvard Business Review, 2002, 80 (5): 86 – 92.

[204] Makadok R, Coff R. The theory of value and the value of theory: Breaking new ground versus reinventing the wheel [J]. Academy of Management Review, 2002, 27 (1): 10 – 13.

[205] Malmendier U, Tate G. CEO optimism and corporate investment [J]. Journal of Finance, 2005, 60 (6): 2661 – 2700.

[206] Mao H, Liu S, Zhang J. How the effects of IT and knowledge capability on organizational agility are contingent on environmental uncertainty and information intensity [J]. Information Development, 2015, 31 (4): 358 – 382.

[207] March J G. Exploration and exploitation in organizational learning [J]. Organization Science, 1991, 2 (1): 71 – 87.

[208] Marte-Wood A S. Filipinx Care, Social proximity, and social distance [J]. Meridians: Feminism, Race, Transnationalism, 2021, 20 (1):

218 – 228.

[209] Mazzei M J. Strategic entrepreneurship: Content, process, context, and outcomes [J]. International Entrepreneurship and Management Journal, 2018, 14 (3): 657 – 670.

[210] McKenzie J, Varney S. Energizing middle managers' practice in organizational learning [J]. The Learning Organization, 2018, 25 (6): 383 – 398.

[211] Meister C, Werker C. Physical and organizational proximity in territorial innovation systems: Introduction to the special issue [J]. Journal of Economic Geography, 2004, 4 (1): 1 – 2.

[212] Merchant K A, Bruns Jr W J. Measurements to cure management myopia [J]. Business Horizons, 1986, 29 (3): 56 – 64.

[213] Merchant K A. The effects of financial controls on data manipulation and management myopia [J]. Accounting, Organizations and Society, 1990, 15 (4): 297 – 313.

[214] Meuleman M, Amess K, Wright M, et al. Agency, strategic entrepreneurship, and the performance of private equity-backed buyouts [J]. Entrepreneurship Theory and Practice, 2009, 33 (1): 213 – 239.

[215] Meyer A D. What is strategy's distinctive competence? [J]. Journal of Management, 1991, 17 (4): 821 – 833.

[216] Miller D. The architecture of simplicity [J]. Academy of Management Review, 1993, 18 (1): 116 – 138.

[217] Miller D. The structural and environmental correlates of business strategy [J]. Strategic Management Journal, 1987, 8 (1): 55 – 76.

[218] Miller K D. Knowledge inventories and managerial myopia [J]. Strategic Management Journal, 2002, 23 (8): 689 – 706.

[219] Mitchell R K, Busenitz L, Lant T, et al. The distinctive and inclusive domain of entrepreneurial cognition research [J]. Entrepreneurship

Theory and Practice, 2004, 28 (6): 505 – 518.

[220] Monsen E, Wayne Boss R. The impact of strategic entrepreneurship inside the organization: Examining job stress and employee retention [J]. Entrepreneurship Theory and Practice, 2009, 33 (1): 71 – 104.

[221] Moore D A, Healy P J. The trouble with overconfidence [J]. Psychological Review, 2008, 115 (2): 502 – 517.

[222] Morris M H, Kuratko D F, Covin J G. Corporate entrepreneurship and innovation [M]. Mason: Thomson South-Western, 2008.

[223] Morris M H, Kuratko D F, Schindehutte M, et al. Framing the entrepreneurial experience [J]. Entrepreneurship Theory and Practice, 2012, 36 (1): 11 – 40.

[224] Mueller F. Human resources as strategic assets: An evolutionary resource-based theory [J]. Journal of Management Studies, 1996, 33 (6): 757 – 785.

[225] Murphy J A F. A new student learning focus for the academic library: From geographical proximity of the learning commons to organizational proximity within the library [J]. Journal of Library Administration, 2017, 57 (7): 742 – 757.

[226] Murray A I. Top management group heterogeneity and firm performance [J]. Strategic Management Journal, 1989, 10 (S1): 125 – 141.

[227] Nguyen M A T, Lei H, Vu K D, et al. The role of cognitive proximity on supply chain collaboration for radical and incremental innovation: A study of a transition economy [J]. Journal of Business & Industrial Marketing, 2019, 34 (3): 591 – 604.

[228] Noonan L, O'Leary E, Doran J. The impact of institutional proximity, cognitive proximity and agglomeration economies on firm-level productivity [J]. Journal of Economic Studies, 2020.

[229] Nooteboom B, Van Haverbeke W, Duysters G, et al. Optimal

cognitive distance and absorptive capacity [J]. Research Policy, 2007, 36 (7): 1016 – 1034.

[230] North D. C. Institutions [J]. Journal of Economic Perspectives, 1991, 5 (1): 97 – 112.

[231] Obeng B A, Robson P, Haugh H. Strategic entrepreneurship and small firm growth in Ghana [J]. International Small Business Journal, 2014, 32 (5): 501 – 524.

[232] O'Brien P C, Tan H. Geographic proximity and analyst coverage decisions: Evidence from IPOs [J]. Journal of Accounting and Economics, 2015, 59 (1): 41 – 59.

[233] O'Connor M, Doran J, McCarthy N. Cognitive proximity and innovation performance: Are collaborators equal? [J]. European Journal of Innovation Management, 2020, 24 (3): 637 – 654.

[234] Oerlemans L, Meeus M. Do organizational and spatial proximity impact on firm performance? [J]. Regional Studies, 2005, 39 (1): 89 – 104.

[235] Oesterle M J, Richta H N. Internationalisation and firm performance: State of empirical research efforts and need for improved approaches [J]. European Journal of International Management, 2013, 7 (2): 204 – 224.

[236] O'Reilly III C A, Tushman M L. Organizational ambidexterity: Past, present, and future [J]. Academy of Management Perspectives, 2013, 27 (4): 324 – 338.

[237] Ouakouak M L, Ouedraogo N, Mbengue A. The mediating role of organizational capabilities in the relationship between middle managers' involvement and firm performance: A European Study [J]. European Management Journal, 2014, 32 (2): 305 – 318.

[238] Paci R, Marrocu E, Usai S. The complementary effects of proximity dimensions on knowledge spillovers [J]. Spatial Economic Analysis, 2014, 9 (1): 9 – 30.

[239] Padilla A, Hogan R, Kaiser R B. The toxic triangle: Destructive leaders, susceptible followers, and conducive environments [J]. The Leadership Quarterly, 2007, 18 (3): 176 – 194.

[240] Pappas J M, Wooldridge B. Middle managers' divergent strategic activity: An investigation of multiple measures of network centrality [J]. Journal of Management Studies, 2007, 44 (3): 323 – 341.

[241] Peng H. So far and yet so near: The emerging characteristics, forms and configurations of organizational proximity in the context of digitalization [J]. Human Systems Management, 2021, 40 (3): 323 – 338.

[242] Penrose E T. The theory of the growth of the firm [M]. Oxford University Press, 2009.

[243] Penrose E. Contributions to the resource-based view of strategic management [J]. Journal of Management Studies, 1959, 41 (1): 183 – 191.

[244] Petruzzelli A M. The impact of technological relatedness, prior ties, and geographical distance on university-industry collaborations: A joint-patent analysis [J]. Technovation, 2011, 31 (7): 309 – 319.

[245] Phan P H, Wright M, Ucbasaran D, et al. Corporate entrepreneurship: Current research and future directions [J]. Journal of Business Venturing, 2009, 24 (3): 197 – 205.

[246] Picone P M, Dagnino G B, Minà A. The origin of failure: A multidisciplinary appraisal of the hubris hypothesis and proposed research agenda [J]. Academy of Management Perspectives, 2014, 28 (4): 447 – 468.

[247] Pina E C M. Entrepreneurship as decision making: Rational, intuitive and improvisational approaches [J]. Journal of Enterprising Culture, 2007, 15 (1): 1 – 20.

[248] Porter M E. Competitive strategy: Techniques for analyzing industries and competitors [J]. Social Science Electronic Publishing, 1980 (2): 86 – 87.

[249] Presutti M, Boari C, Majocchi A, et al. Distance to customers, absorptive capacity, and innovation in high-tech firms: The dark face of geographical proximity [J]. Journal of Small Business Management, 2019, 57 (2): 343 – 361.

[250] Rauch A, Wiklund J, Lumpkin G T, et al. Entrepreneurial orientation and business performance: An assessment of past research and suggestions for the future [J]. Entrepreneurship Theory and Practice, 2009, 33 (3): 761 – 787.

[251] Richard M D, Womack J A, Allaway A W. Marketing myopia: An integrated view [J]. Journal of Product & Brand Management, 1993, 2 (3): 49 – 54.

[252] Rosenbusch N, Rauch A, Bausch A. The mediating role of entrepreneurial orientation in the task environment-performance relationship: A meta-analysis [J]. Journal of Management, 2013, 39 (3): 633 – 659.

[253] Rosenkopf L, Almeida P. Overcoming local search through alliances and mobility [J]. Management Science, 2003, 49 (6): 751 – 766.

[254] Rouleau L. Micro-practices of strategic sensemaking and sensegiving: How middle managers interpret and sell change every day [J]. Journal of Management Studies, 2005, 42 (7): 1413 – 1441.

[255] Rydehell H, Isaksson A, Löfsten H. Business networks and localization effects for new Swedish technology-based firms' innovation performance [J]. The Journal of Technology Transfer, 2018, 43 (5): 1 – 30.

[256] Schamp E W, Rentmeister B, Lo V. Dimensions of proximity in knowledge-based networks: The cases of investment banking and automobile design [J]. European Planning Studies, 2004, 12 (5): 607 – 624.

[257] Schendel D, Hitt M A. Comments from the editors: Introduction to volume 1 [J]. Strategic Entrepreneurship Journal, 2007, 1 (1 – 2): 1 – 6.

[258] Schindehutte M, Morris M H, Kuratko D F. Triggering events,

corporate entrepreneurship and the marketing function [J]. Journal of Marketing Theory and Practice, 2000, 8 (2): 18 – 30.

[259] Schindehutte M, Morris M H. Advancing strategic entrepreneurship research: The role of complexity science in shifting the paradigm [J]. Entrepreneurship Theory and Practice, 2009, 33 (1): 241 – 276.

[260] Schmidt X, Muehlfeld K. What's so special about intergenerational knowledge transfer? Identifying challenges of intergenerational knowledge transfer [J]. Management Revue, 2017, 28 (4): 375 – 411.

[261] Schumpeter J A, Redvers O. The theory of economic development [M]. Harvard University Press, Cambridge, 1934.

[262] Scott W R, Davis G F. Organizations and organizing: Rational, natural and open systems perspectives [M]. Prentice-Hall: Pearson Education International, 2007.

[263] Sharma P, Chrisman J J. Toward a reconciliation of the definitional issues in the field of corporate entrepreneurship [J]. Entrepreneurship Theory and Practice, 1999, 23 (3): 11 – 27.

[264] Simon H A. Administrative behavior [M]. Simon and Schuster, 2013.

[265] Simon M, Houghton S M. The relationship between overconfidence and the introduction of risky products: Evidence from a field study [J]. Academy of Management Journal, 2003, 46 (2): 139 – 149.

[266] Simsek Z, Heavey C, Fox B C. (Meta-) framing strategic entrepreneurship [J]. Strategic Organization, 2017, 15 (4): 504 – 518.

[267] Simsek Z, Jansen J J P, Minichilli A, et al. Strategic leadership and leaders in entrepreneurial contexts: A nexus for innovation and impact missed? [J]. Journal of Management Studies, 2015, 52 (4): 463 – 478.

[268] Siren C A, Kohtamäki M, Kuckertz A. Exploration and exploitation strategies, profit performance, and the mediating role of strategic learning:

Escaping the exploitation trap [J]. Strategic Entrepreneurship Journal, 2012, 6 (1): 18 –41.

[269] Sirmon D G, Hitt M A, Ireland R D, et al. Resource orchestration to create competitive advantage: Breadth, depth, and life cycle effects [J]. Journal of Management, 2011, 37 (5): 1390 –1412.

[270] Sirmon D G, Hitt M A, Ireland R D. Managing firm resources in dynamic environments to create value: Looking inside the black box [J]. Academy of Management Review, 2007, 32 (1): 273 –292.

[271] Smith K G, Ferrier W J, Ndofor H. Competitive dynamics research: Critique and future directions [J]. Handbook of Strategic Management, 2001, 315: 314 –361.

[272] Stajkovic A D, Luthans F. Differential effects of incentive motivators on work performance [J]. Academy of Management Journal, 2001, 44 (3): 580 –590.

[273] Starbuck W H. Organizations and their environments [J]. Handbook of Industrial and Organizational Psychology, 1976.

[274] Tang Y, Li J, Yang H. What I see, what I do: How executive hubris affects firm innovation [J]. Journal of Management, 2015, 41 (6): 1698 –1723.

[275] Tchouta M A F. Communicative Social Proximity, a determinant of attention to the message in organisations [J]. Psychology, 2020, 10 (5): 181 – 192.

[276] Teece D J, Pisano G, Shuen A. Dynamic capabilities and strategic management [J]. Strategic Management Journal, 1997, 18 (7): 509 –533.

[277] Teece D J, Pisano G. The dynamic capabilities of firms: An introduction [J]. Industrial and Corporate Change, 1994, 3 (3): 537 –556.

[278] Thaler R H, Tversky A, Kahneman D, et al. The effect of myopia and loss aversion on risk taking: An experimental test [J]. The Quarterly

Journal of Economics, 1997, 112 (2): 647 –661.

[279] Thapa A, Li M, Salinas S, et al. Asymmetric social proximity based private matching protocols for online social networks [J]. IEEE Transactions on Parallel and Distributed Systems, 2014, 26 (6): 1547 –1559.

[280] Thornton P H. Markets from culture: Institutional logics and organizational decisions in higher education publishing [M]. Stanford University Press, 2004.

[281] Tobler W R. A computer movie simulating urban growth in the Detroit region [J]. Economic Geography, 1970, 46 (1): 234 –240.

[282] Torre A, Rallet A. Proximity and localization [J]. Regional Studies, 2005, 39 (1): 47 –59.

[283] Tsai W. Knowledge transfer in intraorganizational networks: Effects of network position and absorptive capacity on business unit innovation and performance [J]. Academy of Management Journal, 2001, 44 (5): 996 –1004.

[284] Tushman M L, Anderson P. Technological discontinuities and organizational environments [J]. Administrative Science Quarterly, 1986: 439 –465.

[285] Uotila J, Maula M, Keil T, et al. Exploration, exploitation, and financial performance: Analysis of S&P 500 corporations [J]. Strategic Management Journal, 2009, 30 (2): 221 –231.

[286] Venkataraman S, Sarasvathy S D. Strategy and entrepreneurship: Outlines of an untold story [J]. Social Science Electronic Publishing, 2001.

[287] Venkataraman S, Shane S. The promise of entrepreneurship as a field of research [J]. Academy of Management Review, 2000, 25 (1): 217 –226.

[288] Verreynne M L, Meyer D. Modeling the role of intrapreneurial strategy-making in small firm performance [J]. Entrepreneurial Strategic Processes, 2007 (10): 103 –130.

[289] Vuori T O, Huy Q N. Distributed attention and shared emotions in the innovation process: How Nokia lost the smartphone battle [J]. Adminis-

trative Science Quarterly, 2016, 61 (1): 9 –51.

[290] Webb J W, Ketchen Jr D J, Ireland R D. Strategic entrepreneur-ship within family-controlled firms: Opportunities and challenges [J]. Journal of Family Business Strategy, 2010, 1 (2): 67 –77.

[291] Weber A. On the location of industries [J]. Progress in Human Geography, 1982, 6 (1): 120 –128.

[292] Weidenfeld A, Björk P, Williams A M. Cognitive and cultural proximity between service managers and customers in cross-border regions: Knowledge transfer implications [J]. Scandinavian Journal of Hospitality and Tourism, 2016, 16 (1): 66 –86.

[293] Wernerfelt B. A resource-based view of the firm [J]. Strategic Management Journal, 1984, 5 (2): 171 –180.

[294] Wiersema M F, Bowen H P. The relationship between international diversification and firm performance: Why it remains a puzzle [J]. Global Strategy Journal, 2011, 1 (1 –2): 152 –170.

[295] Wilkof M V, Brown D W, Selsky J W. When the stories are dif-ferent: The influence of corporate culture mismatches on interorganizational re-lations [J]. The Journal of Applied Behavioral Science, 1995, 31 (3): 373 –388.

[296] Wu Y, Ma Z, Wang M S. Developing new capability: Middle managers' role in corporate entrepreneurship [J]. European Business Review, 2018, 30: 470 –493.

[297] Wuyts S, Colombo M G, Dutta S, et al. Empirical tests of opti-mal cognitive distance [J]. Journal of Economic Behavior & Organization, 2005, 58 (2): 277 –302.

[298] Yin R K. Case study research: Design and Methods [M]. Sage, 2009.

[299] Zaheer A, Bell G G. Benefiting from network position: Firm capa-

bilities, structural holes, and performance ［J］. Strategic Management Journal, 2005, 26 (9): 809 – 825.

［300］Zahra S A, Rawhouser H N, Bhawe N, et al. Globalization of social entrepreneurship opportunities ［J］. Strategic Entrepreneurship Journal, 2008, 2 (2): 117 – 131.

［301］Zenger T R, Marshall C R. Determinants of incentive intensity in group-based rewards ［J］. Academy of Management Journal, 2000, 43 (2): 149 – 163.